行政と地方自治の現在

土岐 寬 編著
TOKI HIROSHI

PUBLIC ADMINISTRATION
AND LOCAL GOVERNMENT
IN JAPAN

北樹出版

はじめに

　これまで行政学と地方自治を学ぼうとする学生や市民のために、それぞれ基本的なテーマを20いくつか取り上げてテキストにしてきたが、本書は行政学と地方自治の両方の講義で使えるテキストをめざしたものである。

　同時に1年間の授業回数に対応した定型的な構成ではなく、現代的課題や論点に焦点を当て、11章の構成とした。時間的には、ここ20年間（1993年の細川連立政権の誕生ないし1995年の阪神大震災以降）の日本における改革の動き（行政改革、地方分権改革等）を見つめ直す内容としている。

　そのため、いわゆる学説や歴史、制度紹介のテキストではなく、上記問題意識に基づく先端的な研究を盛り込んだ内容を志向している。「改革の時代」の理念と社会的背景、行政組織の改革、官僚制と公務員制度改革、アカウンタビリティ、情報公開と政策評価、公共の担い手の多様化に伴う諸問題、参加と協働、NPOの意義と動向、平成の大合併の検証、道州制と大阪都構想の特徴と問題点、少子高齢化時代における地方制度のあり方、改革派首長と地方議会改革、地方分権改革、教育行政改革、介護保険制度や自治体福祉制度の課題など、いずれも行政学と地方自治に求められている喫緊の検討課題である。

　もちろん、すべてがカバーされているわけではなく、危機管理と震災復興の行政と自治など、さらに考察を深めるべきいくつかの分野が残されている。それらについては他日を期したい。本書には将来を嘱望される若手の研究者が多数参集していることも特筆したい。著者によって記述スタイルや形式に多少のバラエティが見られるが、この点は敢えて統一を図るよりも自由な記述によるメリットを重視した経緯があり、ご寛恕を賜りたい。

　最後に本書出版に際し、お世話になった北樹出版の古屋幾子氏に感謝申し上げたい。

　2015年3月

著者を代表して

土　岐　　　寛

目　次

第1章　「改革の時代」の社会的・理論的背景 ……………………… 10
　　1　行政学の特徴——「行政」を「学」ぶとはどういうことか ……… 10
　　2　アメリカ行政学の誕生——政治行政分断論と科学的管理法 ……… 11
　　3　アメリカ行政学の発展——行政管理論と人間関係論 …………… 15
　　4　アメリカ行政学の変容——政治行政融合論と現代組織理論 ……… 16
　　5　その後のアメリカ行政学——「新しい行政学」運動とNPM ……… 20
　　6　もうひとつの行政学——ドイツ官房学 …………………………… 23

第2章　日本の行政組織とその改革 …………………………………… 27
　　1　日本の行政組織の特徴 ……………………………………………… 27
　　　　(1) セクショナリズム／(2) 政策コミュニティ／
　　　　(3) 政治という「ブラックボックス」の内部とは
　　2　中央省庁の組織と管理 ……………………………………………… 29
　　　　(1) 中央省庁の構成／(2) 中央省庁における管理
　　3　2001年の中央省庁の改革 …………………………………………… 37
　　　　(1) 中央省庁改革とは何か／(2) 改革の内容／(3) 改革の評価

第3章　日本官僚制と公務員制度改革 ………………………………… 44
　　1　官僚制の概念 ………………………………………………………… 44
　　　　(1) マックス・ウェーバーの官僚制論／(2) ウェーバーの官僚制に
　　　　対する反対論／(3) 予算最大化戦略と部局形成戦略／
　　　　(4) ストリート・レベルの官僚制
　　2　日本官僚制の研究と公務員の特徴 ………………………………… 50
　　　　(1) 官僚制優位論と経済官僚主導論／(2) 政党優位論／
　　　　(3) 新しい官僚制優位論／(4) 日本の公務員制度の特徴
　　3　公務員制度改革と政治過程 ………………………………………… 55
　　　　(1) 公務員の定員管理と行政改革／(2) 第1次臨調と第2次臨調／

（3）橋本構造改革／（4）小泉改革／（5）政権交代と公務員制度改革

　　おわりに ……………………………………………………………… 61

第4章　アカウンタビリティを求める動向 ……………………………… 64

　1　行政のアカウンタビリティをめぐる変容 ……………………… 64
　　　（1）アカウンタビリティの必要性／（2）行政責任の拡張と行政統制／
　　　（3）行政倫理の確立

　2　行政運営の透明化 …………………………………………………… 68
　　　（1）透明度の国際比較と向上方策／
　　　（2）行政手続とパブリック・コメント手続

　3　行政が保有する情報と文書 ………………………………………… 71
　　　（1）情報公開制度の整備／（2）情報政策と電子政府／
　　　（3）文書管理のあり方の変容

　4　合理的な行政運営・政策実施をめざして ………………………… 77
　　　（1）行政マネジメント改革と政策循環過程／
　　　（2）政策評価の現状と課題

第5章　参加と協働の理念と実際 ………………………………………… 82

　1　参加の古典理論とエリート主義 …………………………………… 82
　　　（1）ルソーの参加論／（2）政治的安定性と参加

　2　政治システムと参加の構造性 ……………………………………… 84

　3　非営利団体（NPO）の活動の発展と現状 ………………………… 86
　　　（1）NPO法の成立／（2）中間法人制度と公益法人制度の改革

　4　3部門の役割と協力可能性 ………………………………………… 88
　　　（1）部門間の役割再考／（2）3部門の特徴と協力可能性

　5　協働の可能性と多様な形態 ………………………………………… 90
　　　（1）コオペレーション／（2）コープロダクション／
　　　（3）パートナーシップ／（4）コラボレーション／
　　　（5）ネットワーク型ガバナンス

　6　協働の構造性と課題の克服に向けて ……………………………… 97

第6章　平成の大合併と市町村の変容 …… 103
1　平成の大合併の概要と合併推進のしくみ …… 103
2　大合併と並行する諸改革の影響 …… 106
3　大合併後における市町村行財政の変化 …… 110
4　合併による規模拡大の帰結と今後の市町村 …… 116

第7章　道州制と地方制度の未来 …… 119
1　道州制の特質と可能性 …… 119
(1) 道州制とは／(2) 第28次地方制度調査会答申／
(3) 東京都制と道州制／(4) 道州制の可能性と課題
2　大都市制度改革の動向 …… 122
(1) 東京都特別区／(2) 政令指定都市制度の問題点／
(3) 横浜・名古屋・大阪3市の提言／(4) 都市州の可能性
3　大阪都構想と第30次地方制度調査会答申 …… 127
(1) 大阪都構想とは何か／(2) 大阪都構想の可能性／
(3) 第30次地方制度調査会答申と大都市制度改革
4　人口減少時代における地方制度のあり方 …… 132
(1) 市町村間の広域連携／(2) 地方制度改革の課題／
(3) 地方制度のあり方

第8章　改革派首長の挑戦と地方議会改革——二元代表制の多様性 …… 137
1　改革派首長と地方議会改革の関係 …… 137
(1) 二元代表制と委任／(2) 民意のもつれと改革派首長／
(3) 改革派首長と地方議会改革の関係
2　改革派首長の系譜とその功罪 …… 140
(1) 革新自治体の叢生と衰退／(2) 改革派首長の登場と総退場／
(3) 改革派首長の共通点とその成果
3　地方議会改革 …… 145
(1) 蚊帳の外の議会／(2) 議会基本条例の興隆と要因／
(3) 議会改革の取組み実践
4　二元代表制の多様性 …… 151

　　　　(1) 改革の形式化と実質化／(2) 二元代表制の再確認／
　　　　(3) 二元代表制の多様性

第9章　地方分権改革の20年 …………………………………………… 156
　　1　自治と分権の理念 ……………………………………………… 156
　　2　日本の分権改革はどのように論じられてきたのか ………… 159
　　　　(1) 議論され、改革された内容／(2) 改革に対する評価と課題
　　3　特区制度と分権改革 …………………………………………… 168
　　4　分権改革をめぐる今後の展望 ………………………………… 171

第10章　戦後わが国教育委員会制度の「分離」と「統合」 ………… 174
　　1　戦後教育行政パラダイムの危機 ……………………………… 174
　　2　教育行政機関（教育委員会制度）と一般行政機関との
　　　　基本モデル ……………………………………………………… 175
　　　　(1) 統合型／(2) 修正統合型／(3) 分離型／(4) 折衷型
　　3　旧教育委員会法における教育行政の理念と構造 …………… 179
　　4　旧地教行法における教育行政の理念と構造 ………………… 181
　　5　改正地教行法下の任命制教育委員会制度の趣旨と構造 …… 183
　　6　「新」改正地教行法下の任命制教育委員会制度の趣旨と
　　　　基本構造 ………………………………………………………… 186
　　　　(1) 本制度の要点／(2) 教育行政の内部関係／
　　　　(3) 水平的関係から垂直的関係へ／(4) 垂直的関係
　　7　人間と社会の自治能力の衰退 ………………………………… 190

第11章　自治体福祉政策の展開と課題 ………………………………… 192
　　1　公的支援サービス ……………………………………………… 192
　　2　住民主導の地域福祉 …………………………………………… 193
　　3　社会保険と就労支援事業 ……………………………………… 196
　　　　(1) 国民健康保険―医療サービス／(2) 介護保険―地域包括ケア／
　　　　(3) 生活保護―自立・就労支援

4　東京・世田谷区の福祉政策 …………………………………… 201
　5　自治体の福祉財政 ……………………………………………… 203
　6　社会福祉への投資 ……………………………………………… 206

行政と地方自治の現在

第1章
「改革の時代」の社会的・理論的背景

1 行政学の特徴──「行政」を「学」ぶとはどういうことか

　私たちが行政学を学ぶ、あるいは研究する意味とは何だろうか。さしあたり2つの立場を挙げることができるだろう。

　ひとつは、あるべき理想の行政とはどのようなものかを明らかにすることである。これをさしあたり「理念の提示」と呼んでおこう。2つめは、現実の行政がどのようなメカニズムによって動いているかを明らかにすることである。これを「行政活動の観察」と名づけておく。3つめが、現実の行政を理想に近いものに変えて行くための手段を明らかにすることである。これを「改革の手段の提示」と名づけておこう。

　もちろん、実際の行政学研究はいずれかだけの立場に立つことはまれであり、複数の立場を使い分けつつ進められることが多い。だが「改革の時代」と呼ばれる現代において、自分がどのような立場で行政学を研究、あるいは学ぼうとしているかを明らかにしておくことは大切である。

　事実行政学は、19世紀末にアメリカで成立して以来、これら3つの立場が交錯しながら展開してきた。表現を少し変えれば、行政学は一方で現実の行政から影響を受けつつ、一方で現実の行政に影響を与えつつ発展してきたといえる。

　であるならば、「改革の時代」における行政学を考える際、まず行政学の歴史を振り返ってみることも有益である。以下本章では、主としてアメリカにおける行政学の発展の歴史について述べる。そこで展開されるのは、それぞれの時代において行政が直面する現実を観察し、めざすべき理念は何かを考え、どうすれば課題を解決することができるかをめぐる論争の歴史である。そしてそこで議論されたさまざまな知見は、本書の次章以降で展開される、わが国のさ

まざまな改革を考えるうえでも役に立つはずである。
　行政学は実は時代の要請にこたえようとするかたちで展開し、発展してきたことを理解してほしい。

2　アメリカ行政学の誕生——政治行政分断論と科学的管理法

■**政府のあり方をめぐる2つの源流**　アメリカがイギリスから独立を獲得し、新しい政府を作ろうとしたとき、建国の父たちが考えたのは、アメリカの政府をイギリスのような政府にしないことだった。アメリカ人たちの権利を奪おうとしたのは、イギリス国王が統治する強力な中央政府だったからである。とりわけ国王の手先となる集権的な官僚機構に対する警戒感は強く、新しい政府をつくる際には、政府が自分たちの権利を奪うことがないしくみづくりが検討された。1787年に制定されたアメリカ合衆国憲法には、この考え方が色濃く反映されている。

　初代大統領に就任したのはジョージ・ワシントンだったが、その閣僚の中には2つの異なる考え方が存在した。

　ひとつは、初代財務長官を務めたアレクサンダー・ハミルトンらの考え方である。ハミルトンはアメリカ経済を発展させるには、強力な連邦政府の存在が必要だと考えた。政府が中心となって国立銀行を設立したり、輸入品に関税をかけたりして企業家たちを支援するには、強力な政府が必要であると考えたのである。彼らはフェデラリスト（連邦派）と呼ばれている。

　もうひとつは、初代国務長官を務めたトマス・ジェファーソンを中心とする考え方である。独立宣言の起草者のひとりでもあったジェファーソンがめざしたのは、自立した市民たち自身が治める共和国の設立だった。彼は、ハミルトンの政策は、貧しい労働者階級の上に立つ裕福な支配階級を作り出してしまうのではないかと危惧した。彼らは連邦政府の介入をできる限り制限し、より市民に近い立場にある各州に強い権限をもたせるべきだと考えた。こうした考えをリパブリカン（州主権派）と呼んでいる。

　ハミルトンら中央集権的行政システムを求める考え方と、ジェファーソンら分権的な行政システムをめざす考え方の違いは、それぞれの主義を奉じる人々

を結束させ、それが政党の誕生へとつながった。そしてその後のアメリカの政治や行政をめぐる考え方の重要な2つの源流となった。

■**猟官制とマシーン・ポリティクス**　ジェファーソンが第3代大統領に就任すると、彼はフェデラリスト派の上級公務員を解任し、新たにリパブリカン派の人々を登用した。大統領選挙で有権者がリパブリカン派の候補者を当選させた以上、大統領が任命する人事にまで反映させることこそ真の民主主義であると信じたのである。

　ジェファーソンの考え方を徹底させたのが、第7代大統領に就任したジャクソンである。ジャクソンは、上級公務員に特定の人物がずっと任命され続けることで、特権階級が形成されることを危惧した。公職はあらゆる階層の市民に開放されるべきとの主張である。この考え方の背後にあったのが「公務員の仕事はだれにでもできる簡単なものである」という考え方だった。行政の簡単な仕事でだれにでもできるのであれば、資質や能力によって選ばれる有能な官僚は必要ではなく、アマチュアでよいということになる。こうした考え方のもと、ジャクソンが上級公務員の任命に当たって学歴や能力よりも、自分たちの政治信条に近い人材、さらには、選挙により貢献した人材を重視した。

　こうしたジャクソンの人事を当時の野党であるフェデラリスト派は非難したが、その後の選挙で政権を奪回した際は、自分たちもまた大幅な更迭人事を行うことで報復した。以来、大統領が変わるたびに党派的な更迭人事が繰り返される慣行が生まれた。このような人事の慣行を「猟官制（スポイルズ・システム）」と呼んでいる。上級公務員の職が選挙の戦利品として与えられるシステム、という意味である。時代が進むにつれ、政治家が選挙における票集めや資金集め、選挙活動の見返りとして、支持者に対して仕事のあっせんや身の回りの世話などさまざまな利益を提供するしくみが定着していった。こうした選挙活動と利益供与が機械（マシーン）のように連動するしくみのことを「マシーン・ポリティクス」という。ジェファーソンやジョンソンは民主主義の徹底をはかるためにこのような慣行を生み出したのであるが、時代が進むと、次第にその弊害が明らかになっていく。

■**社会の発展と市民改革運動**　ジャクソンの時代から19世紀後半に至るまで

の間、アメリカは南北戦争や産業革命の進展を経験し、それまで農業中心の社会から工業中心の社会に変容していった。それに伴い、都市に人口が集中するようになると、スラム化、犯罪の増加、都市基盤の整備、公衆衛生といったさまざまな課題が噴出した。こうした課題を解決するためには高度な専門的知識と行政手腕が求められたが、猟官制によって任命されたアマチュアの公務員では、十分に対応することができなかった。また、行政の放漫経営による税金の無駄遣いや、汚職や腐敗がはびこり、公務員に対する国民の不満が次第に高まっていった。

こうした状況を背景に、猟官制を改めて競争試験による公務員採用（メリット・システム）を導入しようとする運動が盛んになっていった。この動きを決定的にしたのが、1881年に発生した第20代大統領ガーフィールドの暗殺事件である。犯人は元々はガーフィールドの支持者であり、大統領選挙の勝利に大きく貢献した人物であった。彼はガーフィールドの当選を受け、当然自分も猟官制によって上級公務員の職が得られるものと思い込んでいた。しかし実際には希望する職を得ることができなかったため、恨みを晴らすため大統領暗殺に及んだのである。この事件を機に、猟官制を見直す必要があるという認識が国民の間に広まった。

このような状況を背景として、①政治と行政を分離して汚職や腐敗を解消すること、②効率的な行政運営を行うこと、の2つの必要性が議論され、研究されるようになった。そして主として①の要請に応えようとしたのが「政治行政分断論」と呼ばれる諸研究であり、②の要請に応えようとしたのが「科学的管理法」と呼ばれる諸研究であった。このように、アメリカ行政学は当時の時代の要請に応えるかたちで誕生したのである。

■**政治行政分断論**　政治行政分断論の主要なものとして、ウィルソンとグッドナウの著作を紹介する。

政治学者ウィルソンは1887年に「行政の研究」という論文を発表した。彼はこの論文において、行政学の目的を、①政府が行うべき仕事が何かを明らかにすること、②その仕事を可能な限り効率的、かつ最小限のコストで実施する方法を明らかにすること、とし、これらを実際の行政において実現するために

は、政治と行政を分離させることが不可欠であると説いた。こうした彼の主張は、政治学から独立した固有の学問としての行政学の成立に大きく貢献した。それゆえに彼はこんにち「行政学の父」と呼ばれている。後に彼は第28代アメリカ大統領に就任し、国際連盟の設立などに貢献した。

ウィルソンの「行政の研究」からやや遅れて、政治と行政のあり方を考察したのがグッドナウである。彼は『政治と行政』(1900年)において、政治の機能を「国家の意思の表明」、行政の機能を「国家の意思の執行」と定義した。そして政治から行政に対する介入は、民主主義の理念及び能率の観点から、最小限度にとどめるべきだと主張した。

こうした政治行政分断論は、行政学が政治学から独立した「固有の学問」であるとの主張の基礎ともなった。

■科学的管理法　ウィルソンやグッドナウとは異なるアプローチで、アメリカ行政学の成立に貢献した理論に「科学的管理法」がある。

科学的管理法は元々は経営学の分野で誕生した理論である。20世紀初頭、科学が著しく進歩すると、企業経営や工場管理の手法も「科学的に」行うことが可能であり、また行うべきであるという考え方が登場した。この場合の科学とは能率や効率を指す。つまり科学的な手法をとることで経営を効率的に行おうとする立場であると考えてよいだろう。

科学的管理法の代表とされるのがテイラーである。彼は、工場などで行われている生産活動には、効率性を高めるための「唯一絶対の方法」があると考え、その方法は時間や作業動作の観察を通じて発見できるとした。つまり、工場の最も熟練した労働者を観察し、その時間配分や作業動作の内容をマニュアル化して他の労働者にも適応すれば、すべての労働者が熟練した労働者と同じレベルの能率を確保できる、と考えたのである。

こうしたテイラーの考え方は、能率的な行政運営の方法を研究する行政学にも大きな影響を及ぼした。そして1906年に設立されたニューヨーク市政調査会などを通じて行政組織の調査が行われるようになり、行政の効率化と行政学の「科学化」に貢献した。

以上の流れを踏まえ、この時期の行政学を簡単に総括すると次のようになる

だろう。政治と行政は分断している、あるいはすべきものであり、だからこそ行政学は政治学から独立した固有の「科学」として成立する。そして行政学が追求すべき価値とは「効率」である。こうした自己認識のもとに行政学は誕生した。初期の行政学は、このように「理念の提示」の立場を中心に論じられたといえる。

3　アメリカ行政学の発展──行政管理理論と人間関係論

■行政学のハイヌーン　ウィルソンやグッドナウらの政治行政分断論、そしてテイラーらの科学的管理理論の2つの理論的立場を組み合わせつつ、アメリカの行政学は発展していった。1926年には最初の体系的教科書である『行政学入門』がホワイトによって執筆され、また多くの行政学者が行政実務に携わることで、行政学の理論を現実の行政に応用する一方、行政学に新たな知見を付け加えていった。こうしてアメリカ行政学は「行政学のハイヌーン」と呼ばれる絶頂期を迎えた。この時期の象徴的な成果が「行政管理理論」と「人間関係論」である。

■行政管理理論　行政管理理論の代表的な論者はギューリックである。彼は行政の主要な機能として、計画（planning）、組織化（organizing）、人事（staffing）、指揮（directing）、調整（coordinating）、情報提供（reporting）、予算（budgeting）の7つを挙げた。これらは頭文字を組み合わせてPOSDCRB（ポスドコルブ）と呼ばれている。これらを効率的に実行するためには、行政機構を目的や分野別に分けて組織化し、分業させることが必要である。これが「ライン」である。一方で、行政のトップ（大統領や州知事など）がすべての分野に精通することは不可能なので、専門的知識や経験に基づいて助言する「スタッフ」が必要である。このような仕組みを「ライン・アンド・スタッフ」という。

　ギューリックはローズベルト大統領が設置した「行政管理に関する大統領諮問委員会（通称ブラウンロー委員会）」に委員のひとりとして参加し、ライン・アンド・スタッフの考え方に基づいて大統領補佐官制度の設立を提言した。この提案を元に設立されたのがホワイトハウス事務局を中心とする大統領府である。

　このように行政学は、現実の行政組織改革にも役立てられる「改革の手段の

提示」としても力を発揮するようになった。

■**人間関係論**　ギューリックらの行政管理論と共に重要なのが、科学的管理論を批判的に発展させた人間関係論である。その主要な成果は、組織の「インフォーマル（非公式）な側面」の発見であるといわれている。

人間関係論が注目されるきっかけとなったのは、1927年から32年にかけて行われた「ホーソン工場の実験」である。この実験は、賃金の支払い方法、休憩時間の長さ、照明の明るさなど、さまざまな条件を変えて効率性の変化を調べた。だがこうした要因は、作業効率を左右する決定的なものではないことが示された。さらに観察を進めると、労働者たちの間で、一日の作業量についての暗黙の基準が存在していることが発見された。グループで最大限の能力を発揮して成果を上げると、その結果をもとにしてノルマが増えてしまう。そこで「仕事に精を出し過ぎてはいけない」という暗黙のルールが作られ、それ以上に仕事をする者や、逆にそれ以下しか仕事をしない者を仲間はずれにした。

従来の科学的管理法の考え方では、時間配分や作業動作の内容を改善すれば作業能率が上がるはずであった。だがホーソン工場の実験は、そうした組織のフォーマルな側面だけでは能率は改善されないことが示された。むしろ職場内の人間関係や個人的な経験といったインフォーマルな側面が、従業員の勤労意欲を左右し、作業効率に影響を及ぼすことが明らかになったのである。以後、経営学やその影響を受けた行政学は、組織や制度のフォーマルな側面だけでなく、インフォーマルな側面にも注目していくことになる。

人間関係論の成果は、現実の行政がどのようなメカニズムによって動いているかを明らかにするという「行政活動の観察」としての行政学の発展を促したといえるだろう。一方で、観察されたインフォーマルな側面を踏まえたうえで、行政はどのような組織にすべきかという「理念の提示」や、現実を理念に近づける「改革の手段の提示」をなすものではなかったことも事実である。

4　アメリカ行政学の変容——政治行政融合論と現代組織理論

■**行政国家化の加速**　1930年代に入ると、アメリカはさまざまな危機に直面するようになった。1929年に発生した大恐慌は失業者を劇的に増加させ、それ

に伴うさまざまな社会不安を引き起こした。また歴史上最大の戦争となった第二次世界大戦は、第一次世界大戦以上に国力を総動員する必要に迫られた。政府は、ニューディール政策に代表されるように、失業対策などの社会政策、景気対策や金融政策など、夜警国家の役割を超えたさまざまな政策を展開し、それまで以上に社会に積極的に介入するようになった。こうした現象は「行政国家化」と呼ばれている。

絶頂期を迎えていた行政学の研究者たちは、こうした危機を解決すべく、それまでの行政学の成果を携えて大統領や知事、市長の政策スタッフとして実際の行政の活動に参加した。ところが、それまでの行政学で主張されてきた原則が、現実の問題解決にあまり役に立たないことが次第に判明し、それまでの行政学は見直しを迫られることになる。

■政治行政融合論　行政国家化が進めば進むほど、政策立案のための高度な専門的知識や、関係する諸組織の利害調整が不可欠になる。だがそれらをすべて政治が行うことは不可能であり、行政に属するはずの官僚がその役割を担わざるを得なくなる。こうした状況はそれまでの行政学が前提としてきた政治行政分断論に反するものである。だが、行政が政策形成機能を担うことを、かつてのように「腐敗」という言葉で切り捨てることはできなかった。こうして、政治行政分断論は、現実の行政を捉えていないと批判されるようになり、やがて「政治行政融合論」として結実することになる。

注意しなければならないのは、行政国家化によって政治と行政の関係が分断から融合に変質した、というだけではないことである。確かにそういった側面があったことは否定できない。だが、政策立案や利害調整といった政治的機能を行政が担っているという事実は、実は古くから存在しており、行政国家化はそれをさらに推し進めたに過ぎない。そして、多くの行政学者が大統領や知事、市長の政策スタッフとして行政の組織改革や政策立案に参加したことで、そうした事実を「発見」した、という側面がある。これらは、それまで「理念の提示」や「改革の手段の提示」が中心であった行政学が「行政活動の観察」に重点を置くようになったことを示すものといえる。

政治行政融合論を代表するものとして、アップルビーの研究を挙げておきた

い。彼はニューディール政策に参加した実務経験を活かし『政策と行政』（1949年）を執筆した。この中で彼は、「民主主義のもとで行政を発展させるには、まず現在の現実を明瞭に理解することが必要」であると主張する。その事実とは、政策は政治と行政の相互作用によって生み出されているということである。つまり行政学は、従来の政治行政分断論的な見方を脱し、政治と行政が融合しているという事実を直視するべきだとした。

アップルビーらが主張した政治行政融合論は、多くの事例研究を通じて補強され、やがて1950年代半ばには、前に紹介したギューリックによって政治行政二分論の崩壊が宣言されることになる。

■**効率重視への疑義**　それまでの行政学が批判された第二の理由は、行政のめざすべき目標が「効率」の追求だけではないことが自覚されたことである。前節で述べたとおり、行政学における科学的管理法は経営学からの応用であった。経営学が対象とする民間企業は、利潤の追求という明確な目標が存在し、そのために資金や時間、人員といったコストを最小限に抑え、効率を最大化する方策を検討することが求められる。しかし、民主主義国家における行政の目的は効率だけではない。たとえば「公共の福祉」の実現や国民の豊かさの向上なども行政の重要な目的であるが、公共の福祉と効率とが矛盾した場合、行政はどちらをどの程度重視すべきなのだろうか。従来の行政学はその疑問に答えることはできなかったのである。

こうした立場を代表する論者がディモックである。彼は、従来の行政学における効率重視の姿勢が、突き詰めれば「金儲けの手段の追求に等しい」ことを鋭く指摘し、それが効果的な行政を生み出すものではないと主張した。本当に効果的な行政とは、より人間的であり、温かみのあるものである。つまり国民の豊かさや満足を向上させ、行政職員のやる気の向上を促し、対立する複数の利害を調整することなどこそが求められる。こうした議論をもとに、彼はそれまでの効率を「機械的効率」、社会の豊かさの向上などを「社会的能率」と定義し、両者を満たすことこそが重要であると主張したのである。

■**現代組織理論**　この時期の行政学の展開において、もうひとつ重要なのが現代組織理論である。現代組織理論の創始者はバーナードであるが、それを発

展させて、組織を科学的に実証分析できるレベルにまで高めたのがサイモンである。ここではサイモンの研究についてまとめてみよう。

サイモンは、実務経験を通じて管理や組織の原理を組み立てようとしたそれまでの行政学を「科学的ではない」と批判した。これまで行政学で提出されてきた原理の多くは、それだけを見れば確かにもっともらしく見える。だが多くの場合、同じようにもっともらしく見える真逆の原理とセットになっている。これは科学的な法則とはいえず、一種のことわざに過ぎないものである[1]。

ではどのような分析が「科学的」といえるのだろうか。サイモンは、現実の組織がどのようなメカニズムで動いているかを分析する必要があるとしている。つまり、科学的な「行政活動の観察」を通じて組織のメカニズムを理解していなければ、組織を運営したり、あるいは改革するといった「改革のための理念の提示」ができないと主張したのである。

彼は組織のメカニズムを解明するツールとして「意思決定」に注目した。組織を構成するあらゆる人は、日常的に意思決定をしている。意思決定とは、ある目的を達成するために複数の選択肢の中からひとつを選ぶことである。組織はこうした個人の意思決定の積み重ねによって動いているのであり、組織における意思決定を分析することによって、組織のメカニズムを解明することができるのである。

またサイモンは、組織による意思決定は完全に合理的なわけではないと論じている。組織といえども、合理的な意思決定に必要な情報を完全に収集できるわけではない。また、組織に属する個人の意思決定は他人の意思決定に影響されるので、個人レベルの意思決定の総和が組織全体の合理性につながるとは限らない。また、個人がもっている価値観は不安定であり、他人の影響によって変わることもある。

このような議論を展開したうえで、サイモンは「行政人（経営人）」という考え方を提唱している。経営人は、「最適化基準」をもとにし最善の選択肢を選択するのではなく、「満足化」基準のもとで、とりあえず満足できる選択肢を選ぶ、と捉えた方が、組織の実態に近いとサイモンは論じるのである。こうしたサイモンの学説と方法論は、行政学を「科学化」するうえで大きな貢献をし

たとされる。それはつまり「行政活動の観察」という立場にこれまで以上に重点を置くことになった。

5　その後のアメリカ行政学——「新しい行政学」運動とNPM

■**アメリカ行政学の危機**　こうした事態は「固有の学問」としての行政学の立場に危機をもたらした。

　政治行政融合論は確かに現実の行政活動の観察からもたらされたものである。だが政治と行政が融合しているのであれば、政治学とは別に行政学が成立する意味はないのではないか。また「行政は機械的効率だけを求めるものではない」とするディモックらの主張は確かに正しい。だが、機械的効率の基準の明確さに比べると、社会的効率は価値観に大きく左右される曖昧なものであり、科学的な分析にはなじまない。

　ある知識の体系が固有の学問として成立するためには、その核となる考え方、「パラダイム」[2]が存在する必要がある。1930年代までの行政学にとってのパラダイムとは、政治行政分断論であり、(機械的)能率重視の考えだった。その後の社会の変化や、行政学の新たな理論の展開と広がりにより、従来のパラダイムは時代に合わなくなり、やがて否定されていくことになる。そうやって学問は発展するのである。だが、アメリカ行政学はそれに代わる新たなパラダイムを生み出すことができなかった。行政研究の目的や方法が多様化すればするほど、「そもそも行政学とはどんな学問なのか」が曖昧になってしまった。

　1950年代以降になると、行政学者の研究をひとつの体系にまとめることは不可能になった、という認識が広く共有されるようになった。オストロームはこのような事態を「知的危機」としている。サイモンは、60年代までの行政理論を振り返って、「行政学は甚だしく精神分裂症を呈している分野である」と表現している。政治行政融合論のような、政治と行政の関係に関する研究は、行政学と政治学の区別を曖昧にし、現代組織理論のような官吏と組織に関する研究では、行政学と経営学の区別はほとんどないといってよい。さらには、合理的選択論など経済学で発展した理論や、システム理論など社会学で発展した理論を取り込む行政研究者も現れ、行政学はますます細分化していった。こうし

た「行政学の危機」は、現在に至るまで完全に解決したとはいえない。

■「新しい行政学」運動　「行政学の危機」の時代を迎えた1960年代から1970年代はじめにかけて、若い行政学者たちを中心に「新しい行政学」と呼ばれる運動が活発になった。この運動の背景には、当時のアメリカがさまざまなこれまでにない問題に直面していたことがある。泥沼化するベトナム戦争に対する国内外からの批判や反対運動に加え、黒人解放運動や女性解放運動など、それまでのアメリカ社会のあり方が根本から問われる運動が相次ぎ、国内が揺れ動いていた時期であった。

こうした状況に置かれていても、政治学や社会学といった社会科学の研究者たちは、「社会現象に対する『科学的』な観察と法則の発見」にばかり血眼になり、現実から目をそむけているのではないか。このような批判と反省が「脱行動論革命」と呼ばれる動きにつながった。行政学における「新しい行政学」運動も、これらの動きと無関係ではない。

また「新しい行政学」を構築しようとする運動は、前述した行政学の「一体性の危機」を打開しようとする試みのひとつでもあった。これまでの行政学の発展がそうであったように、「行政が直面している新しい問題に対処する」という目的によって、バラバラになっていた行政学を再びまとめあげようとしたのである。

「新しい行政学」運動の主張は次の3つに要約することができる。第1に、これまで「科学性」にこだわるあまり、検証可能な知識ばかりを追求しがちであった行政学を反省し、行政に対して規範となる知識を探る学問的姿勢を再び取り戻そうという主張である。第2に、「社会的公平」という価値を重視し、政治過程において無視されがちな社会的弱者の立場に立って社会的不公平をなくしていくことこそが行政に求められている、という主張である。第3に、脱工業化社会における行政は、政治的に中立であるだけでは不十分で、社会的弱者を救うために必要な改革に積極的に取り組んでいくことが必要であり、行政学はそのための理念と手段を提示すべきだ、という主張である。つまるところ、「行政活動の観察」に偏りがちであった行政学に、再び「理念の提示」や「改革の手段の提示」の立場を取り戻そう、という運動だったといえるだろう。

こうした急進的な動きは、確かに行政学に大きなインパクトを与えた。だが「新しい行政学」という理論的体系、つまり新しい「固有の学問」としての行政学を生み出すには至らなかった。社会的に意味のある規範的知識といっても、「何が意味があるか」の判断は多様でありうるし、規範的になればなるほど、科学的な根拠が弱くなってしまうからである。結局のところ、「新しい行政学」はその目的を達することができないまま、やがて沈静化していった。

■ NPM（新行政管理論）　1980年代から注目を集めるようになったのが、「NPM（New Public Management：新行政管理）」と呼ばれる考え方である。元々はイギリスで発達した考え方であるが、行政の肥大化や財政難などに苦しんでいた先進各国で広く取り入れられた。

　NPMを一言でいえば、「行政などの公共部門に、民間企業における経営手法を適応し、効率化をはかろう」という立場である。これは本章の最初に取り上げた科学的管理法の発想に近い。統一された理論というよりは、行政組織の効率化をはかるためのさまざまな改革方針の集合体である点も似ている。以下、その特徴を簡単に整理してみる。

　第1に、改革の方針として「行政コストの削減」と「効率の向上」を重視する。第2に、行政の成果を測る指標として、政策の「結果（アウトプット）」よりも「政策の効果（アウトカム）」を重視する[3]。第3に、市場の役割を積極的に評価し、行政に取り入れる。その手段として民営化や外部委託（アウトソーシング）を推進し、競争原理を導入して行政サービスの質の向上を図ろうとする。そのためにアカウンタビリティ（説明責任）を明確化する。第4が、住民を行政サービスの「顧客」あるいは「消費者」として位置づけ、その満足度を最大化させようとすることである。第5に、従来の階層的な行政組織を、より平坦でシンプルな形に再編成することである。

　このようなNPMの考え方は、かつて「新しい行政学」が目指した「理念の提示」と「改革の手段の提示」であるといえなくもない。実際、OECDが推奨したこともあり、NPOの考え方に沿った行政改革が先進各国で現実に推進され、一定の成果をおさめているのも事実である。次章以降で述べられているわが国の近年の改革においても、NPMの考え方は広く取り入れられている。

一方で、「新しい行政」が重視した「社会的公平」の達成を目指した動きとは異なるものであることも注意すべきである。NPMは住民の満足度の最大化を目指すことも特徴のひとつではあるが、これまで実施されてきたさまざまなNPM的な改革を見る限り、コストの削減と効率の向上の方がより重視されているように思われる。こうした状況が続けば、1930年代の行政学の危機において批判された、過度な「効率の重視」を繰り返すことになりかねないことに注意しなければならないだろう。

6　もうひとつの行政学——ドイツ官房学

■**ドイツ官房学を振り返る意味**　本章の最後に、時代は戻ってしまうが、16世紀中頃から18世紀にかけてドイツやオーストリアで発展した官房学を紹介する。

　本章の最初で述べたように、現代につながる行政学のルーツは19世紀末のアメリカで誕生したとされている。つまり、ドイツ官房学は行政学の直接のルーツではないということになる。だが、そこで展開された議論は、後の行政学に通じるものがあり、中には先取りしていると思わせる部分すらある。これまで見てきたアメリカ行政学の歴史と照らし合わせながら、その共通点と相違点を見てみよう。

■**ドイツ官房学誕生の背景**　ドイツ官房学は、16世紀中頃から18世紀末にドイツやオーストリアに存在した学問である。当時のこの地域は、一応は神聖ローマ帝国の支配下にあったが、その内部は多くの君主国家に分裂していた。各領主国家の君主たちは、絶対君主制の確立をめざして競争を始め、近代国家の条件が整えられていった。この君主を補佐して側近たちが務めた場所が「官房」であり、支配のための学問として官房学が誕生したのである。

　「官房学」といっても、統一的な学問体系や独自のアプローチをもっていたわけではなく、今日でいう政治学や財政学、経済学などさまざまな分野を含んでいた。その目的は君主の利益を増大させることにあったが、それは「公共の福祉」を実現するという大義名分もあわせもっていた。君主の財産と国家の財産が同一視されていた当時において君主の財産を増やすことは、国家の財産を

増やすことであり、それによって公共の福祉を実現することで国民の利益につながる、と考えられていたのである。そしてその手段とされたのが「警察」と呼ばれる国家の活動であった。ここでいう「警察」は、今日でいう「行政」とほぼ同じ意味であるといってよいだろう。

■**前期官房学**　ドイツ官房学は前期と後期に分けられるのが一般的である。前期の官房学は、「公共の福祉」の基礎をキリスト教神学に置いていたものの、より重視されたのは、国内の治安維持や、国家により多くの貨幣を蓄積するための経済政策だった。

その代表的な学者がゼッケンドルフである。彼の研究は治安維持をはじめとして、経済政策や教育政策など広範囲に及んでいた。また「正義」「平和」「国家と人民の福祉」などを官房学の目標として掲げたことから、「ドイツにおいて最初に行政の価値を承認した人」とも呼ばれている。しかし、今日から見れば、さまざまな科目が雑多に混ざったものであり、ひとつの学問分野として成熟したものではなかったと評価されている。

■**後期官房学**　後期官房学では、「公共の福祉」の思想的な基盤を自然法思想に置いている。後期官房学の代表的な学者は、フリードリヒ大王の下で近代化を推進していたプロイセンで活動したユスティである。

ユスティの一番の功績は、それまでの官房学を「財政学」と「警察学」に分けたことである。彼は、国家の仕事は、①国家の資源（資金や兵器といった物質的な物だけでなく、労働力や国民の知的能力も含まれる）を維持し、増大させること、②そうした国家の資源を運用し、経営すること、の２つであるとした。それに対応して、官房学も①に対応する学問として警察学、②に対応する学問として財政学に二分されるとした。ユスティが主張する警察学は、後の行政学に近いものであるといえるだろう。

■**官房学の衰退**　このようにドイツ官房学は、国家の利益＝君主の利益の増大を目的とした学問であったが、フランス革命などをきっかけに自由主義が広まっていくと、次第に時代に合わなくなっていった。18世紀初頭にプロイセンほかのドイツ諸国家がナポレオン率いるフランスに敗れ、すでに名目的存在になっていた神聖ローマ帝国が崩壊すると、君主を中心とする絶対主義国家の没

落をもたらした。このようにして官房学は、18世紀後半には次第に力を失っていった。官房学を構成していたさまざまな科目は、行政法学や財政学など、それぞれが個別の学問として独立していった。

■**シュタインの行政学**　前述のように、ドイツの絶対君主制のもとで誕生、発展した官房学は、自由主義の台頭と絶対君主制の崩壊のもとで衰退していったが、その最後に必ず論じられるのがシュタインである。シュタインが生きた当時のドイツは、ナポレオン戦争の敗北、1871年のドイツ帝国の成立など、絶対王政の衰退と近代化の進展が進んだ時期にあたる。シュタインはこうした時代背景のもと、自由主義やフランス社会主義の思想も取り入れつつ、それまでの官房学を集大成した。彼の最大の業績とされるのが、それまで「警察」という概念でひとくくりにされていた国家の原理を、「憲政」と「行政」に分離したことである。

　彼はまず、社会と国家を相対するものとして捉えた。社会において、人間は自分の利益を増やすために自由に活動し、競争する。するとやがて資本家と労働者という階級に分化していき、資本家の搾取によって労働者の自由を奪われることになる。人間は自由であるからこそ、不平等が生じ、自由を奪われてしまうという矛盾が社会には存在するのである。一方で国家は、国民の意思が統一され、ひとつの意思をもつに至った共同体である。国家の意思を形成するためには、国民が国家の意思の形成過程に参加する必要がある。これをシュタインは「憲政」と呼んだ。こうして形成された国家意思は、社会の利害対立を超越した中立性にのっとって、国家機関を通じて実施される。それを「行政」と呼んだのである。

　憲政と行政は、お互いがお互いを支え合う関係として設定されている。国民の総意によって形成された憲政に基づいて、行政が社会的不平等を解決し、不平等のない国民の総意が憲政を形成するのである。こうした関係をシュタインは、「行政なき憲政は無内容であり、憲政なき行政は無力である」という言葉で表現した[4]。

　シュタインの学説は、国民の総意を国家の意思とした点が、君主の意思を国家の意思としたそれまでの官房学とは異なっている。また、国家の意思の形成

である「憲政」とそれを実行する「行政」を分けて考えた点が、アメリカ行政学の政治行政分断論の考え方に似ているといえるだろう。だが、国家が社会の悪（不平等）を解決するという発想は、国家は社会の自由を制限しかねない必要悪であるというアメリカの発想と基本的に異なっている。この点において、シュタインの学説はアメリカにおける行政学の成立に直接影響は及ぼさなかったといわれている。またドイツにおいても、その後の行政法学、公法学の繁栄の陰に埋没してしまったとされる。

1) サイモンが「ことわざ」という表現を使っているのは面白い。「急がば回れ」ということわざがある一方で「善は急げ」という真逆のことわざも存在する。それまでの行政学が提起した原理も同様に相矛盾するものが多かったのである。
2) 「パラダイム」とは科学史家トーマス・クーンによって提起された概念で、さまざまな知見や理論の集まりが「ひとつの学問」であると認識される枠組みのことを指す。これまで見てきたように、1930年代までのアメリカ行政学はさまざまな知見や理論の集合体だったが、「行政は政治から独立した独自の領域である」「効率を第一の原理とする」という2つの共通認識が存在した。これがパラダイムとして機能し、行政学が、政治学や経営学とは別の固有の学問である根拠となっていたのである。
3) 政策のアウトプットとアウトカムといってもわかりにくいかもしれない。警察による交通取り締まりを例に考えてみよう。警察が取り締まりを強化した結果、交通違反の検挙数が増えたとする。だが、交通取り締まりの目的は、単に検挙数を増やすことではない。本当の目的は、危険な運転をする人が減ったり、交通マナーを守る意識が向上することを通じて、交通事故の件数が減ることである。この場合「交通違反の検挙数の増加」が政策のアウトプットであり、「交通事故件数の減少」が政策のアウトカムである。NPMはこのアウトカムを重視するのである。ただし、アウトカムには政策以外の要因（ガソリンの値上がりによる交通量の減少など）の影響も含まれることに注意しなければならない。
4) シュタインの学説は、当時ドイツに留学中だった伊藤博文を通じて、日本の明治憲法起草にも大きな影響を与えたといわれている。

■参考文献

今村都南雄・武藤博己・沼田良・佐藤克廣『ホーンブック基礎行政学』（改訂版）北樹出版、2009年

笠原英彦、桑原英明編『日本行政の歴史と理論』芦書房、2005年

風間紀男編『行政学の基礎』一藝社、2007年

土岐寛・平石正美・外山公美・石見豊『現代行政のニュートレンド』北樹出版、2011年

西尾勝『行政学』（新版）有斐閣、2001年

西尾隆『現代行政学』放送大学教育振興会、2012年

真渕勝『行政学』有斐閣、2012年補訂

村松岐夫『行政学教科書』（第2版）有斐閣、2001年

第2章
日本の行政組織とその改革

　この章では、日本における国レベルの行政組織の特徴と2001年に実現した中央省庁改革を説明する。中央省庁改革の目的は、内閣及び内閣総理大臣のリーダーシップの強化や、中央省庁の再編成による行政機構のスリム化、企画と実施の分離を目的とするエージェンシー制度の創設などにあった。この改革によって、従来の総理府に代わって内閣府が新たに設けられたり、国土交通省や総務省という「巨大官庁」が誕生したり、独立行政法人が創設されたりした。

　後に紹介するように、この改革が当初の目的をどのくらい達成したかについてはさまざまな見方がある。しかし、日本で省の数が変更されたのは実に40年ぶりのことであり、国の行政組織に大きな変化をもたらしたという意味で、この改革が「一大改革」であったことは間違いない。

　中央省庁改革から15年近くが経過した今、改革の背景と経緯、改革の内容、そして改革の成果を改めて考えてみたい。

1　日本の行政組織の特徴

（1）セクショナリズム

　セクショナリズムとは、「権限や管轄をめぐる省庁間の対立・競争」のことをいう (今村, 2006, p.5)。日本の中央省庁は省庁ごとの「縦割構造」を特徴としており、各省庁が一定の所管領域 (農業、福祉、金融など) をもつ。平たくいえば各省庁にナワバリがある。通常は、お互いのナワバリには口を出さずに共存しているわけであるが、複数の省庁にまたがる問題が起こると、セクショナリズムが表面化するのである。

　近年のセクショナリズムの事例としては、幼保一元化をめぐる文部科学省と厚生労働省の対立が有名である。幼保一元化は、待機児童問題などの子育てを

めぐる課題を解消するため、幼稚園と保育所の施設や運営を一体化するという政策である。しかし、幼稚園を所管する文部科学省と保育園を所管する厚生労働省はそれぞれの施設の独自性・必要性を主張し、両者の連携がなかなか進まないという問題があった。

辻清明は、セクショナリズムの原点は明治時代に成立した行政システムにあると指摘している（辻, 1969）。それは各省、軍部、枢密院の独立性が高く、内閣総理大臣がリーダーシップを発揮しにくい体制であった（割拠性論）。戦後も、内閣法に基づく「分担管理の原則」により、各省庁のトップである大臣の権限が強いため、総理大臣の指導力が制約されているという指摘がある。

セクショナリズムについては、各省が対立することで政府による一体的な政策遂行が困難となるし、行政の効率性も損なわれるという批判がある。

(2) 政策コミュニティ

セクショナリズムは、中央省庁内部にとどまる現象ではなく、日本社会全体に広く浸透していると見ることもできる。政策コミュニティ（省庁共同体）とは、与党政策審議機関、中央省庁、関係業界によって構成されるネットワークである（森田, 2000, pp.103-107）。前述した幼保一元化の例を挙げれば、自由民主党政務調査会文部科学部会、文部科学省初等中等教育局幼児教育課、幼稚園の全国組織（全国国公立幼稚園長会、全国私立幼稚園連合会）がひとつの政策コミュニティであり、自由民主党政務調査会厚生労働部会、厚生労働省雇用均等・児童家庭局保育課、保育所の全国組織（全国保育協議会、全国保育士会）もまた別の政策コミュニティを形成している。

政策コミュニティは、中央省庁の官僚だけではなく、与党の議員や省庁の政策対象集団をも含んでいるため、政策に対する強い影響力をもつ。共通の利益によって結ばれた強固な同盟は「鉄の三角形」と呼ばれ、場合によっては、内閣総理大臣の判断に真っ向から反対する「抵抗勢力」になる。

(3) 政治という「ブラックボックス」の内部とは

セクショナリズムと政策コミュニティには、すでに述べたように、政府による一体的な政策遂行が困難になるなどの問題がある。しかし、他方において、①多元的な観点から広く政策を検討することができる（森田, 2000, p.105）、②さ

まざまな利害をもつ人々の意見を少しずつ政策に反映させることができる、③対立・競争を通じて政策が進歩する可能性があるという長所もある。

民主党政権時代に内閣府参与を務めた社会運動家の湯浅誠は、政府の中に入ったことで、政治という「ブラックボックス」の内部が「調整の現場」であることを学んだという（毎日新聞、2012年3月30日、東京夕刊）。

「ブラックボックスの内部では、政党や政治家、省庁、自治体、マスコミなど、あらゆる利害関係が複雑に絡み合い、限られた予算を巡って要求がせめぎ合っていた。しかも、それぞれがそれぞれの立場で正当性をもち、必死に働きかけている。以前は自分が大切だと思う分野に予算がつかないのは『やる気』の問題だと思っていたが、この状況で自分の要求をすべて通すのは不可能に近く、玉虫色でも色がついているだけで御の字、という経験も多くした。（中略）

政府の中にいようが外にいようが自分は調整の当事者であり、『政府やマスコミが悪い』と批判するだけでは済まない。調整の一環として相手に働きかけたが結果が出ない——それは相手の無理解を変えられなかった自分の力不足の結果でもあり、工夫が足りなかったということです。そういうふうに反省しながら積み上げていかないと、政策も世論も社会運動も、結局進歩がないと思う」

政策コミュニティの対立・競争は、必ずしも政策の停滞や失敗を招くばかりではなく、限られた予算をめぐる競争の中で、政策の進歩にも結び付きうることを示している。

2　中央省庁の組織と管理

(1) 中央省庁の構成

■**中央省庁とは何か**　中央省庁とは、内閣の統轄の下に国の行政事務を遂行する行政組織である。いいかえれば、内閣が掲げる政策を実現するため、内閣の手足となって働くのが中央省庁である。中央省庁は2015年1月現在、大臣を長とする1府13省庁とその外局からなる[1]。「外局」とは府省に属する委員会及び庁をいう。一方で、本省の中に置かれた組織（局・部・課など）を「内部部局」と呼ぶ。

表2-1　国家行政組織法に定める「国の行政機関」

省	委員会	庁
総務省	公害等調整委員会	消防庁
法務省	公安審査委員会	公安調査庁
外務省		
財務省		国税庁
文部科学省		文化庁
厚生労働省	中央労働委員会	
農林水産省		林野庁
		水産庁
経済産業省		資源エネルギー庁
		特許庁
		中小企業庁
国土交通省	運輸安全委員会	観光庁
		気象庁
		海上保安庁
環境省	原子力規制委員会	
防衛省		

表2-2　内閣府に置かれる委員会及び庁

内閣府	公正取引委員会
	国家公安委員会
	特定個人情報保護委員会
	金融庁
	消費者庁

中央省庁に関する主要な法律として国家行政組織法と内閣府設置法がある。

国家行政組織法では、「国の行政機関」として、省、委員会及び庁が列挙されており、「その設置及び廃止は、別に法律で定めるところによる」としている。いかなる省・委員会・庁が「国の行政機関」として置かれるかについては、別表1で定められている（表2-1参照）。

内閣府とその外局（公正取引委員会など）は国家行政組織法の「国の行政機関」には含まれておらず、内閣府設置法で規定された「内閣に置かれる機関」である（表2-2参照）。内閣府は内閣総理大臣を長としているため、各省大臣を長とする省よりも一段高い立場にある。

なお、内閣に属する機関として、内閣官房、内閣法制局、人事院などがある。

■**内閣官房**　内閣官房は、内閣及び内閣総理大臣のリーダーシップ発揮を補佐するための組織である。内閣官房長官を長とする。内閣官房は従来、省庁間の「総合調整機能」を果たすものとされていたが、実際には必ずしも強い力をもっていなかった。内閣官房の「総合調整機能」は、省庁間の対立が発生して仲裁の必要が生じたときに行う受動的な調整にとどまるものと解釈されたためである（真渕，2009，p.79）。

しかし、2001年の中央省庁改革では、「総合調整機能」に加えて「企画立案

機能」が追加された。各省のもめごとの仲裁役にとどまることなく、総理大臣の決断に沿って積極的に政策を打ち出す権限が内閣官房に付与されたのである[2]。

たとえば、内閣官房には「TPP政府対策本部」が設置されている。TPP（環太平洋パートナーシップ）とは、アジア太平洋地域において、非関税分野や新しい貿易課題を含めた高い自由化を目標とする包括的な協定であり、2015年1月現在12カ国が交渉中である。経済産業省や外務省が締結に積極的であるのに対して、農林水産省は国内農業保護の観点から慎重な姿勢をとっている。内閣官房に対策本部が設置されている理由は、こうした省庁間の対立を調整し、安倍内閣の目標であるTPP推進を実現するためである。

内閣官房の長である内閣官房長官には、国務大臣（内閣を構成する大臣＝閣僚のことを「国務大臣」と呼ぶ）が就任する。内閣官房長官の任務としては、内閣官房の事務の統括をはじめ、内閣総理大臣の補佐、国会に対する窓口、与党との調整役、国民に対するスポークスマンなど多様なものがある。

内閣官房副長官は3人体制であり、衆議院議員及び参議院議員から起用される政務副長官が2人、事務次官経験者から任命される事務副長官が1人である。

■内閣府　2001年の中央省庁改革によって、従来の総理府が廃止されて、内閣府が新たに設置された。総理府は内閣総理大臣を長とする省庁であったが、その権限は基本的には他の省庁と同列であった。そこで、内閣の指導力を強化するため、法律上の内閣府の位置づけを他の省庁とは区別し、内閣府を「各省庁よりも一段高い立場」に置くこととした。

内閣府の役割は、国政上重要な特定の政策に関する企画立案・総合調整機能を発揮することにある。「特定の政策」としては、経済財政政策、科学技術政策、防災、少子化対策、男女共同参画などがある。これらの定型的業務については内閣府が、その他の非定型的調整業務については内閣官房が、各種会議の事務局を担うという役割分担がある（城山，2006，pp.74-75）。

また、内閣府は「知恵の場」であるといわれる。内閣府は知恵を出し、それによって内閣官房を助け、内閣官房は内閣及び内閣総理大臣を助けるという関係になる。知恵の場としての機能を十分に果たせるように、内閣府には、内閣

総理大臣または内閣官房長官を議長とし、関係大臣と有識者からなる重要政策に関する5つの会議（経済財政諮問会議、総合科学技術・イノベーション会議など）が設置されている。

■**省の設置とその内部部局**　前述のとおり、国家行政組織法は、省、委員会及び庁の「設置及び廃止は、別に法律で定めるところによる」としている。この「別に法律で定める」という規定を受けて制定されているのが各省の設置法である。設置法には、省の任務と所掌事務、省に置かれる特別な職と機関、地方支分部局、その省が外局を有する場合にはその所掌事務などが規定されている。

内部部局の標準的な組織編成については国家行政組織法によって詳細に規定されている。たとえば、省には官房と局を必ず置かなければならないことや、官房と局の下に課を任意で置くことができることなどである。そのため、各省の内部部局はかなり画一化されており、大抵の場合には、官房・局→（部）→課（室）という階層構造をとっている。

内部部局で最も重要な組織の単位は課であるとされる。なぜならば、法律案の作成、来年度予算の要求、与党や関係団体への根回しといった政策形成に関する仕事の多くが課を単位として行われているからである。

■**内部部局の決定制度**　内部部局のうち局及び部の新設改廃については戦後長らく法律事項であったが、1983年の国家行政組織法改正によって政令事項となった。内閣が社会経済情勢の変化に合わせて内部部局を柔軟に改組できるようすることが目的であった。他方において、国会による行政組織の統制権限が後退したとの批判もあった。

■**委員会**　行政機関である委員会としては、内閣府の外局である公正取引委員会、総務省の外局である公害等調整委員会などがある。委員会の長は委員長と呼ばれる。

委員会の特徴のひとつは「独任制」ではなく「合議制」の機関であることにある。府・省・庁の場合には大臣、長官などひとりの長が最終的な決定権をもっているのに対して、委員会では会議を開いて多数決で決定することを原則としている。合議制をとる理由は、その事務の処理に当たって、政治的中立性ま

たは高度な専門技術性が必要とされるためである。

　なお、内閣府の外局である国家公安委員会（警察庁）は、委員長に国務大臣が就任するため、「大臣委員会」と呼ばれることがある。また、大臣を長とする機関であることから、名称は「委員会」であっても、1府13省庁のひとつに数えられる[3]。

　なお、「委員会」と呼ばれていても、決定権がなく勧告権しかもたない「審議会」も多い。こうした審議会と区別するために、行政機関としての委員会を「行政委員会」と呼ぶことがある。

■庁　　庁としては財務省の外局である国税庁、国土交通省の外局である海上保安庁などがある。庁の長は長官と呼ばれる。長官の任命権は庁が属する府省の大臣がもつが、庁内の職員の任命権は長官が有する。その結果、庁は府省に対して一定の独立性を有するとされている。

　庁は、その事務が膨大であり、それを内部部局で行おうとすると、他の内部部局との組織上の釣り合いが取れないなどの理由から設置されることが多い。つまり、事務処理上の便宜性が主たる設置理由のひとつである。たとえば、財務省の内部部局である主税局と外局の国税庁は、いずれも税務行政を扱っているとはいえ、全国の税務署を統括する国税庁の方が圧倒的に組織規模が大きい。

■大臣庁　　2001年の中央省庁改革以前、総理府にあった環境庁や科学技術庁など8つの庁の長官には国務大臣が就任していたため、「大臣庁」と呼ばれた。その他の庁の長には国務大臣ではなく主として官僚が起用されていた。

　しかし、2001年以降、大臣庁は防衛庁だけとなった。その防衛庁も2007年に防衛省に昇格したために大臣庁は一時的に存在しなくなったが、2012年に内閣総理大臣を長とする復興庁が設置された。

■附属機関　　必要に応じて、附属機関の審議会や施設を設けることができる。

■地方支分部局　　内閣府、省及びそれぞれの外局には、その事務を分担させる必要がある場合に、地方支分部局を置くことができる。たとえば、国土交通省は、東北、関東、北陸、中部、近畿、中国、四国、九州の8地方整備局を設置している。

(2) 中央省庁における管理

次に、中央省庁において権限・資金・人員などの行政資源がどのように管理されているかを見てみよう。いうまでもなく省庁が調達できる行政資源は有限である。また行政資源が恣意的に使用されることのないようにさまざまな制約が課されてもいる。それでは、省庁において権限・資金・人員などはどのように管理されているのだろうか。権限については法案作成過程、資金については予算編成過程、人員については機構・定員管理を説明しよう。なお、国家公務員の人事管理も重要なテーマであるが、これについては第3章を参照して欲しい。

■**法案作成過程とその特徴**　法令（法律・政令・省令など）は、省庁が政策を実施するための法的根拠であると同時に、省庁の有する権限の範囲を規定するものでもある。平たくいえば、法令によって「行政ができること、できないこと」が定められる。それでは、省庁は法律案をどのように作成するのだろうか。

法律案には、内閣提出法案（閣法）と議員提出法案（衆法・参法）があるが、その多くは前者である。内閣提出法案の一般的な作成過程は次のようになる。

① 担当省庁の担当課が法案を作成し、省庁内での調整を経て事務次官・大臣による承認
② 省庁案について、内閣法制局の下審査、担当省庁と関係省庁の間で法令協議、与党政策審議機関による審査、予算を伴う場合には財務省主計局との協議
③ 担当大臣による閣議請議（閣議を求める手続）がなされて内閣官房から法案が内閣法制局の審査へ回され、審査終了後に内閣へ上申
④ 次官連絡会議での調整
⑤ 法案の閣議決定、国会提出

省庁における法案作成過程の特徴は、①担当課からのボトムアップ方式が原則であり、担当課の有する情報・人材・手腕に依るところが大きいこと、②次官連絡会議や閣議で内容を検討する前に、省庁間の綿密な水平的調整が済まされていること、③慣例的に、与党政策審議機関による法案の事前審査が行われており、与党に一種の「拒否権」が与えられていることなどが挙げられる。

内閣法制局とは、1952年に内閣直属の機関として内閣に設置された組織である（ただし、その前身組織は明治時代から存在し、現在よりも広範な権限を有していた）。内閣法制局の任務は、①法律問題について内閣に対し意見を述べること（意見事務）、②閣議に附される法律案、政令案及び条約案を、閣議決定に先立って、現行法体系の中で問題がないかどうかを審査すること（審査事務）にある。内閣法制局は憲法解釈についても強い影響力をもってきた。たとえば、内閣法制局は「わが国は集団的自衛権を国際法上保有しているが憲法上行使できない」という見解を維持してきたが、このことがしばしば政権との緊張関係を生んできた（西川, 2002)[4]。

■予算編成過程とその特徴　　資金（予算）は法律と並んで、行政が政策を実施するための主要な手段のひとつである。行政が利用できる資金の額によって、行政サービスの質と量が左右されることは理解しやすいだろう。また、予算の成立には国会の承認を要するから、予算は国民の代表である国会議員が行政を民主的に統制するための手段でもある。一般的な予算の編成過程は次のようになる。

① 5月頃に各省庁で課レベルの概算要求案を作成。当年度の予算が国会で成立した直後から次年度の予算編成が始まっている。
② 6月頃に局の概算要求案を作成。
③ 7月頃に、財務省により概算要求基準（シーリング）が決定。これは各省庁が要求できる上限額を示したものである（たとえば、前年度比〇〇％減など）。
④ 各省庁は8月31日を期限として財務省に概算要求を提出。
⑤ 9月以降、財務省主計局は各省の概算要求を査定開始。2、3週間かけて各省庁からヒアリング。各省からの説明があり、これに主計局が質問する。回答が不十分であれば各省に資料請求が行われる。
⑥ 10月から11月にかけて財務省主計局内における査定原案の作成。
⑦ 12月頃に財務省原案の内示。原案は閣議に報告される。各省庁は減額あるいは拒絶されたもののうち、どれを復活要求するか検討する。
⑧ 1月頃に復活折衝の実施。まず、事務折衝として、課長→局長→事務次官レベルでの折衝が行われる。事務折衝で決着のつかなかった予算については、

各大臣と財務大臣による大臣折衝が行われる。
⑨　2月頃に国会審議。
⑩　3月末までに次年度予算成立。

新年度までに予算を成立させる必要があるため、「終点から逆算する形でタイムスケジュールが定められている」のである（曽我, 2013, p.157）。

予算編成過程の特徴としては次のことが指摘されている。

第1に、その時間的制約の厳しさのために妥協が促されることである。つまり「締め切りまでに合意を形成できなければ、その事業に予算はつかない。100％要求通りでなくとも、0よりはベターなので折衝は妥結されやすくなる」からである（曽我, 2013, p.160）。

第2に、予算編成過程が「政策についての学習の過程」になっているとの見解がある（真渕, 2009, pp.208-209）。予算編成過程では、課→局→省というように、組織の下の方から要求がなされ、すぐ上の組織がそれを査定し、その後、さらに上の組織に要求することが繰り返される。これは「攻守交代システム」と呼ばれる。査定する側は次の段階では要求する側になるから、質問に回答できるよう当該予算の必要性や政策の内容を十分に把握しておかなければならないのである。

■**機構・定員管理とその特徴**　　機構とは内部部局の組織編成のことである。一定のルールの下で局・部・課などを新たに設けたり、改めたり、廃止したりすることを機構管理という。また、定員とは、各省庁における常勤恒常職の人員数のことである。

中央省庁の機構・定員の管理は、2014年度から総務省行政管理局に代わって内閣人事局が担当している。各省庁が機構や定員の変更を行いたい場合には、内閣人事局に要望を提出し、その審査を受けなければならない。

機構管理はスクラップ・アンド・ビルドの原則に基づいて行われる。これは、各省庁が局・部・課などの内部部局の新設を要求する場合には、それと同時に同格の組織を同じ数だけ統廃合する案を提示しなければならないというルールである。この原則は、省を単位として行われているのではなく、中央省庁全体として適用されているため、組織数が増加する省庁もあれば削減される省庁も

あり、組織をめぐる省庁間競争を促しているとの指摘もある。なお、この原則のほかにもルールがあり、官房と局の上限数を97以内とすることが法定されているし、課と室についてはできる限り900に近い数字とするよう努めるとされている。

定員管理のルールとしては、1969年に制定された総定員法が重要な役割を果たしている。この法律は、国家公務員総数の最高限度を法律で定め、各省庁の定員は政令で、それ以下の組織の定員は省令で定めることとしたものである。

機構・定員管理の特徴としては次のことが指摘されている。

第1に、省庁の組織・定員の決定制度と管理制度が厳しい鉄格子効果を発揮し、行政組織の膨張抑制に寄与している反面、政策課題の変化に対応した迅速かつ弾力的な組織変更を困難にしていることである（西尾, 2001, p.115）。

第2に、各局及び各省庁の官房系統組織が高度に整備されていることである。各局においては局の筆頭課が、各省庁においては財務・人事・文書などの「官房3課」が総括管理機能を担っている（西尾, 2001, p.117）。官房系統組織は行政資源の配分に関する権限を掌握することにより、ライン系組織を集権的にコントロールすることが可能になっている。

3　2001年の中央省庁の改革

(1) 中央省庁改革とは何か

■**中央省庁改革の背景・経緯**　中央省庁改革が大きなテーマとなったのは1996年10月の総選挙においてである。バブル経済の崩壊後、大蔵省の不祥事が表面化し、また住宅金融専門会社の不良債権処理などの経済失策が批判を浴びた。その結果、大蔵省改革の必要性が指摘されるようになり、さらには中央省庁全体の再編成が総選挙における与野党の公約となるに至った。総選挙に勝利した自民党・社民党・さきがけの連立政権は中央省庁改革に着手する（真渕, 2009, p.98）。

中央省庁改革は「橋本行革」とも呼ばれる。橋本龍太郎内閣総理大臣が主導した改革だからである。橋本総理大臣の意気込みは、1996年11月に設置された行政改革会議の会長に橋本総理大臣自身が就任したことにも表れている。総

理大臣が審議会の会長に就くことは「異例中の異例」であった。また、「ほぼ毎回総理が行革会議に出席し、随所に意見を披歴することで、行革会議の議論はもとより、会議全体の進行をもリード」しており、「日本の行革史上、こうした前例はみられない」とされる（岡田, 2006, p.32）。

行政改革会議は1997年12月に「最終報告書」を取りまとめた。そして、これも異例のことながら、この報告書の内容がほぼそのまま、1998年6月に中央省庁改革等基本法として法制化される。この基本法に基づき、小渕恵三内閣の下で1999年7月に内閣法・国家行政組織法・各省設置法などの関係法律が改正された。施行期日は2001年1月6日とされたため、この日をもって省庁再編が実現した。

■**中央省庁改革の目的**　「最終報告書」では、次の3点が改革の基本的な考え方とされた（田中・岡田, 2000, p.3）。第1に、内閣・官邸機能の抜本的な拡充・強化を図り、中央省庁の行政目的別大括り再編成により、行政の総合性、戦略性、機動性を確保すること、第2に、行政情報の公開と国民への説明責任の徹底、政策評価機能の向上を図り、透明な行政を実現すること、第3に、官民分担の徹底による事業の抜本的な見直しや独立行政法人制度の創設等により、行政を簡素化・効率化することである。

ここでは本章のテーマと直接に関わる①内閣機能の強化、②中央省庁の再編、③独立行政法人の創設についてのみ検討を加えたい。

（2）改革の内容

■**内閣機能の強化**　前述のとおり、内閣官房の機能が強化され、従来の総理府よりも強力な総合調整機能をもつ内閣府が創設された。また、内閣総理大臣補佐官の定数の増員、内閣官房副長官補・内閣広報官・内閣情報官の新設、内閣総理大臣秘書官等の定数の弾力化など人員面での拡充も図られた。内閣府には、経済財政諮問会議などの合議制機関が置かれたほか、複数の特命担当大臣、副大臣、大臣政務官も配置された。

とくに注目を集めたのが小泉純一郎内閣時代の経済財政諮問会議である。小泉総理大臣は自らが議長となる経済財政諮問会議を活用し、予算編成の基本方針をトップダウンで示すことにより、予算編成を通じたリーダーシップの発揮

表2-3 中央省庁の再編

再編後	再編前	再編後	再編前
内閣官房	内閣官房	財務省	大蔵省
内閣府	総理府本府 金融再生委員会 経済企画庁 沖縄開発庁	文部科学省	科学技術庁 文部省
		厚生労働省	厚生省 労働省
国家公安委員会	国家公安委員会	農林水産省	農林水産省
防衛庁	防衛庁	経済産業省	通商産業省
総務省	総務庁 郵政省 自治省	国土交通省	北海道開発庁 国土庁 建設省 運輸省
法務省	法務省		
外務省	外務省	環境省	環境庁

(真渕, 2009, p.99より作成)

を演出したからである。

■**中央省庁の再編**　2001年の再編以前、中央省庁は、1府12省8庁2委員会体制といわれた。これは国務大臣を長とする省庁を数えたものであり、省庁数は合計23であった。また、1960年に自治省が創設されて以来、省の数は12省のまま40年にわたって変化がなかった。欧米諸国では大統領ないしは首相が交代したときに省庁が新設改廃されることは稀ではないことと対照的である。

さて、日本では省の数は長年変わらなかったが、庁の数は着実に増加してきた。1955年に経済企画庁、1956年に科学技術庁、1971年に環境庁、1972年に沖縄開発庁、1974年に国土庁、1984年に総務庁が設けられた。いずれも各時代の大きな問題に対処するために総理府の外局として設置されたものであるが、これらは国務大臣を長とする大臣庁であった。

2001年の再編では、この大臣庁が大幅に整理されたことにより省庁数はほぼ半減した。1府12省8庁2委員会体制（合計23省庁）から1府10省1庁1委員会体制（合計13省庁）となったのである（表2-3参照）。

■**独立行政法人の創設**　独立行政法人制度とは、省庁の行政活動から政策の実施部門のうち一定の事務・事業を分離し、これを担当する機関に独立の法人

格を与えて、業務の質の向上や活性化、効率性の向上、自律的な運営、透明性の向上を図ることを目的とする制度である。イギリスのエージェンシーを参考にしている。

独立行政法人は2001年4月に57法人が誕生し、2014年4月時点では98法人にまで増加している。研究所や研修施設などの占める割合が高い。

従来からある特殊法人と異なる点は、資金調達に国の保証が得られないこと、法人所得税や固定資産税など公租公課の納税義務が生じること、3年以上5年以下の期間の中期計画と中期目標による評価が重視されていることである（真渕，2009，p.125）。独立行政法人の評価の流れは、①所管省の大臣が独立行政法人の中期目標を設定、②独立行政法人による中期計画の策定と大臣によるその認可、③中期目標終了時点における大臣による評価、となる。大臣による評価では「組織および業務の全般にわたる検討」が行われるから、独立行政法人は3〜5年ごとに組織の存在意義を問い直されるしくみになっている。

(3) 改革の評価

最後に、中央省庁改革の成果がどのように評価されているか、代表的な意見を紹介しよう。

■内閣機能の強化に関する評価　第1に、中央省庁改革により、内閣官房の権限が大幅に強化されたとする見方がある。内閣官房が総合調整権限のみならず企画権限を付与された結果、「内閣官房以外の『総合調整』の機関であった内閣法制局、大蔵省、総理府外局はそれぞれ中央省庁再編過程で影響力を失墜させた」からであり、このことが「小泉内閣の『官邸主導』の制度的基盤」を作ったのである（牧原，2009，pp.250–251）。

第2に、経済財政諮問会議の重要性を強調する意見がある。経済財政諮問会議を「予算編成方針、政策の基本方針など、総理主導の意思決定機関として運用することで、次第に諮問会議重視、官邸指向に各省を転換させ、与党の部会（族議員）の『空洞化』をもおしすすめることになる」という（岡田，2006，p.36–37）。

第3に、経済財政諮問会議における民間議員の活用や、内閣府における外部者の活用によって新たなアイディアの導入が図られたこと、「内閣官房に各省

庁出身者からなる混成組織を構築することにより、内閣機能を担う実質的中枢を確保することができた」ことなども肯定的に評価されている（城山, 2006, pp.77-78）。

第4に、確かに官邸主導の制度的基盤が整備されたとはいえ、これを活用できるかどうかは総理大臣個人の態度や与野党との力関係などに左右される。たとえば、森喜朗内閣と小泉純一郎内閣では経済財政諮問会議を活用しようとする姿勢が大きく異なっていた。

■**中央省庁の再編に関する評価**　第1に、中央省庁等改革基本法の目標のひとつである「行政需要等の変化に柔軟かつ弾力的に対応できる行政組織の編成」という目標に限っていえば、ほとんど達成されていないとする意見がある。真渕勝によれば、「省庁の統合が新しい行政需要に応えられる体制を作り、政策を企画したり、実施したりできるようになっているか否かは、ひとえに、再編前の省庁の枠を超えた課が新たに設置されているか否かにかかっている」（真渕, 2009, p.101）。課は政策立案の基本単位だからである。しかし、日比野勤の研究によれば、2003年の時点で既存の省庁を超えて設置された課は2つにとどまっている（日比野, 2003）。中央省庁全体の課の総数は1000前後あるにもかかわらず、である。このことから、真渕勝は、中央省庁再編後も行政の実態に変化は認められず、「省や局の看板のすげ替えに終わっているといわなければならない」と結論づける（真渕, 2009, p.110）。

機構の融合ではなく人事の融合という視点から見れば、旧省の枠を超えた統一採用を行っている省や旧省間の人事交流を拡大している省もある。しかし、総務省のように、自治省・総務庁・郵政省という旧省単位での採用を継続しているところもあり、「これでは、永久に旧省庁意識は抜けないであろう」と指摘されている（同書, p.109）。

他方において、中央省庁再編によって政府全体の人事交流が拡大した結果、各省間の調整が円滑になり、幼保一元化などの具体的成果があがっているとの見解もある。①省庁再編によって内閣官房が肥大化し、各省が優秀な人材を送り込むようになったこと、②省庁の統合によって「建設省と運輸省、文部省と科学技術庁など、従来全く異なる歴史的経緯で成立した省庁の官僚集団が、同

一組織の中で勤務するようになり、従来の省の枠が相対化された」こと、③小泉内閣が2004年2月に「中央省庁の課長級の一割を対象として、他省庁との人事交流を指示した」ことなどが根拠である（牧原，2009, p.252）。

■**独立行政法人の創設に関する評価**　第1に、独立行政法人は特殊法人の「看板のすげ替え」に過ぎないのではないかという批判的意見がある。1980年代以降、特殊法人の非効率性や民業圧迫が問題視されるようになり、民営化や統廃合といった特殊法人改革が進められてきた。現在の独立行政法人の中には特殊法人が独立行政法人に移行したものも一部含まれていることから、官僚の天下り先でもある特殊法人を実質的に温存するためのいわば「改革逃れ」ではないかという見方である。

　第2に、独立行政法人は、特殊法人よりも環境の変化に対してより柔軟な対応を可能にする制度であるとの意見もある。松並潤によれば、「2001年4月に設立された57法人は、設立時にはそのほとんどの52法人が役職員に公務員身分を与える特定独立行政法人であったが、現在では特定行政独立法人はわずか3法人に減少している（非公務員型への移行の他、統合による現象も含む）。また、22法人がこの7年間で非公務員型への移行以外の何らかの改組の対象となっている」という。法人設立後これほどの短期間で特殊法人が改組された例はほとんどないそうである（松並，2008, p.57）[5]。

　第3に、組織の透明化が大きく前進したという意見がある。独立行政法人に移行する前は、各研究所や研修施設などは省庁の中にあったため、予算・定員などの決定過程は国民の目にはほとんど見えなかった。しかし、中期目標や中期計画はいずれも公表されるし、その内容について、外部の評価委員会で議論され、意見が述べられるようになった。毎年の年度計画と年度実績も同様に公表される。「透明性という点では、かなりの程度、高まった」とされる（稲継，2006, p.52）。

1）　1府13省庁の内訳は、内閣府、復興庁、総務省、法務省、外務省、財務省、文部科学省、厚生労働省、農林水産省、経済産業省、国土交通省、環境省、防衛省、国家公安委員会（警察庁）である。なお、復興庁は東日本大震災から10年目となる2021年3月末に廃止予定である。
2）　2012年12月に発足した第2次安倍内閣は、内閣官房に国家安全保障局（2013年12月）と内閣人事局（2014年5月）を新設しており、さらなる内閣機能の強化を図っているように思われる。

3) 近年設置された委員会としては、内閣府の特定個人情報保護委員会（2014年1月設置）がある。
4) 第2次安倍内閣では、集団的自衛権の解釈をめぐる総理と内閣法制局の見解の相違が表面化したため、内閣法制局長官には内閣法制次長が昇任するという慣例を破り、総理と考えの近い外務官僚が内閣法制局長官に任命された。2014年7月には集団的自衛権の行使を認めるために、憲法解釈を変える閣議決定が行われた。
5) なお、2015年1月現在、98ある独立行政法人のうち特定独立行政法人は7法人であり、依然として少数にとどまっているといえよう。

■参考文献

稲継裕昭「独立行政法人の創設とその成果」『年報行政研究』41号、2006年
今村都南雄『官庁セクショナリズム』東京大学出版会、2006年
岡田彰「省庁再編とそのインパクト」『年報行政研究』41号、2006年
曽我謙悟『行政学』有斐閣、2013年
城山英明「内閣機能の強化と政策形成過程の変容——外部者の利用と連携の確保」『年報行政研究』41号、2006年
田中一昭・岡田彰編著『中央省庁改革——橋本行革が目指した「この国のかたち」』日本評論社、2000年
辻清明『新版・日本官僚制の研究』東京大学出版会、1969年
西尾勝『行政学』（新版）有斐閣、2001年
西川伸一『立法の中枢　知られざる官庁　新内閣法制局』五月書房、2002年
日比野勤「フォローアップ政治・統治機構改革(2)政府・内閣府・内閣官房(1)」『法学教室』278号、2003年
牧原出『行政改革と調整のシステム』東京大学出版会、2009年
松並潤「特殊法人改革の虚実」『レヴァイアサン』第43号、2008年
真渕勝『行政学』有斐閣、2009年
森田朗『現代の行政』（改訂版）放送大学教育振興会、2000年

第3章
日本官僚制と公務員制度改革

　本章では、官僚制の議論を概観したうえで、日本官僚制の特色に関する研究と現在進行中の公務員制度改革の動向について検討していく。官僚制は、議会の意思決定の下に継続的な公共サービスを国民に提供していくところに、その正統性が求められる。しかし、20世紀に入ると、政府機能が拡大していき、政治的な判断領域まで非公選の公務員が影響力を及ぼすようになってきた。

　現代のように広範囲に及ぶ政府機能や役割においては、安定的な公務員制度は必要不可欠であるが、自己利益の優先や非人間性といった官僚制の逆機能も問題とされてきた。このような状況の中で、公務員制度はどうあるべきなのかという改革が戦後以来たびたび行われてきたが、21世紀の現在、公務員制度に何が求められているのかを検討してみることとする。

1　官僚制の概念

　官僚制（bureaucracy）の語源は、フランス語の事務机を覆う毛織の布bureにあり、18世紀後半に事務机、事務所（官房）を意味するbureauと転化し、それに政治的な支配や力を意味するギリシア語のcratieという接尾語が付け加えられ、フランス語のbureaucratieという用語が成立した。直訳すれば、「事務所（官房）の力」ということになろうか。このフランス語bureaucratieから、その後、ドイツ語のBürokratie、イタリア語のburocrazia、英語のbureaucracyという用語へと派生してきた。したがって、本来の「官僚制」の意味は、支配の公僕たる行政官僚が、その実務的機構の専門的な運営を通じて、実質的な統治権力を司る体制を意味していたといえる。

　ここでは、近代官僚制研究の第一人者であるウェーバー（Max Weber）の官僚制論を明らかにし、次に官僚制の批判理論について述べていく。

(1) マックス・ウェーバーの官僚制論

ウェーバーは、近代の資本主義や工業化の成立原理に関する研究を行い、社会学だけでなく社会科学一般の発展に大きな貢献をなした。また、彼の官僚制に関する研究は、その後の政治学、行政学、経営学、組織論の研究の原点となった。それは歴史を貫いて観察できる現象の「類型」や「様式」の相互比較という研究手法を開発したからである。

また、ウェーバーは、人類の歴史を「合理化」(Rationalsierung)という視点から記述しようとした。彼は、この視点から、経済・政治・社会・文化の各領域に生じつつある変化を、「近代化」の過程——つまり①経済領域の近代化、②政治・行政・法領域の近代化、③社会領域の近代化、④文化領域の近代化と理性的な精神の成立の過程——として近代社会を描写しようと試みた。彼の近代社会論の最も中心的な概念は、「合理化」と「官僚制化」(Bürokratisierung)であり、合理化の経済的側面が「資本主義化」で、その行政的及び組織的側面が「官僚制化」であった。

ウェーバーは、国家をその活動内容から定義できないため、近代国家の本質を社会学的に取り出すために、国家特有の手段である「物的強制力」に着目した。そして、国家とは、合法的な物的強制力を独占する人間共同体であり、国家のみが強制力を正当に行使する権能をもつものとした。その意味で、国家は合法的な強制力に基づく支配関係であり、支配関係が成立するためには、そこに正当性があるかどうかが本質的な問題となるとした。そのためウェーバーは、正当性の探究から「カリスマ的支配」、「伝統的支配」、「合法的支配」の支配の3類型を提示したのである。

■**支配の3類型**　カリスマ的支配は指導者の人格に基づく支配である。個人のカリスマ的人格、強制力、指導力などを通じて、社会行為の計画、実施における中心的役割を担う指導者による支配である。伝統的支配とは、伝統に基づく、定着した権力形態の正当性に依拠する支配である。伝統は社会的階層がきつく固定された社会においてうまく機能し、その支配は指導者への忠誠に依拠している。合法的支配とは法と合理性に基づく支配であり、規則生成の過程の正当性への信念が存在することが前提である。官僚制によって合法的支配は習

慣化され、合法的支配は知識と経験を土台にしている。この点で習慣や人格が入り込む余地は少なく、権力は個人ではなく規則に基づいて行使されるという特徴をもつ。そして、業務の専門化は他の支配形態と比べ高度であるため、他のアクターが入り込む余地が少なくなる傾向をもつ。

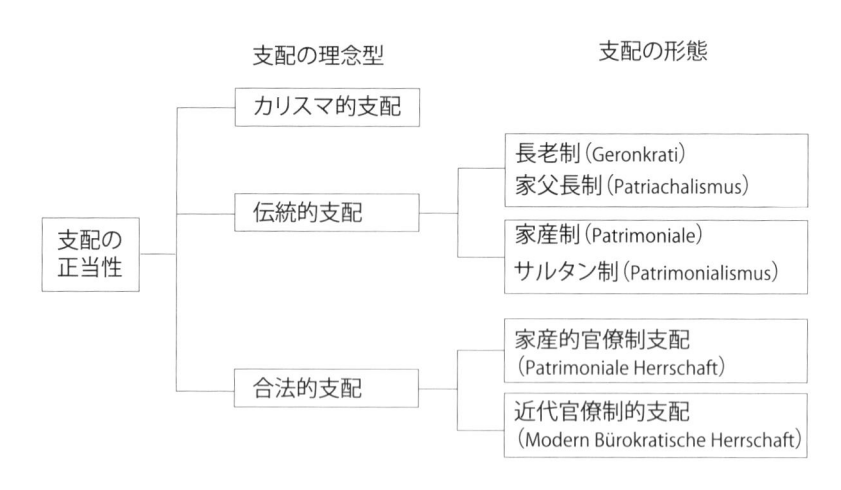

```
支配の理念型              支配の形態

           ┌─ カリスマ的支配
           │
           │                    ┌─ 長老制 (Geronkrati)
           │                    │  家父長制 (Patriachalismus)
           ├─ 伝統的支配 ───────┤
支配の    │                    │  家産制 (Patrimoniale)
正当性 ───┤                    └─ サルタン制 (Patrimonialismus)
           │
           │                    ┌─ 家産的官僚制支配
           │                    │  (Patrimoniale Herrschaft)
           └─ 合法的支配 ───────┤
                                │  近代官僚制的支配
                                └─ (Modern Bürokratische Herrschaft)
```

図 3-1　ウェーバーの支配の諸類型

■**家産的官僚制と近代的官僚制**　ウェーバーは、官僚制の概念について、家産的官僚制と近代的官僚制の2つの類型を提示した。ウェーバーは、中世以前の身分が不自由な官吏で構成されており、非合理的な形態の「家産的官僚制」と、近代ヨーロッパ社会に新たに発生した自由な身分の官吏によって構成されており、合理的な専門的な特殊化と習練という特性を有する「近代的官僚制」とを明確に区分した。ウェーバーによれば、社会学的みて、近代国家は工場と同様にひとつの「経営体」であり、またそれが歴史的にいえば国家に特有な点であるとする。近代以前では、国家の行政手段と行政スタッフが明確に切り離されていないが、近代国家では行政スタッフが支配力から完全に切り離されている。このことが近代国家の概念の本質にある。

そのためウェーバーは、近代社会には官僚制化が不可避的な過程であると表明し、近代的官僚制をそれ以前の家産的官僚制から識別するために、その特徴として、次の12項目を挙げている。それは、①規則による規律の原則、②明

確な権限の原則、③明確なヒエラルヒー構造の原則、④経営資材の公私分離の原則、⑤官職専有の排除の原則、⑥文書主義の原則、⑦任命制の原則、⑧契約制の原則、⑨資格任用制の原則、⑩貨幣定額俸給制の原則、⑪専業制の原則、⑫規律のある昇任制の原則である（西尾, 2001）。また、ウェーバーは、官僚制は、非人格化されればされるほど、事務処理に際し、愛憎その他一切の個人的な感情、予測できない一切の非合理的な要素を排除するという卓越性があるとした。ウェーバーが指摘した官僚制の「永続性」とは、官僚制は上下の指揮命令系統が一元的に確立された階統制をとり、ひとたび完全に確立されると破壊することは困難になるという指摘である。

　ウェーバーが近代の合理主義的・民主主義的な政治経済体制の必然として生み出されるとした「近代的官僚制」の長所は、「法律に依拠した精確で迅速な事務処理」と「行政職務の計算可能性と統計資料の活用性」であった。官僚制は職務分野の細分化と専門化、法律遵守によって組織規模を自己増殖させながら、社会のあらゆる領域に影響力を行使するほど大きくなっていった。

　(2)　ウェーバーの官僚制に対する反対論

　官僚制の健全正常なる作動にとって必要な組織原則として内面化されている諸原則が職員に内面化されたとき、そこに生ずる職員の心情と態度が、時と場所を誤って過剰に現れることによって官僚主義や官僚制の問題が生じる。「官僚制の逆機能」という官僚主義を体系的に批判したのは、アメリカの社会学者ロバート・マートン（R. K. Merton）である。

■マートンの「官僚制の逆機能」　ウェーバーが「合理的」とみなした官僚制について、マートンは、「訓練された無能力」と「目標の転移」という逆機能が現れると批判した。前者は、マニュアルに基づいて訓練しているときに、想定外の事態が起きたとしても、状況に応じた判断ではなくマニュアル通りの対応をしてしまい、不適切な対応を招いてしまうことである。

　また、法令の遵守は、法令規則を絶対視し、何のために作られた法令かを忘れ、法令を遵守すること自体が目的であると錯覚する「目標の転移」を生み出す。伊藤大一も、税務職員の行動を分析する中で、日本の行政職員は法令よりも行政規則や内規に過度に固執することで非人間的な態度を示す傾向を見出し、

それを「依法主義」と呼んでいる。

　また、ウェーバーの官僚制の非人格性は、自らの判断を避けて規則に基づいた機械的判断をするために、不親切で横柄な態度を生み出すとも指摘している。これらの官僚制の特長に基づく問題が、非効率や硬直的な杓子定規などの弊害を生み出し、深刻な問題が存在することを指摘した。官僚制はメリットとデメリットの双方を併せもった両義的な制度であるが、マートンは、個別の官僚のパーソナリティが問題なのではなく、官僚制のメカニズムそのものに非効率性などの「官僚主義の弊害」が埋め込まれているのだと考えた。

■**多くの実証研究**　また、マートンの指導を受けたアメリカの社会学者アルヴィン・グールドナー（A. W. Gouldner）は、官僚制について、相互理解によって設定された規則に基づく代表的官僚制と、強制的に定められた規則に基づく懲罰的官僚制とに類型化し、ゼネラル石こう会社の一事業所の事例研究から官僚制の問題点を抽出した。それは、代表的官僚制よりも懲罰的官僚制の方が、形式主義に対する不満や組織内の緊張を引き起こしやすいことであり、細かな監督や規則を強化は、業績を改善させることなく、むしろ逆にモチベーションや業績を低下させると結論づけた。マートンやグールドナー、そしてピーター・ブラウ（P. M. Blau）などは、人間関係論の影響を受けているため、官僚制組織の非合理的な側面を重視している。

　この他にも、近代官僚制の逆機能については多くの研究がなされている。たとえば、国家の統治機関の内部において、その構成単位である省、局、部などの各セクションがそれぞれ自己の権限や利害に固執する縄張り争いや対抗意識、協力しない傾向がしばしば発生する。官僚制組織は、とりわけこのセクショナリズム（割拠主義）を生み出す傾向が強い。

　また、ロバート・ミヘルス（R. Michels）は、官僚制の中に専横性が台頭する危険性を指摘し、民主主義を瓦解させ、組織において権力者が台頭するという「寡頭制の鉄則」を指摘している。さらに、パーキンソン（C. N. Parkinson）は、英国海軍省の研究から、「ラインの仕事量は同じであっても、スタッフは年5.17〜6.56％の割合で増える」（パーキンソンの第一法則）、「支出の額は、収入の額に達するまで膨張する」（第二法則）、「拡大は複雑化を意味し、組織を腐敗さ

せる」(第三法則)といった官僚制における自己増殖作用を明らかにした。また、ローレンス・J・ピーター (L. J. Peter) は、誰もが能力の限界まで出世すると、有能な人も無能な管理職になり (第一法則)、無能な人は今の地位に落ち着き、有能な人も無能な管理職の地位に落ち着き (第二法則)、その結果各階層は無能な人で埋め尽くされ、組織の仕事は出世の可能性のある無能レベルに達していない人によって遂行されるようになる (第三法則)、という「ピーターの法則」を示した。

(3) 予算最大化戦略と部局形成戦略

ダウンズ (A. Downs) やニスカネン (W. Niskanen) は、ひとりひとりの官僚が部局の予算最大化を図りながら、ある官僚組織の構成員として自分自身の利益を追求し、効用最大化をめざすような合理的行動モデルを構築してきた。ダウンズは、官僚制組織を一枚岩の組織と見てはならない、という指摘をしている (黒川, 2013)。

ニスカネンによれば、官僚の効用の最大化は、予算の最大化と同様の意味をもち、それゆえ予算が膨らみやすくなる。他方、政治家は予算を削減させ、減税することによって有権者の支持を得ようとする。官僚と政治家との間で利害が一致するよりも対立することになる。予算は政治家が承諾しなければ成立しないが、政治家は公共サービスにかかる真の費用について知らないケースが多く、政治家と官僚の間には情報の非対称性があるため、成立する予算は政治家が理想とする予算よりも多額になる。こうしたニスカネンの官僚的行動の捉え方は、「予算最大化モデル (budget-maximizing model)」(石見, 2011) と呼ばれる (細野, 1999)。

しかし、ダンレヴィ (P. Dunleavy) は、官僚には予算最大化行動が選択されにくいものであることを強調している。ある機関に属する官僚は、自身の効用を引き上げることができるいくつかの代替的な戦略をもっていること、そして、予算最大化行動は、それらの戦略の中のひとつにすぎないことを説明している。ただし、ダンレヴィのいうように、すべての官僚が予算極大化を志向するわけではなく、その動機は多様である。エリート官僚は、仕事のやりがいなどを重視するため、ルーティンワークを切り離す行為に及ぶ場合がある。すなわち、

予算の縮小を伴うような組織形整を行うケースも存在する。だが、ダンレヴィは、部局形成戦略が採用されやすい根拠を、官僚の階層・地位、その違いに伴う効用増加要因の違い、機関のタイプ、予算のタイプとの関係から丁寧に説明している。上級官僚の効用は下級官僚と異なり、金銭上の効用よりも仕事上の効用と密接に結びついている。すなわち、上級官僚はルーティンで煩わしい仕事やステータスの低い仕事には関心がなく、仕事の質やそれから得られる効用に関心がある。こうしたダンレヴィの理論は、「組織形成モデル（bureau-shaping model）」と呼ばれる（黒川, 2013）。

(4) ストリート・レベルの官僚制

アメリカの政治学者マイケル・リプスキー（Michael Lipsky）は、対象者と直に接触しながら日々の職務を遂行している行政職員のことを「ストリート・レベルの官僚制（Street-level Bureaucracy）」と呼んだ。その特徴は、上司の濃密な指揮監督を受けず、現場担当職員の裁量の余地の広さと、対象者に対する権力と影響力の大きさである。ストリート・レベルの官僚の典型的な例は、警察官や福祉事務所のケースワーカー、判事、弁護士や裁判所職員、保健所職員、政府や自治体の施策の窓口となりサービスの供給を行うその他の職員であり、公立学校の教員など施設で住民と直接対応する職員も含まれる。ストリート・レベルの官僚について、外勤警察官の場合を例に考えてみたい。その活動は大きく、①駐在所・派出所に待機している中での住民対応等の活動（道案内や悩みごと相談など）、②地域内の巡回中での活動（犯人逮捕や職務質問など）の2つに分けられる。外勤警察官は、こうした異質な種々の業務の処理を期待されているので、その限られた勤務時間とエネルギーの範囲内では、これらの業務を満足のいくところまで十分に実行することは不可能であり、「あちらを立てればこちらが立たず」という「エネルギー振り分けのディレンマ」に直面せざるをえないとした（西尾, 2001）。

2 日本官僚制の研究と公務員の特徴

(1) 官僚制優位論と経済官僚主導論

戦後の日本の官僚制研究の出発点は、辻清明の『新版・日本官僚制の研究』

(1969年)であろう。辻の問題意識は、GHQが採用した間接統治方式のもとで、戦後改革の大波を免れ生き延びた官僚制を、新憲法の下でいかに国会を中心とする民主的統制の下に服せしめるかにあった。辻の官僚制優位論では、戦後においても戦前の官僚機構の温存と強化がなされたことが強調されており、行政官僚制の権力については戦前戦後連続論の立場と捉えることができる。辻は、日本の官僚制において、家産的官僚制から近代的官僚制への転化を「近代官吏制度の三つの発展過程」に整理し論じている。その第1段階は、西欧の絶対王政時代の集権的官僚制に相当する戦前の古い官僚制が、戦後、第2段階としての市民革命を経ることなく、第3段階たる行政国家下の新しい官僚制の時代に入ったため、民主化と能率化という「二重の課題」に直面しているとした。他方、新しい民主主義のもとで力をもつ政治家は不在であり、強くなった官僚は政治家に対して優位を占める結果になり、これが、日本政治の民主化に対する障害であると考えたのである。

アメリカの国際政治学者であるチャーマーズ・ジョンソンは、その著作『通産省と日本の奇跡』(1982年)において、戦後日本の奇跡的な経済発展をもたらしたものは、戦前から育成され継承されてきた通産省などの経済官僚であるとした。そして、経済官僚たちが政府の政策決定に対しても影響力は高く評価されるべきとした。ジョンソンの経済官僚主導論も、辻の官僚制優位論と同様に、行政官僚制の権力については、戦前戦後連続論の立場と捉えられる。

(2) 政党優位論

その後、自民党が長期政権を維持し族議員が台頭するようになると、村松岐夫によって、政党、より正確には与党の自民党が官僚に対して優位に立っているとする「政党優位論」が提示されることになった。村松岐夫の『戦後日本の官僚制』(1981年)での見解によれば、55年体制のもとでは、自民党政権の長期継続によって、自民党の政党政治家の政策形成能力と政治的影響力は格段に向上しており、日本の政治は一元的な官僚制支配などではなく、多元的な政治過程から構成されるとしている。多元主義的見解である村松は、辻の官僚制優位論を批判的に捉え、新憲法の制定により正統性の転換が行われたことを重視し、戦前・戦後不連続論(断絶論)の立場にあると捉えることができる。

また、特権的官僚制を民主化しようとした辻清明の官僚論を批判した、村松岐夫の官僚像論やさらに洗練させた真渕勝の研究によると、日本の官僚像は、理想主義的公益観をもち政治の上に立つ「国士型官僚」（あるいは特権的官僚、古典的官僚）像から、諸利益の均衡の中に公益を見出す（現実主義的公益観をもち）「調整型（政治的）官僚」像が顕著になり、その後政治行政分離論に基づく価値中立的な「合理主義的」公益観をもつ「吏員型」官僚像がある程度見られるようになるという変化が生じたとする。調整型官僚が政治家や圧力団体を主なアクターとする政治とあまりにも緊密な関係をもち過ぎたために不祥事という罠にはまりやすくなり、それに対する対応として「吏員型」官僚が現れているという（真渕, 2006）。

(3) 新しい官僚制優位論

政党優位論に対しては、自民党長期政権の崩壊や省庁再編も含む行政改革の文脈の中で、族議員の影響力を過大評価しているのではないかという批判が出されている。戦後期とは異なる新しい官僚制優位論の登場といえる。中沼（2007）は、政治学者の佐々木毅の批判が明確でわかりやすいとして、次のように論じている。佐々木によれば、族議員は省庁単位の特定の政策に強くなり、その省庁の官僚に圧力をかけるだけであり、いわば官僚制に「仕切られた政策分野」で影響力を行使しているに過ぎない。もし本当に政党優位というならば、省庁枠に捉われない横断的で新たな視点に基づく政策の提示が、政党の政治家からなされなければならない。しかし、現実にはそうした状況になっているとはいえず、政党優位とはとても結論づけられないことになるとしている（中沼,

表3-1 政官関係の主要な論点

	著作	政策過程における政官関係	行政官僚制の権力	政策主体としての日本官僚制の評価
辻清明	『新版 日本官僚制の研究』	官僚制優位論	戦前戦後連続論	日本政治の民主化に対する障害
チャルマーズ・ジョンソン	『通産省と日本の奇跡』	官僚制優位論（経済官僚主導論）	戦前戦後連続論	経済成長の立役者として好意的に高く評価
村松岐夫	『戦後日本の官僚制』	政党優位論（多元的政治過程を強調）	戦前戦後不連続論	官僚制の影響力は低下

2007)。

　青木昌彦は、日本を「官僚制多元主義国家」と定義し、それは、経済界と官僚が緻密なネットワークを形成し、経済国家としての意思決定システムとなっていると考えている。ただし、それは否定的な意味で使っているわけでなく、むしろこれが日本の経済構造を特徴づけるものであり、積極的に評価できないとすれば、問題は構造そのものではなく、その構造を有効に機能させてこなかったところにある、と捉える。そして、今後の政府の役割は、「市場機能拡張型政策」への展開である。つまり、それは、経済政策の未来像は規制の緩和であり、知的財産権の保護強化であり、税制や補助金、融資制度の活用であると提言している。しかし、現在の安倍政権における経済政策では、医療・教育・雇用・農業分野の官僚の抵抗等、岩盤規制改革の困難さが指摘されている。

(4) 日本の公務員制度の特徴

　公務員は、国家公務員と地方公務員に分けられ、国家公務員は約64万人、地方公務員は約274万人で、合計が約338万人となっている。日本の公務員制度の特徴は、他国と比較すると総人口に対して公務員数がかなり少ないことである。人口1000人当たりの公務員数全体で比較するとイギリスやフランスは95〜97人の公務員数を示すが、日本ではその半数以下の42.2人となっている（この調査では、比較の数値を合わせるために公益法人職員、地方自治体の非常勤・臨時職員等を含めており、そのため約7人程度増加している）。

　この傾向は、国家公務員と地方公務員の両方において同じ傾向を示す日本の公務員制度の特徴である。村松岐夫は、①地方政府を活用するため中央政府の規模は小さく、②追いつけ型近代化が節約と能率を生み出し、③行政は各種団体を利用し、④地方レベルでは町内会や防犯協会などを利用しているために公

表3-2　公務員数の各国比較（人口1000人当たり）

	日本	イギリス	フランス	アメリカ	ドイツ
国家公務員	12.6	48.7	53.1	9.9	22.3
地方公務員	29.6	49.0	42.7	64.0	47.3
合計	42.2	97.7	95.8	73.9	69.6

（野村総合研究所, 2005, p.4）

公務員（約3,384,000人）

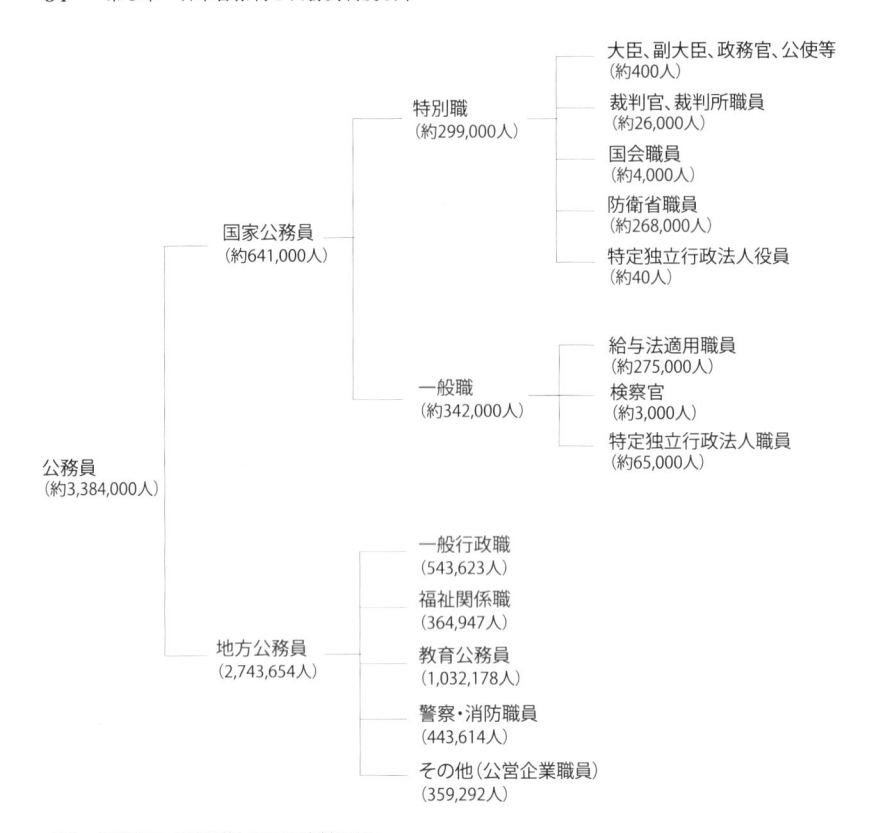

- 国家公務員（約641,000人）
  - 特別職（約299,000人）
    - 大臣、副大臣、政務官、公使等（約400人）
    - 裁判官、裁判所職員（約26,000人）
    - 国会職員（約4,000人）
    - 防衛省職員（約268,000人）
    - 特定独立行政法人役員（約40人）
  - 一般職（約342,000人）
    - 給与法適用職員（約275,000人）
    - 検察官（約3,000人）
    - 特定独立行政法人職員（約65,000人）
- 地方公務員（2,743,654人）
  - 一般行政職（543,623人）
  - 福祉関係職（364,947人）
  - 教育公務員（1,032,178人）
  - 警察・消防職員（443,614人）
  - その他（公営企業職員）（359,292人）

（注）　筆者作図、公務員数は以下の資料による。
　1　国家公務員の数は内閣府HP「公務員の種類と数」に基づき、平成26年度末予算定員による。ただし、特定独立行政法人役員は平成25年10月、同職員は平成26年1月現在の数である。
　2　地方公務員の数は、総務省「平成26年度地方公共団体定員管理調査結果（平成26年4月1日現在）」による。

図3-2　日本の公務員の種類と数

務員数が少ないという。稲継裕昭は、日本型の人事システムは職務区分が柔軟であり、大部屋主義と相まって、効率的に作用しているからだとする。

　日本の公務員制度では、職員の終身雇用制を保障した「閉鎖型任用制」が採用されている。また、職員は、「ジェネラリスト」としていかなる職位に配属を命じられてもその職務・職責をこなすのに必要な事務処理能力は執務の中で訓練され、習得されるべきものと考えられている。一方、アメリカなどの「スペシャリスト」型の任用制では、専門分野の職階に応じて採用や昇格が決めら

れており、分野を超えた配属がなされることはあまりない。したがって、新規採用も日本のように4月に一斉採用ではなく、欠員に応じた随時採用となる。

　また、日本国憲法は1947（昭和22）年5月に施行され、国家公務員法も同年の10月に制定されたが、施行されることなく翌年大改正が行われた。これは、当時の片山哲社会党政権が、フーバー原案には公務員の労働基本権の制約が、支持基盤である労働組合にとって不都合であったため修正して制定したものであったが、再来日したフーバーは原案通りに元に戻す大改正をした。

　一方、地方自治法は1947（昭和22）年4月に施行され、地方公務員法は3年後の1950（昭和25）年12月に制定された。国家公務員法と地方公務員法は、同じ公務員法であるため構成や内容に類似点が多く見られるのは当然であるが、「職階制」と「能率」の位置づけの違い、労働基準法の適用の違いの3点に差異がある。

　日本の公務員には諸外国と比べて、労働三権の団体協約締結権と争議権が制約されているところも日本の公務員の特徴といえる。その代償措置として人事院が設立されており、人事行政の公正性と人事院勧告による給与勧告などが行われている。

3　公務員制度改革と政治過程

（1）　公務員の定員管理と行政改革

　戦後の日本の公務員数は、復員兵の公務員登用などによって大幅な増加を示した。当時のGHQや日本政府は公務員の数を抑制しようとし、1947（昭和22）年10月10日の閣議決定では「政府職員の定員の増加は各省庁内における振替による場合の外は原則として行わない」と定数の抑制を打ち出している。その翌年、「国家行政組織に関する法律制定までの暫定措置に関する法律」を制定したが、戦後の混乱期でもあったため定員抑制は収まらなかった。当時の実際の公務員数は明白ではないが、大蔵省が予算査定で用いた定員は98万2084人、他に日本専売公社4万1866人、国鉄62万3485人と、合計で164万人もの公務員数に膨れあがっていた。

　1949（昭和24）年に国家行政組織法が施行されると、吉田内閣は行政機構と

人員の両方の整理合理化を進めようとし、同年、行政機関職員定員法を制定し、大量の人員整理がなされた。地方公共団体においても同様の人員整理がなされ、国と地方で約301万人いた公務員が、約262万人へと13％程減ずることとなった。この大幅な人員整理が、その後の臨時・非常勤職員を大量発生させる由来ともなった（早川・松尾, 2012）。

　1950年代前半は、電気通信省が電電公社化されたこと、国家地方警察が廃止されて都道府県警察が設置されたことで、国家公務員数は約25万人減となった。50年代後半以降、日本は高度経済成長による行政需要の高まりを見せ、公務員数は国家・地方公務員とも増加していく。

　国家公務員は、1955年には64.7万人であったが、75年には85.5万人と20万人強も増えている。地方公務員は55年に138.1万人が75年には294万人と約156万人も増えている。また、行政需要の高まりを受け臨時・非常勤職員等の「定員外職員の定員化」も行われ、1961（昭和36）年には国家行政組織法の改正において定員法が廃止されるに至った。

(2) 第1次臨調と第2次臨調

　こうした行政需要の増加と多様化は、1962（昭和37）年に第1次臨時行政調査会を発足させて総合的な観点から行政のあり方を見直すこととしたが、「新たな行政ニーズへの対応と高度化」と「行政運営の簡素合理化」の相反する命題をもっていた。第1次臨調では国家公務員法1条1項の「国民に対し、公務の民主的かつ能率的な運営を保障」と実際の制度運用が乖離していることや、官僚制組織の割拠主義や公務員人事の閉鎖性などを指摘した。

　そこで、公務員の範囲の見直しや幹部要員等の内閣一括採用、新規採用者への合同研修の実施、研修後の各省への配分、信賞必罰の励行などが提言されたが、ほとんど実施されなかった。

　定員削減に関しては、第2次佐藤内閣の下で1968（昭和43）年に第1次定員削減計画が実施され、翌69年に「行政機関の職員の定員に関する法律（総定員法）」と行政官職員定員令（政令）が公布・施行された。

　これは、総定員法によって法的な上限を設定し、その下で各省庁では政令によって定員を定めるという二段階の定員抑制を図りながら、省庁人事の自立性

表3-3 国家・地方公務員の推移と人口　　　　　　　　　　　　　　（千人）

年	国家公務員	地方公務員	合計数	総人口	公務員比率(%)
1955	647	1,391	2,038	90,077	2.26
1960	719	1,837	2,555	94,302	2.71
1965	834	2,233	3,068	99,209	3.09
1970	842	2,460	3,302	104,665	3.16
1975	855	2,940	3,795	111,940	3.39
1980	856	3,168	4,024	117,060	3.44
1985	836	3,222	4,058	121,049	3.35
1990	823	3,228	4,051	123,611	3.28
1995	820	3,278	4,098	125,570	3.26
2000	800	3,204	4,004	126,926	3.15
2005	631	3,042	3,673	127,768	2.87
2010	339	2,814	3,153	128,057	2.46

の確保がなされることとなった。

　国家公務員の総定員を抑制する定員削減計画は、1次削減計画以降9次まで続き、その後新定員削減計画や定員削減計画と呼称を変えながら現在まで続いている。これまでの定員削減計画ではおおむね5％前後の削減目標を定めていたが、2009（平成21）年7月1日閣議決定された定員削減計画では削減目標を10％以上としている。2014年7月25日の閣議決定では自衛官などを除いた約30万人の国家公務員の定員を2015年度から毎年2％以上削減するとした。

　一方、地方公務員の定員削減も国家公務員の定員削減計画に準じて、当時の自治省から国の措置に準じる指導、たとえば「地方公共団体における機構の削減と定員の管理について」（通知）といった形で定員の削減が求められており、国に連動した指導がなされている。

　第1次鈴木内閣の下、1980（昭和55）年12月29日「今後における行政改革について」の閣議決定を受け、翌81年3月に第2次臨時行政調査会が発足した。第2臨調は、70年代のオイルショック以降の安定成長の下で、税収の伸び悩みと財政赤字の拡大から行政の仕事全般を見直すための大規模な行政改革の陣容であった。当初は、増税で対応しようとしたが、選挙で敗北したため「増税無き財政再建」というスローガンの行政改革へと転換したのであった。ここでは、緊急の歳出削減と行政合理化（第1次答申）、許認可等の整理合理化（第2次答申）、

行政全般の改革方策（第3次答申）、今後の行革推進体制（第4次答申）、改革方策の全体整理（第5次答申）を政府に提出した。公務員関係においては、給与勧告が凍結される中で、公務員給与のあり方が議論された。

(3) 橋本構造改革

1996（平成8）年に発足した橋本内閣は、財政構造改革、社会保障構造改革、経済構造改革、金融システム改革、行政改革の6大改革を推し進め、首相直属の機関として行政改革会議が設置された。翌97年12月の最終報告では、中央省庁の再編、行政機能の減量・効率化（独立行政法人の創設、規制・補助金の見直し、組織の整理簡素化、定員の削減）と並び公務員制度改革が取り上げられた。この公務員改革で議論したのは、①省庁機能再編に対応した人事管理制度、②人材の一括管理システム、③内閣官房・内閣府の人材システム、④多様な人材の確保と能力に応じた人事管理、⑤退職管理の適正化、⑥公務員の労働基本権のあり方と人事院の機能分担、であった。

さらに専門的で幅広い検討が必要とされたことから、公務員制度調査会が設置され、1999年3月に「公務員制度改革の基本方向に関する答申」を発表した。これは、4つの方向性を示す総論と12の各論からなる答申であったが、従来から指摘されてきた事項を整理したに過ぎないという指摘もある（岡本, 2010）。橋本内閣の構造改革の中では、中央省庁再編が最も大きな構造改革であり、国家機能を「国家の存続」「国富の確保・拡大」「国民生活の保護・向上」「教育や国民文化の継承・醸成」の4つに分類し、目的別・行政機能別に省庁を再編成したが、省庁という組織に留まり、人材機能の再編成までには至らなかった。

(4) 小泉改革

2000（平成12）年12月に、「行政改革大綱」が森内閣で閣議決定され、その中で「公務員制度」の抜本的改革の必要性が謳われた。2001（平成13）年12月に、小泉内閣で「公務員制度改革大綱」が閣議決定された。この大綱には、①各主任大臣、内閣、人事院の役割分担、②各主任大臣の人事管理権者としての主体的な責任と権限の明確化、③内閣の人事行政の企画立案機能・総合調整機能の強化、④人事院による職員の利益の保護、人事行政の中立性公正性の確保、救済機能の充実・強化、勤務条件関連事項に関する適切な関与、⑤能力等級制

度を基礎とする能力・実績主義に基づく新たな人事制度の構築、⑥上級幹部職員ふさわしい新人事制度の確立（能力等級制度を適用しない）、⑦官民交流の推進等による多様な人材の確保、⑧適正な再就職ルールの確立（営利企業への再就職に係る各省大臣による再就職承認制度の導入、退職後の行為規制の導入、特殊法人等への再就職ルールの強化等）、⑨機動的・弾力的な組織・定員管理、⑩国家戦略スタッフの創設などの内容が盛り込まれた。

しかし、公務員の労働基本権の抜本的な改革を避けたことや、各省大臣による再就職承認が容認されたことなどの理由から、法案の提出に至らず、公務員制度改革は頓挫することとなった。

その後、2004（平成16）年12月に「今後の行政改革の方針」が閣議決定される。その中で、公務員制度改革について、制度設計の具体化と関係者間の調整を進め、改めて改革関連法案を提出するための検討が行われることとなった。制度改革を行うことなく現行制度下で実施できるものは早期に実施することとし、①早期退職慣行の是正、②非営利法人に再就職する際に官房長官へ報告すること、③人事評価の試行、④多様な人材の確保、計画的な能力開発や人材交流の促進などが実施されるべきものとされた。平成18（2006）年9月に「新たな公務員人事の方向性について」（中馬プラン）が発表され、①官民間の人材の活発な移動、②定年まで勤務することも可能な人事の構築、③国家公務員の再就職のあり方の変革が示された。但し、小泉総理の退陣により、具体的な方策は、安倍晋三内閣に委ねられることとなった。

(5) 政権交代と公務員制度改革

安倍晋三内閣は、2007（平成19年）年4月に「公務員制度改革について」を閣議決定した。この閣議決定の中心事項は、能力・実績主義の徹底（人事評価の徹底・能力本位の任用等）と退職管理の適正化（各省による再就職斡旋の禁止、官民人材交流センターへの一元化、現職職員の求職活動の規制、管理職職員の再就職情報の改革での一元化、再就職監視委員会の設置等）であった。また、即座に法改正等の可能な事項とそうでない事項の2つに分け、前者は国家公務員法改正案を速やかに提出すること、後者は総理の下に「公務員制度の総合的な改革に関する懇談会」を設置し、国家公務員制度改革基本法を立案・提出することとした。

60　第3章　日本官僚制と公務員制度改革

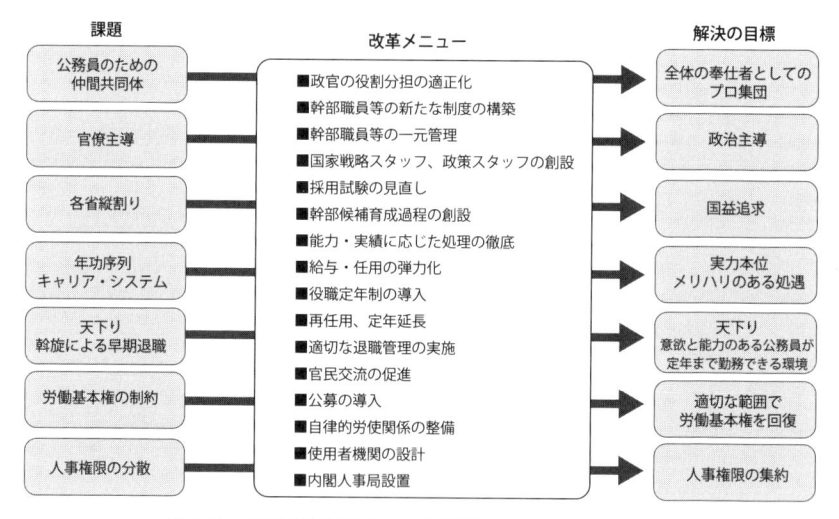

課題	改革メニュー	解決の目標
公務員のための仲間共同体	■政官の役割分担の適正化 ■幹部職員等の新たな制度の構築 ■幹部職員等の一元管理 ■国家戦略スタッフ、政策スタッフの創設 ■採用試験の見直し ■幹部候補育成過程の創設 ■能力・実績に応じた処理の徹底 ■給与・任用の弾力化 ■役職定年制の導入 ■再任用、定年延長 ■適切な退職管理の実施 ■官民交流の促進 ■公募の導入 ■自律的労使関係の整備 ■使用者機関の設計 ■内閣人事局設置	全体の奉仕者としてのプロ集団
官僚主導		政治主導
各省縦割り		国益追求
年功序列キャリア・システム		実力本位メリハリのある処遇
天下り斡旋による早期退職		天下り 意欲と能力のある公務員が定年まで勤務できる環境
労働基本権の制約		適切な範囲で労働基本権を回復
人事権限の分散		人事権限の集約

図3-3　公務員制度改革の主要課題（岡本，2010より作成）

　同懇談会は、①政官の接触の集中管理、②採用、育成、登用の多様多源化、③職業倫理の確立と評価の適正化、④国際競争力のある人材の確保と育成、⑤官民流動性の確保、⑥働きに応じた処理、ワーク・ライフ・バランス、⑦人事一元管理機関の設立を改革の主要項目として取り上げた。懇談会の報告は、議論や検討が行われるものの実施するに至らなかった公務員制度全般にわたる課題に対して、一定の方向性を示したことと、時限を切って政府にその実行をせまるものであった。

　懇談会の報告を受け、福田康夫内閣は、2008（平成20）年4月、「国家公務員制度改革基本法案」を閣議決定し、国会に提出した。同法案は、衆参ねじれ状況にあったにもかかわらず、修正合意がまとまり6月に成立した。同基本法は、国家公務員制度改革の目的・理念・方針・日程を定めるものであり、同法に定められた改革のメニューを実施するためには、別途、国家公務員法等の改正などの法制上の措置が必要であった。

　2008（平成20）年7月に、国家公務員制度改革推進本部が内閣に置かれ、同本部の事務局も設置された。福田総理が退任し、麻生太郎内閣下で翌年2月に、「公務員制度改革に係る『工程表』」が作成され、「国家公務員法等改正法案」

が閣議決定され3月に国会に提出された。しかし衆議院解散となり、同法案は廃案となる。

 2009（平成21）年9月に成立した鳩山由紀夫内閣は、翌年2月、国家公務員法等改正法案を国会に提出したが審議未了・廃案となる。2011年4月、公務員制度改革推進本部は「国家公務員制度改革基本法等に基づく改革の『全体像』」を決定し、同年6月、菅直人内閣下で、国家公務員に協約締結権を付与することを柱とした労働関係法案や幹部職員の内閣一括管理のための国家公務員法改正法案などの国家公務員制度改革関連4法案を国会に提出したが、解散により審議されずに廃案となった。

 第二次安倍内閣において、国家公務員制度改革推進本部が、2013（平成25）年6月、「今後の公務員制度改革について」を決定し、これを受けて、同年11月、関連法案が国会に提出され、2014年4月に成立した。国家公務員制度改革基本法の成立後、実に6年が経過してから、それを具体化する見通しがたった。

おわりに

 公務員制度改革は、いくつかの潮流に流される形で進められてきた。まず、戦後の混乱期においては帰還兵の受け皿としての公務員であったため、戦後復興と公務員人件費の増加という難問が公務員の削減計画や定員法へと結びついた。

 第2には、行政ニーズの多様化や高度化などの社会変化に対応した公務員制度への変革である。これは専門性を高め、能力実績主義に基づいた人事制度の確立などがある。しかし、能力や実績は、誰が、どのような基準で、何をどのように判断するのだろうか。官僚たちは、自主的に自分たちの業績が判断されるしくみを作ってきた。それは誰を幹部にするかという人事処遇システムであり、70歳を超えても関連公社・財団の要職に就く天下りシステムである。これが、官僚制の逆機能のセクショナリズムを生み、官僚の特権性として80年代末から官僚バッシングをもたらしてきた。官僚の力の源泉は何であるのだろうか。それは、強固な一体感に基づく組織的な知的財産の活用技術であると考えられる。これを、国民に開放する方法の開発が求められているのではないか。

第3に、政治的リーダーシップが弱くなったために、官僚政治に陥ったことへの対応策として政治主導が挙げられるが、政治主導を掲げて政権交代をした民主党が次第に官僚に取り込まれていったことは、単なる理念だけでは現実を変革することはできず、大震災のような緊急の政策判断には多くの経験知と組織的バックアップが必要であることを再認識させることとなった。政治主導には、今までの政策を再評価し、新しい時代に必要な政策を研究する組織的知的基盤を官僚サイドではなく、政治サイドに確立する必要がある。

　第4に、現代社会は人口増ではなく、人口減社会であり、ひとりひとりの役割が多重化してきている。80年代以降の民営化は、今までの垣根や領域を切り崩し、関係するアクターが協働しなければならない環境を形成してきている。官僚の組織的蓄積も次第に弱まることが想定される中で、協働型の公共サービスはますます増えていき、そこには協働ファシリテーターが求められる。従来の官僚型ではない新たな公務員像をどう形成していくかが求められる。

　公務員制度改革は、単に官僚主義の悪い面や特権性を改革するだけでは、次の時代に必要とされる公務員を生み出していくことはできない。社会や国民が、すべての問題を行政任せにしたことが、反対に官僚の力を強固なものにした。国民自らが自分たちの課題に取り組み、協力しながら解決していくことで、経験知や連帯性が高まっていく。それが、次第に官僚を仲間として取り込んでいく大きな力になるような「新しい政治」が求められているのである。

■参考文献

青木昌彦・岡崎哲二・奥野正寛『市場の役割　国家の役割』東洋経済新報社、1999年
アルブロウ，M.（君村昌訳）『官僚制』福村出版、1974年
伊藤大一『現代日本官僚制の分析』東京大学出版会、1980年
伊藤光利「コア・エグゼクティブ論と官僚制」村松岐夫・特定非営利活動法人コピーマート研究所編『コア・エグゼキュティブと幹部公務員制度の研究』2007年、pp.9-49
石見豊「官僚制の理論」土岐寛・平石正美・外山公美・石見豊『現代行政のニュートレンド』北樹出版、2011年、pp.45-54
石見豊「日本の行政と官僚制の歴史」土岐ほか、前掲『現代行政のニュートレンド』pp.93-106
稲継裕昭『人事・給与と地方自治』東洋経済新報社、2000年
ウェーバー，M.（世良晃志郎訳）『支配の社会学』創文社、1960 a

ウェーバー，M.（世良晃志郎訳）『支配の諸類型』創文社、1960 b
ウェーバー，M.（石尾芳久訳）『国家社会学』（改訂版）法律文化社、1992年
岡本義朗「公務員制度改革への期待と不安」『季刊 政策・経営研究』Vol.2．2010年
風間郁男編『行政学の基礎』一藝社、2007年
片岡寛光『内閣の機能と補佐機構』成文堂、1982年
河中二講『現代の官僚制』中央大学出版部、1962年
川野辺裕幸・中村まづる編『テキストブック 公共選択』勁草書房、2013年
クリスタル，アレック他編『経済政策の公共選択分析』勁草書房、2002年
黒川和美「官僚行動の公共選択分析」編集委員会編『官僚行動の公共選択分析』勁草書房、2013年
小林正弥「官僚制」森田朗編『行政学の基礎』有斐閣、1998年、pp.19-35
五味太始「日本における公共経営論の展開」外山公美ほか著『日本の公共経営』北樹出版、2014年、pp.2-21
ジョンソン，チャルマーズ（矢野俊比古監訳）『通産省と日本の奇跡』TBSブリタニカ，1982年
セルフ，ピーター（片岡寛光監訳）『行政官の役割』成文堂、1981年
辻清明『新版 日本官僚制の研究』東京大学出版会、1969年
辻隆生「公務員制度改革と能力主義の課題」寄本勝美ほか編『行政の未来』成文堂、2006年、pp.171-192
中沼丈晃「官僚と政治家」風間編、前掲『行政学の基礎』pp.191-200
西尾勝『行政学（新版）』有斐閣、2001年
野村総合研究所『公務員数の国際比較に関する調査報告書』2005年
早川征一郎・松尾孝一『国・地方自治体の非正規職員』旬報社、2012年
平石正美・古坂正人「行政改革とNPMの論理と展開」外山公美ほか『日本の公共経営』北樹出版、2014年、pp.22-42
ブキャナン，J.M.・リチャード，A.マスグレイブ『財政学と公共選択』勁草書房、2003年
細野助博「経済学から見た官僚制メカニズム」城山英明・鈴木寛・細野助博編『中央省庁の政策形成過程―日本官僚制の解剖―』中央大学出版部、1999年、pp.40-64
マインツ，レナーテ（片岡寛光監修、縣公一郎訳）『行政の機能と構造』成文堂、1986年
真渕勝「官僚制の変容―萎縮する官僚」村松岐夫・久米郁男『日本政治 変動の30年―政治家・官僚・団体調査に見る構造改革』東洋経済新報社、2006年、pp.137-158
真渕勝『行政学』有斐閣、2009年
宮本融「日本官僚制の再定義：―官僚は「政策知識専門家」か「行政管理者」か？―」日本政治学会編『政治学の新潮流：21世紀の政治学へ向けて』（年報政治学2006-Ⅱ）、木鐸社、2007年、pp.83-124
村松岐夫『戦後日本の官僚制』東洋経済新報社、1981年
リプスキー，マイケル（田尾雅夫・北王路信郷訳）『行政サービスのディレンマ：ストリート・レベルの官僚制』木鐸社、1986年

第4章 アカウンタビリティを求める動向

1　行政のアカウンタビリティをめぐる変容

(1) アカウンタビリティの必要性

■**アカウンタビリティと国民**　行政を対象とする近年の諸改革において、共通することばが存在する。現代版「三種の神器」(山本, 2013, p.1)と位置づけられる「アカウンタビリティ」(accountability)「ガバナンス」(governance)「ネットワーク」(network)の3語である。本章では、これらのうち行政におけるアカウンタビリティとこれに関連する行政の透明性に焦点を当て、1990年代以降の動向を中心に概観していくこととする。

アカウンタビリティは、「説明責任」[1]と定訳されているように、国民に対して説明する責任のことである。つまり、行政においては、行政機関が行った行為や決定過程を国民に対して明示し、国民が理解できる情報を提供することで行政機関に対する評価を行えるようにするための意味ある説明を提供することにある(岩崎, 2000, p.60)。

日本においてアカウンタビリティが必要となった背景には、1980年代後半に政治や行政を舞台にした事件・不祥事が相次ぎ、国民の不信感の高まりの中で透明性の向上が求められたことにあった。加えて、1990年代に行政改革や地方分権の進展、新しい公共(官民パートナーシップ)の形成、国民の参加の必要性の高まりなど政治・行政と国民との関係が変化していったこともまた、アカウンタビリティの必要性を求める機運を助長した。

■**アカウンタビリティの概念**　アカウンタビリティという概念は、元来、古代ギリシャで成立したものであるが、市民革命までに数次の質的な変化を繰り返し、財政執行の適正性の確保という財務責任に発展した。そのため、会計学

から政治学・社会学を含む広い概念となり、NPMの進展で成果志向・顧客志向・市場原理の活用などの成果・業績管理が公的部門にも及ぶようになった（山本, 2013, pp.45-48）。こうしたことから、アカウンタビリティは、公的部門のみを対象にする場合と民間部門を含めた政府・市場・社会を対象とする場合、さらにはその主体や対象、理由などにより多様に類型化が試みられている。政府ガバナンスに対応するアカウンタビリティとして、①政治家及びその代理人としての官僚が担う責任である政治的アカウンタビリティ、②官僚が政治家あるいは上司に対して負う責任である管理的アカウンタビリティ、③①に関与する者のうち法令により影響を受ける者及び政府に対して負う責任である法的アカウンタビリティに区分される。それぞれの概要は表4-1のとおりである（山本, 2013, pp.63-69）。

表4-1 政府ガバナンスにおけるアカウンタビリティの概念

ガバナンス	誰が	誰に	基準	何に	どのように	報償・懲罰
政治的	政治家、官僚	有権者、政治家	信条、政治的選好	政策選択	選挙による監視	承認・拒否、財政、権限
管理的	公務員	上司	制度的合理性	実施	監視	承認、活動代替
法的	公務員、個人、企業	影響を受ける人、政府	法令規則	合規性	司法の検証、強制	証言、送還、命令、罰則、報償

（山本, 2013, p.67を一部改変）

　国民と政治・行政との関係を見ると、できうる限り情報を共有することがめざされ、政治・行政が一方的に国民に押し付ける手法は通じなくなった。1990年代はこうしたアカウンタビリティを向上させ、行政の責任を果たすような制度整備あるいはその議論が展開されていった。

(2) 行政責任の拡張と行政統制

■**行政責任**　アカウンタビリティの要素を含む概念として、伝統的に行政責任と行政統制がある。アカウンタビリティは、元来、政府の内部における議会や上級機関に対する責任として下級機関が自らの行動について弁明する責任（制度的責任）を意味していたが、近年、行政機関における国民に対する責任として行政機関が行う政策・施策・事業について背景・意図・方法とその成果な

どの理解を求める責任に拡張されてきた（西尾，2001，pp.401-402）。行政活動の中で行われる責任の変化、つまり古典的行政責任としての受動的責任から現代的行政責任としての能動的責任への変化に伴い、行政の責任も変化してきている。

受動的責任は、「本人—代理人モデル」として抽象化でき、①任務的責任、②応答的責任、③弁明的責任、④制裁的責任の局面において委任・再委任・解任による責任関係の循環構造が構築される。国民の要求を行政がそのまま実現する場合、①任務的責任と②応答的責任との循環となる。国民が行政による任務の遂行に満足しない場合、②応答的責任と③弁明的責任に移行することになる。他方、能動的責任は、補助責任として、法令・予算による規律、上級機関の指令、上司の個別の指示・命令に対して違背しない範囲での裁量が拡大し、補佐責任として、新しい社会問題を感知して立案した対策案を上司・上級機関・議会の意思決定について助言・忠告することが期待されている。

■**行政統制**　行政責任に関して、フリードリッヒ＝ファイナー論争とギルバートの類型化が有名である。フリードリッヒとファイナーによる行政責任論争は、立法国家から行政国家への移行段階における行政の認識の差異から生じたものであり、今日でもその意義は失われていない。国民に対する直接的責任と間接的責任、行政の自律的責任と他律的責任、内在的責任と外在的責任、非制度的責任と制度的責任などの対比・対立点が認められている。ギルバートの類型化は、行政責任を確保する手だてとしての行政統制手段の類型化であり、内在的責任と外在的責任、非制度的責任と制度的責任に着目して説明される。つまり、統制の方法の相違から国民を直接に代表する議会、国民を直接または間接に代表する執政機関、裁判所などの「制度的」統制と行政機関以外の国民やマス・メディアなどの「非制度的」統制とに、また、統制の主体の位置から対象集団・利害関係者による政策の立案・決定・実施・評価の過程にかかる「外在的」統制と行政機関内部での管理統制や対応などの「内在的」統制とに区分される（今村，2006，pp.225-226；外山，2011，pp.81-83；西尾，2001，pp.401-402）。

行政責任は行政統制に的確に応答する必要性があるため、行政責任と行政統制は、表裏一体の関係にあり、相互に補完する一方で矛盾する関係にもある。

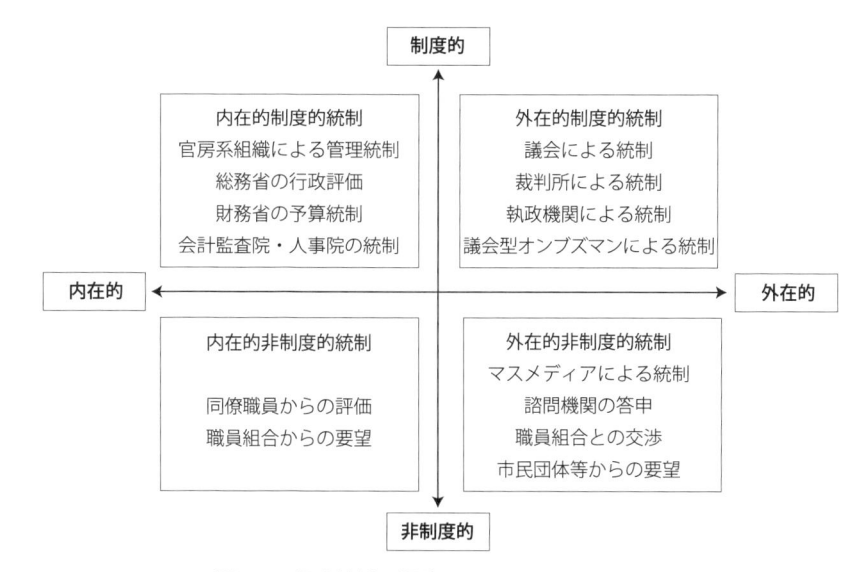

```
                      制度的
                        ↑
┌─────────────────┐   │   ┌─────────────────┐
│ 内在的制度的統制 │   │   │ 外在的制度的統制 │
│ 官房系組織による管理統制 │ │ 議会による統制     │
│ 総務省の行政評価  │   │   │ 裁判所による統制   │
│ 財務省の予算統制  │   │   │ 執政機関による統制 │
│ 会計監査院・人事院の統制 │ │ 議会型オンブズマンによる統制 │
└─────────────────┘   │   └─────────────────┘
内在的 ←──────────────┼──────────────→ 外在的
┌─────────────────┐   │   ┌─────────────────┐
│ 内在的非制度的統制│   │   │ 外在的非制度的統制│
│                  │   │   │ マスメディアによる統制 │
│ 同僚職員からの評価│   │   │ 諮問機関の答申     │
│ 職員組合からの要望│   │   │ 職員組合との交渉   │
│                  │   │   │ 市民団体等からの要望│
└─────────────────┘   │   └─────────────────┘
                        ↓
                      非制度的
```

図 4-1　行政統制の類型 (外山, 2011, p.89より作成)

1990年代以降のアカウンタビリティの変化の観点から見ると、外在的制度的統制は行政手続の透明化と公正化を目的とした行政手続、アカウンタビリティの概念を広める契機となった情報公開、日本では国レベルで存在しないオンブズマンなどが該当し、内在的制度的統制は総務省の政策評価が該当する（今村, 2006, pp.233-234）。

(3) 行政倫理の確立

■**国民の信頼の確保**　官僚に要請される倫理（モラル）の問題も、行政責任との関係で論じられる。これは「政府への信頼」とも関わってくる問題でもある。官僚制の倫理の欠如・崩壊は、行政運営に大きな支障をもたらすことになる。1990年代前半、贈収賄事件が相次ぎ、「官官接待」「食糧費」「カラ出張」「ヤミ給与」など社会通念を超えた宴会や裏金づくり、不正経理操作がマス・メディアを賑わせた。諫早湾や中海宍道湖の干拓事業、長良川河口堰など目的を失った大型公共事業が進められ、その後も「消えた年金記録問題」「官製談合問題」などの組織の不祥事が相次いだ。こうした事件が起こるたびに行政は批判を浴び、国民の不信感を増大させた。地方では市民オンブズマンなどの市民団

体が情報公開制度（後述）を活用して不正会計を調査し、その結果を公表してきた。ときには、住民監査請求や住民訴訟により、首長や職員に賠償や返還を求めるケースも出ている（平石, 2011, pp.247-248；山谷, 2012, pp.233-234）。

　行政倫理を確保するために、行政機関は民間企業と同様に、コンプライアンス（法令遵守）、アカウンタビリティ、CSR（社会的責任）についてより高い水準が求められている。これらを実現するためには、①アカウンタビリティや情報公開といった透明性の確保、②国民との感覚のズレを是正する国民目線の行政、③税金を有効に使う効率的な行政、④省益よりも国益となる公共の利益が求められている。他方で、公務員個人に対しては、1999年に制定された国家公務員倫理法（平成11年法律第129号）において、「職務の執行の公正さに対する国民の疑惑や不信を招くような行為の防止」を図ることで国民の信頼を確保するとしている。法令・職務命令に従う義務や信用失墜行為の禁止、守秘義務などの服務規律を定めた国家公務員法とは別に、国家公務員倫理法と国家公務員倫理規程において職務上の利害関係者との関係の規制を定め、倫理原則として①公正な職務の執行、②公私の別、③権限の行使に当たっては国民の疑惑や不信を招くような行為の禁止を定めている。

■**個人情報保護**　また、情報通信技術（ICT）の進展は、電子政府・電子自治体が推進され、透明性が向上し、国民は容易に行政情報を得ることができるようになった（後述）。しかし他方で、個人情報の収集が容易となることから、その取扱いに起因する権利利益侵害に対する不安や懸念等を払しょくするためにネットワークの安全性・信頼性の確保が求められ、個人情報保護の必要性はより高まった。個人情報の適正な取扱いに関して国や地方自治体の責務等を明らかにするなどした個人情報保護法（個人情報の保護に関する法律（平成15年法律第57号））が2005年4月に全面施行された[2]。

2　行政運営の透明化

(1)　透明度の国際比較と向上方策

■**開かれた政府**　近年、国民は、政府の意思決定や公共サービスについての説明責任を強めてきている。開かれた応答性の高い政府を実現するためには、

電子政府の進展がカギを握っており、そのサービスの程度をはかることによって政府における説明責任と信頼の向上の要素として評価が可能となっている。OECD（経済開発協力機構）の調査によると、開かれた政府のための法的枠組みとして情報公開、個人情報保護、行政手続、オンブズマン[3]、会計検査を例示しており、これらはOECD諸国においておおむね共通して法整備がなされている状況にある（表4-2）。情報公開法は、1990年にはOECD加盟30カ国中13カ国であったものが、2000年には24カ国、2008年には29カ国と20年間で法整備が進んでいる（OECD, 2009, pp.113-115）。例示された法的枠組みは、説明責任や透明度の点において、先進諸国における開かれた政府を実現するための必須の制度といえる。

電子政府によるサービスの準備や成熟の高さは、統合されたサービスを提供し、高い業績を上げる、革新的な公共部門のための前提条件であり、準備状況は重要な指標になると考えられている。国連の調査では、サービスの供給、潜在需要、成熟度に関する指標が用いられている。日本は2012年の18位から2014年は6位と順位を上げている。新しいIT戦略の策定とその取組みが要因として挙げられる。他方、2008年調査で上位3カ国にあったスウェーデン、デンマーク、ノルウェーの北欧諸国は2014年には15位前後と、2012年調査よりさらに順位を下げている。同様のランクは他の機関からも定期的に公表されて

表4-2　OECD諸国の開かれた政府の整備状況（2008年）

	情報公開	個人情報保護	行政手続	オンブズマン	会計検査		情報公開	個人情報保護	行政手続	オンブズマン	会計検査
オーストラリア	○	○	○	○	○	ルクセンブルク	×	○	○	○	○
オーストリア	○	○	○	○	○	メキシコ	○	×	○	○	○
ベルギー	○	○	×	○	○	オランダ	○	○	○	○	○
カナダ	○	○	×	○	○	ニュージーランド	○	○	○	○	○
チェコ	○	○	○	○	○	ノルウェー	○	○	○	○	○
デンマーク	○	○	○	○	○	ポーランド	○	○	○	○	○
フィンランド	○	○	○	○	○	ポルトガル	○	○	○	○	○
フランス	○	○	○	○	○	スロバキア	○	○	×	○	○
ドイツ	○	○	○	○	○	スペイン	○	○	○	○	○
ギリシャ	○	○	○	○	○	スウェーデン	○	○	○	○	○
ハンガリー	○	○	○	○	○	スイス	○	○	○	×	○
アイスランド	○	○	○	○	○	トルコ	○	×	×	×	○
アイルランド	○	○	×	○	○	イギリス	○	○	○	○	○
イタリア	○	○	○	○	○	アメリカ	○	○	○	×	○
日本	○	○	○	○	○	EU	○	○	×	○	○
韓国	○	○	○	○	○	○：立法あり　×：立法なし					

（OECD, 2009, p.115）

いるが、当然ながら、調査の目的のみならず、用いるデータやその範囲、分析の手法などの要因により順位が変わることに注意しなければならない。

■**行政への信頼**　また、政府への信頼と行政改革には相関関係があり、政府への信頼低下が行政改革を誘引すると指摘されている。しかし、官僚への信頼を見ると、日本はOECD諸国の中でも下位に位置する。官僚への信頼が低いからといって透明性が低いわけではない。制度の整備やその施行状況が透明性の向上や信頼性の確保にどのようにつながっているかは明確ではなく、行政改革の取組みが信頼向上にどれだけ寄与したかについても不明なところもある。また、アカウンタビリティの過少や過剰な状況はともに行政の信頼性に悪影響をもたらす可能性があるとも指摘されている（菊地，2009，pp.19-37；菊地，2010，pp.111-137）。

(2) 行政手続とパブリック・コメント手続

■**行政手続**　行政運営における公正の確保と透明性の向上を図る行政手続法（平成5年法律第88号）が1993年11月に制定され、翌年10月から施行された。同法が制定された背景には、第3次臨時行政改革推進審議会（行革審）が「公正・透明な行政手続法制の整備に関する答申」（1991年12月）の中で整備を要請していたことにあった。行政手続のような行政機関共通の行政運営の適正化を図る法整備の必要性は、戦後間もない頃から認識され、1952年には議員立法として国家行政運営法案が提出され、1964年には臨時行政調査会（臨調）が統一的な行政手続法の制定等を勧告すると同時に試案を提示している。その後も、第2次臨調や第2次行革審の答申などにおいても行政手続の整備の必要性が盛り込まれた（田中，2006，pp.311-313）。

行政手続法の制定により行政機関は、許認可等の申請・処分などについての審査基準を定め、標準処理期間などを公表しなければならず、不利益処分を行う場合にはその理由を明示することが求められた。また、行政指導の一般原則としてそれに従うことが任意であるとされた。規制に関する行政が曖昧さや恣意的になることを防止する観点からであり、手続を明確に定めることで、手続の透明度を高めることとなった。

行政手続法には地方自治体の努力規定も置かれた。このため、東京都では

1994年12月に行政手続条例を制定（1995年4月施行）し、他の自治体でも条例（規則等）の制定が進んでいった。総務省の調査によると、1996年4月には10％であった制定率は1998年3月末には91％に達し、2009年10月には1自治体を除いた全自治体で制定（99.9％）されている。

■**パブリック・コメント**　行政手続法に盛り込まれなかった、いわゆるパブリック・コメント手続（意見公募手続）は「規制の設定又は改廃に関わる意見提出手続」（1999年3月閣議決定）に基づき1999年度から導入され、透明度を高めるために、規制の設定・改廃をする場合には一般から提出された意見・情報を考慮するよう求められた。2005年6月の行政手続法改正によりこれが法制化され、政省令などの制定・改正時に事前に案を公表し、30日以上の意見提出期間を設け、意見や情報等を公募し、それらを考量し、それらの内容や検討結果を公表することが義務づけられた（田中, 2006, pp.322-325）。

また、横須賀市が最初といわれる地方自治体におけるパブリック・コメント手続条例の制定（2001年9月）は、それ以降着実に全国に広がり、総務省の調査によると2010年10月には48.9％と半数近くの自治体で条例（要綱等）が制定されている（単独条例、行政手続条例に含む場合あり）。ただし、都道府県97.9％、指定都市・中核市100％、特例市92.7％と高制定率であるのに対して、その他の市区町村44.5％と大都市との間で制定率に大きな差があり、また、都道府県間でも制定率が大きく分かれている状況にある。

3　行政が保有する情報と文書

(1) 情報公開制度の整備

■**情報公開**　行政機関が保有する情報の公開を図ることで政府の諸活動を国民に説明する責務を全うする情報公開法（平成11年法律第42号）が1999年5月に成立（2001年4月施行）した。必要とされた背景には、情報公開制度が公正で民主的な行政を実現するための基盤となる制度であり、行政改革を推進するための原動力となる制度であることにあった（田中, 2006, p.331）。

情報公開制度は、スウェーデンの統治基本法のひとつとして1766年に出版の自由に関する法律が制定されたことで確立された。その後、他の北欧諸国に

おいて議論が展開されていき、1966年にアメリカで情報自由法（FOIA：Freedom of Information Act）が成立したのを契機に他の民主主義国家へ波及していった（宇賀，2014，pp.2-8；平石，2011，pp.241-244）。

　日本においては、国民の「知る権利」の議論と相関しながら法制化の議論が展開されていった。1972年の外務省秘密電文漏洩事件で政府情報へのアクセスについて国民の関心を集め、1980年前後には国・地方においても情報公開の必要性が認識された。そうした中、第2次臨調は、その最終答申(1983年5月)において、行政機関と国民との間の双方向的情報流通が円滑に行われることが「開かれた政府を実現し、行政の効率性と信頼性を高める上で、極めて重要」と提言した。この間、地方では、1980年に神奈川県が研究会を設置して議論に取りかかり、1982年に山形県金山町が全国初の情報公開条例(金山町公文書公開条例)を制定させた。1990年代に入り、「行政改革大綱」(1991年12月閣議決定)に盛り込まれ、各党から議員立法がなされるなど議論が本格化し、「行政改革プログラム」(1996年12月閣議決定)において1997年度末までに国会に法案提出することとされた。1998年3月に提出された法案は継続審議となった影響もあり、翌年5月に成立がずれ込んだ（宇賀，2014，pp.9-12；田中，2006，pp.331-333）。

■**情報公開の状況**　　情報公開法の対象機関は内閣に置かれる機関(内閣官房、内閣府等)、内閣の所轄の下に置かれる機関(人事院)、国の行政機関として置かれる機関(省、委員会及び庁)及び会計検査院であり[4]、これらの機関が保有する行政文書が開示請求の対象となる。行政機関の長は開示請求があった場合は開示しなければならないとされているが、特定の個人を識別できる情報や、国の安全・諸外国との信頼関係等を害する情報、公共の安全・秩序維持に支障を及ぼす情報、事務・事業の適正な遂行に支障を及ぼす情報、審議検討等情報などの不開示情報が記録されている場合は除かれる。不開示決定を受けた者などが不服申立てすることが認められている。図4-2にあるように、開示請求件数は近年10万件前後で推移している。

　また、地方自治体の情報公開条例は、都道府県や大都市自治体において1998年までに制定を終え、その後、議会や警察を対象とする条例改正がなされている。総務省の資料によると、2010年4月現在、1797団体中1794団体が条

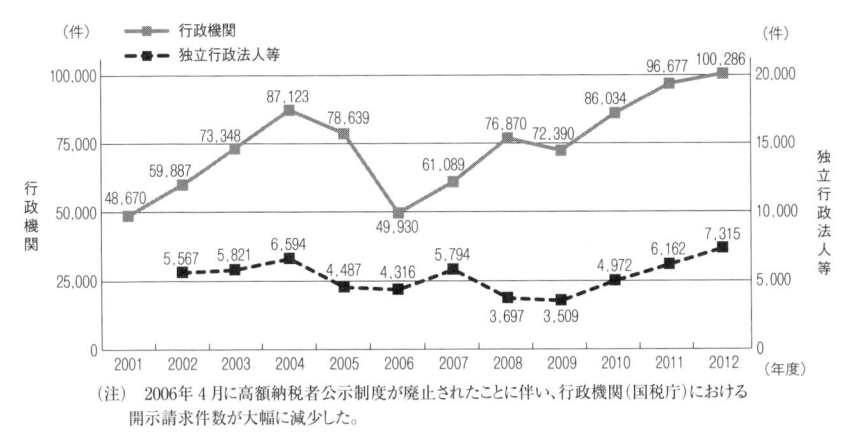

図4-2 開示請求件数の推移（総務省資料より作成）

（注）2006年4月に高額納税者公示制度が廃止されたことに伴い、行政機関（国税庁）における開示請求件数が大幅に減少した。

例を制定し、そのうち1782団体が議会を対象に含めている。ただし、一部事務組合では制定率が39.6％と低い状況にある。

(2) 情報政策と電子政府

■**情報通信政策**　　情報通信技術（ICT）の進展は、行政情報に容易にアクセス可能となり行政の透明性に寄与するとともに、行政運営のあり方をも変革させた。

「情報通信技術の恵沢をあまねく享受できる社会」の実現を基本理念としたIT基本法（高度情報通信ネットワーク社会形成基本法）が2001年1月に施行された。同法に基づき5年以内に世界最先端のIT国家の実現を目標に掲げた「e-Japan戦略」（2001年1月）を決定し、その後、行政サービス分野で先導的利活用する「e-Japan戦略Ⅱ」（2003年7月）、あらゆる人や物がネットと結びつく社会を実現する「u-Japan推進計画」（2006年9月）、国民主役のデジタル安心・活力社会の実現を目指す「i-Japan戦略」（2009年7月）などへと展開していった。

「e-Japan戦略」では行政・公共分野に関していえば、行政情報の電子的提供、申請・届出等手続の電子化、文書の電子化・ペーパーレス化、ネットワークを通じた情報共有・活用によるワンストップサービス化や行政の効率化などのインフラ整備が重視された。医療、食、生活、中小企業融資、就労・労働、行政

サービスの分野での先導的利活用、そして誰でもITの恩恵を実感できるユビキタスネット社会の実現、さらには経済社会全体を包摂し、人と人とのつながりを実感し個人・社会経済が新たな価値の創造・革新に取り組める社会の実現をめざすという、有機的結びつきへと政策が転換している（平石，2011，pp.222-224）。

■電子政府とオンライン手続　この間、行政手続オンライン化法（行政手続等における情報通信の技術の利用に関する法律［平成14年法律第151号］）などオンライン化関係3法が整備され、約5万2000（全手続の96％）の申請・届出等の行政手続がオンラインで可能となった。他方で、2008年度以降、「オンライン利用拡大行動計画」（2008年9月）に基づき、オンライン利用率が極めて低調で今後も改善が見込めない手続についてはオンライン利用を停止する方向に転じた。「新たなオンライン利用に関する計画」（2011年8月決定）において、各府省は対象となる所管手続についてオンライン利用の継続・停止の判断を行うこととされた。それは、書面を含めた申請等の件数が極めて少ない手続が相当数あり、申請等受付システムの整備・運用に係る経費に対して利用効果が十分でないことにあった。これにより、2012年度にオンライン利用が可能な国の手続は7188手続にまで減少している。

　また一方で、国民や企業による利用頻度が高い手続や企業等が反復的・継続的に利用する手続について、登記、輸出入・港湾、国税、社会保険・労働保険等の分野の計71種類を重点手続に選定している。総務省の調査によると、オンライン利用が可能な手続のオンライン利用率は41.2％（4億5849万6901件中1億8896万305件）であり、このうち重点手続のオンライン利用率は43.1％（4億2129万7165件中1億8147万9301件）となっている。分野別の重点手続について見ると、登記57.8％、輸出入・港湾95.6％、国税52.7％、社会保険・労働保険4.2％などとなっている。

　また、地方自治体に対しては「電子自治体オンライン利用促進指針」（2006年7月）において、図書館の図書貸出予約や文化・スポーツ施設等の利用予約、粗大ごみ収集の申込、職員採用試験申込など住民向け手続と、地方税申告手続（eLTAX）や入札参加資格審査申請、道路占用許可申請、入札など事業者向け

手続から21類型をオンライン利用促進手続として選定した。図書館の図書貸出予約等（56.1％）、文化・スポーツ施設等の利用予約等（55.4％）、eLTAX（26.5％）でオンライン化が進展している。行政手続オンライン化条例は2008年度末までに都道府県では100％に達し、市区町村では42.5％にとどまっている（宇賀，2010，pp.290-291）。

■**行政情報をめぐる動向**　行政情報をめぐる2つの動向が注目される。特定秘密保護法（特定秘密の保護に関する法律［平成25年法律第108号］）の施行により安全保障に関する情報で①防衛、②外交、③特定有害活動（スパイ行為等）の防止、④テロリズムの防止に関するもののうち特段の秘匿の必要性があるものを特定秘密とし、国家公務員法の守秘義務違反より厳しい罰則がもうけられた。これは、外国政府から安全保障上の機密性の高い情報を得ている日本にあって、2000年代後半にイージス艦情報やテロ捜査資料などの情報が漏えいしたことと、国家安全保障会議（日本版NSC）の設置との関連から制定がめざされた。2014年末現在、10機関382件の指定がなされ、うち防衛省が最多の247件となっている。指定の有効期間は5年を上限としているが、通算30年まで更新可能であり、本来機密に該当しない情報が指定される可能性が指摘されている[5]。

　また、近年、ビッグデータの活用が進展し、行政機関が保有するデータ（公共データ）を二次利用可能な形態で公開する「オープンデータ」として提供することで、交通渋滞、医療の充実や犯罪抑止といった社会的課題の解決や、電力網など業務基盤・社会インフラの効率的運用といった効果をもたらすことが期待されている。政府においても、「電子行政オープンデータ戦略」（2012年7月）に基づき、推進に向けた具体的な議論が行われている。地方自治体でも、千葉市、奈良市、福岡市、武雄市などが実験的な取組みを始めている。その反面、データ整備に要するコスト、ニーズとの整合性などの運用面の課題のほか、データの秘匿性の問題が生じる可能性もあり、個人情報の保護が求められるように制度面の課題がある（『情報通信白書 平成24年版』）。

　(3)　文書管理のあり方の変容

■**公文書管理**　行政の透明性や説明責任の向上方策は、電子政府・電子自治体の進展による国民への情報提供が格段に飛躍したのみならず、政府の「情

報」「公文書」に対する考え方をも変容させることとなった。公文書が国民共有の知的資源として、行政文書等の適正な管理、歴史公文書等の適切な保存・利用等を図るとともに、現在及び将来の国民に説明する責務が全うされるようにする公文書管理法（公文書等の管理に関する法律［平成21年法律第66号］）が2009年6月に成立（2011年4月施行）した。

同法の目的に照らして、閣議の議事録等を作成・保存していくことが望ましいと考えられるようになってきた。内閣制度発足以来作成されてこなかった閣議・閣僚懇談会の議事録は、内閣の最高の意思決定の場である閣議の透明性の向上、公正で民主的な行政を推進するための情報公開、内閣の意思決定過程の国民への説明責任を目的に、公文書管理法の趣旨に基づき2014年4月の閣議から作成され公表されている。これは、東日本大震災後の政府の議論の経過が残されていないことに批判があったことを契機に、2012年7月に閣議議事録等作成・公開制度検討チームを設置して検討された結果であった。

■**文書管理の統一的ルール**　情報公開と文書管理が「車の両輪」という認識に立ち、公文書管理法制定以前は情報公開法において行政文書が適切に分類、作成、保存、廃棄されるよう定められ、その基準は政令に委任されていた。政令を具体化した「行政文書の管理方策に関するガイドライン」（2000年2月）が作成され、これらに従って行政機関の長の裁量に委ねられた管理（文書管理規則（規程））がなされていた。そもそも公文書管理法制が必要とされた背景には、いわゆる「消えた年金記録問題」などで文書管理の不適切さを示す社会問題が注目を浴びたことにあった。こうした社会問題を背景に、すでに検討が進められていた公文書管理について、2008年2月には公文書管理担当大臣が設置されるなど新たな文書管理法制の必要性が認識された（宇賀, 2014, pp.13-27）。

公文書管理法の制定により「公文書のライフサイクル」が情報公開法、国立公文書館とともに一体となった。文書管理事務が内閣府に一元化され、保存年限などで統一的な管理ルールが策定されたほか、レコードスケジュールの導入やコンプライアンスの確保として管理状況の報告が義務づけられた。文書が作成または収受され、行政機関の業務で使われている状態を「現用文書」、業務上は使用しなくなり、最終処分（廃棄か公文書館への移管か）を待つ状態の文書を

「非現用文書」などと位置づけ、行政機関における管理と国立公文書館における管理について統一的な管理ルールが定められている。

4 合理的な行政運営・政策実施をめざして

(1) 行政マネジメント改革と政策循環過程

■**行政経営と政策**　行政活動に成果主義、顧客主義といった民間企業の経営管理手法を導入することを基礎とするNPMの考え方が1990年代から浸透し、行政機関は行政を「経営」する意識をもつ必要性が高まってきた。NPMを適用するということは、伝統的な行政管理システムである合規性やプロセスに関するアカウンタビリティからプログラムやパフォーマンスに関するアカウンタビリティへ転換を図ることを意味する。そのためには、成果の達成を拒む法令・手続の順守や予算の使途の事前統制というマネジメント基準を廃止し、法令・手続の簡素化や予算の使途の自由化という現場への権限委譲の転換を伴わなければならないとされている（大住，2010，pp.17-21）。

　政策は、課題設定、政策立案、政策決定、政策実施（執行）、政策評価、新たな課題設定へフィードバックするという循環過程をたどる。また、行政の管理機能に着目して、「plan（企画）-do（実施）-check（評価）-act（改善）」によるPDCAサイクル、ないしは「plan（企画）-do（実施）-see（評価）」によるPDSサイクルにより行政のマネジメント・サイクルで把握する場合もある。

■**政策評価制度の導入**　しかし、日本においては予算要求活動に力点が置かれ、「改善・見直し」に関心をあまりはらってこなかったため、行政改革会議の『最終報告』（1997年12月）は、従来の日本の行政は「法律の制定や予算の獲得等に重点が置かれ、その効果やその後の社会経済情勢の変化に基づき政策を積極的に見直すといった評価機能は軽視されがち」と指摘し、「政策の効果について、事前、事後に、厳正かつ客観的な評価を行い、それを政策立案部門の企画立案作業に反映させる仕組みを充実強化することが必要」と事後における行政統制の観点から政策評価（行政評価）[6]のシステムの必要性を提言した。この間、地方自治体では、1996年に三重県の事務事業評価システムの導入をきっかけに、静岡県の業務棚卸、北海道の時のアセスメントなどが展開されていっ

```
第5段階：政策に関する        →  政策の妥当性は？
         アカウンタビリティ

第4段階：プログラムに関する   →  プログラムの目標は適切に
         アカウンタビリティ         設定され、目標は達成され
                                    ているか？

第3段階：パフォーマンスに関する →  効率性・経済性は確保さ
         アカウンタビリティ         れているか？

第2段階：プロセスに関する      →  適切な手続き、手段を
         アカウンタビリティ         選択しているか？

第1段階：合規性に関する       →  法令規則・会計規則を
         アカウンタビリティ         遵守しているか？
```

NPMの世界

↑

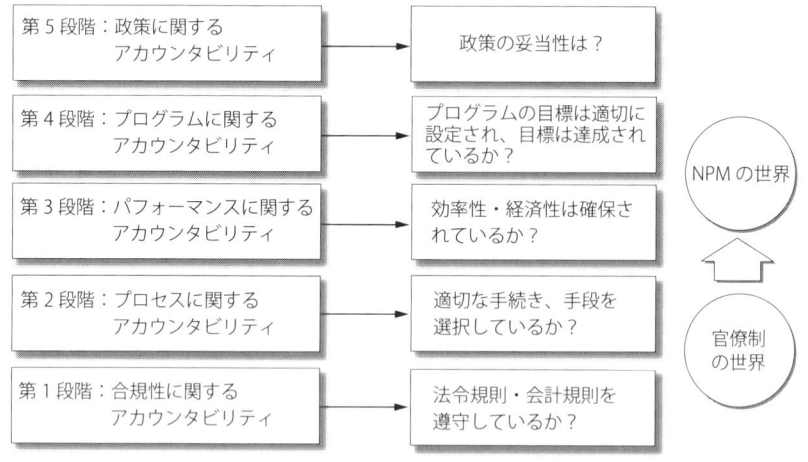

官僚制の世界

図4-3　アカウンタビリティの転換（大住，2010, p.20 より作成）

た。地方の動きは国にも影響を与え、中央省庁等改革の一環として政策評価制度導入が検討された。政策評価法（行政機関が行う政策の評価に関する法律［平成13年法律第86号］）が2002年4月に施行され、それまでの行政監察から政策評価へとなった（斎藤，2011, pp.144-153）。

　こうして、行政の説明責任として政策評価の実施を通じて情報を公表し、効果的かつ効率的な行政を推進することとした。成果主義に基づき、政策実施に投入した予算・人員等の行政資源（インプット）、行政活動によって直接的に生み出されたサービス等（アウトプット）、そしてこの結果として国民生活・社会経済に及ぼされる影響や効果（アウトカム）が重視されるようになった。

　(2)　政策評価の現状と課題

■**政策評価制度**　日本における政策評価制度は、各府省が実施主体となり、所掌する政策について自ら評価を行うことを基本としている。政策効果を把握し、必要性・効率性・有効性の観点をもって評価することで、その結果を政策の企画立案や活動に適切に反映させるものである。

　したがって、企画立案や活動を的確に行うための重要な情報を提供することで、政策の不断の改善・見直しにつなげるとともに、国民に対する行政の説明責任の徹底を図るものでもある。政策評価の体系的かつ合理的で的確な実施を

確保するため、政策─施策─事務事業という政策体系をあらかじめ明らかにし、事業評価（事前・事中・事後の時点での検証を行うことにより、事業等の採否、選択等に資する判定を行う）、実績評価（主として有効性や必要性の観点から、定期的・継続的に幅広く、政策を見直すために用いられる）、総合評価（政策に関して総合的な観点から分析する）などの方式が用いられる。また、政策効果を把握するために、客観的な情報・データや事実を用いた定量的（困難な場合などでは記述説明による定性的）に把握する手法が用いられている。

　こうした自己評価とは別に、外部有識者等から意見を聴取しているほか、各府省が実施した政策評価について、総務省が評価専担組織として政策評価の総合性・客観性を点検（客観性担保評価）するしくみを導入している。これは「お手盛り」とならないよう、評価の質の向上と政策の改善・見直しをめざす考えのうえに行われている。地方自治体でも同様に、担当部局による内部評価の他に、客観的で公正な評価を確保するために外部評価や、評価総括部局や上位部局による二次評価を採用しているところがある。また、民主党政権で注目を浴びた事業仕分け、その後の行政事業レビューは、外部有識者を交えて事業レベルに照準を合わせた、実質的な「公開予算査定」（南島, 2013, p.62）であった。評価にあたって、事前に評価主体、評価情報、評価対象、評価時期、評価方法、評価実施理由、評価コスト、人的資源（評価担当）、評価組織（客観性・質のモニター）、評価結果蓄積（教訓）を明確にする必要がある。日本では評価を評価するメタ評価は実施されていないが、これに近い点検活動が客観性担保評価として行われている（山谷, 2012, pp.239-240）。

■**アカウンタビリティの確保に向けて**　政策評価法の施行から3年が経過し見直しの検討が行われた結果、「政策評価制度に関する見直しの方向性」（2005年6月）が出された。そこでは、評価結果の予算要求等政策への反映、重要政策に関する政策の徹底、評価の客観性の確保、国民への説明責任の徹底、政策評価の基盤整備の5点が指摘された。国民への説明責任の徹底では、国民への分かりやすさの確保と、評価書本体と要旨との役割分担の明確化と標準化が指摘された。

　政策評価制度の創設から10年が経過し、この間、アカウンタビリティが繰

り返し強調されてきた。政治的な側面からいえば、政党や政治家のマニフェスト（政策）が浸透したが、この評価をどうするのか、あるいは評価と投票結果とが結びついているのかという問題が生じている。また、事業仕分けや行政事業レビューというかたちでの外部からの問責は一定の評価がなされている。しかし、短時間での審査や結論の明確性、資料・情報の不足する中での成果、さらには予算の縮減に重きが置かれていることには課題があり、政策評価との役割分担と連携の模索の必要性が指摘されている（南島，2013，pp.62-63）。政策評価の評価結果は加工されたデータであり、評価の基礎資料は生データとして情報公開により入手可能である。評価の妥当性が事後評価される可能性もある。最後に、この20年間は制度的統制を背景にした透明性を基礎としたアカウンタビリティが相当程度の進展を見たといえよう。国民からの信頼を得なければ行政運営に支障をきたすことになる。そうならないためにも、オンブズマンの創設など新たな枠組みを導入することで、より一層の透明性の確保を図る必要があろう。

1) アカウンタビリティと同様に「責任」と訳されることばとしてレスポンシビリティ（responsibility）がある。これは、「応答責任」とも訳され、概念上、アカウンタビリティと明確な相違があり、区分して使用される。
2) 個人情報保護法は、2003年5月に成立（2005年4月全面施行）し、基本法として位置づけられる。行政機関の保有する個人情報の保護に関する法律、独立行政法人等の保有する個人情報の保護に関する法律、そして地方自治体も条例により対応している。
3) オンブズマンは、政府の主体とのやり取りにおける救済を求める国民の苦情、上訴及びクレームのためのコンタクト・ポイントを確立するものであり、官僚制によって誤って扱われたと申し立てる国民を代理して介入する独立した権限を有していると説明される。日本には公的なオンブズマン制度は整備されていないが、行政相談制度がこれに類似するものとして整備されている。
4) 情報公開法は、行政機関を対象とした法律のほか、独立行政法人等の保有する情報の公開に関する法律（平成13年法律第140号）がある。後者は2011年4月現在、独立行政法人104、国立大学法人86、大学共同利用機関法人4、特殊法人7、認可法人3、その他の法人1の合計205法人が対象となっている。
5) 2014年10月14日閣議決定された運用基準において4分野55項目が例示された。特定秘密保護法の関係政令に対するパブリック・コメントは計2万3820通に及び、そのうち施行令案は1万998通、運用基準案は1万84通であった。
6) 政策評価と行政評価との違いはあまり強調されていない。山谷によると、「政策評価の対象は、政策のデザインとその運用マニュアルであるプログラム、このプログラムが操作するプロジェクトを対象として、それらの有効性を問題にする。他方、行政評価は組織とスタッフの業務活動、それを支える予算を対象にする」（山谷，2012，pp.100-101）と明確に区分して説明している。

■参考文献

OECE, *Government at a Glance 2009*, 2009（平井文三訳『図表でみる世界の行政改革——政府・公共ガバナンスの国際比較』明石書店、2010年）

今村都南雄・武藤博己・沼田良・佐藤克廣・前田成東『ホーンブック基礎行政学』北樹出版、2006年

岩崎忠「アカウンタビリティ」宮﨑伸光編著『議会改革とアカウンタビリティ』東京法令出版、2000年

宇賀克也『新・情報公開法の逐条解説』(第6版) 有斐閣、2014年

宇賀克也『情報公開と公文書管理』有斐閣、2010年

大住莊四郎『行政マネジメント』ミネルヴァ書房、2010年

菊地端夫「行政の信頼性とアカウンタビリティ、透明性、公平性、参加」総務省大臣官房企画課『行政の信頼性確保、向上方策に関する調査研究報告書（平成20年度）』2009年12月

菊地端夫「諸外国における行政の信頼研究、信頼向上方策との比較検討」総務省大臣官房企画課『行政の信頼性確保、向上方策に関する調査研究報告書（平成21年度）』2010年3月

財団法人行政管理研究センター『政策評価の基礎用語』財団法人行政管理研究センター、2005年

斎藤友之「自治体の行政評価」土岐・平石・斎藤・石見『現代日本の地方自治』（改訂版）北樹出版、2011年

田中一昭編著『行政改革』（新版）ぎょうせい、2006年

田中一昭・岡田彰編著『信頼のガバナンス——国民の信頼はどうすれば獲得できるのか——』ぎょうせい、2006年

土岐寛・平石正美・外山公美・石見豊『現代行政のフロンティア』北樹出版、2007年

外山公美「行政統制と行政責任」土岐ほか『現代行政のニュートレンド』北樹出版、2011年

南島和久「政策評価とアカウンタビリティ ～法施行後10年の経験から～」『日本評価研究』第13号第2巻、2013年11月

西尾隆「行政責任と行政統制」西尾勝・村松岐夫編『講座行政学　第6巻　市民と行政』有斐閣、1995年

西尾勝『行政学』（新版）有斐閣、2001年

平石正美「情報の公開と政策評価」土岐ら『現代行政のニュートレンド』北樹出版、2011年

山本清『アカウンタビリティを考える——どうして「説明責任」になったのか』NTT出版、2013年

山谷清志『政策評価の実践とその課題——アカウンタビリティのジレンマ——』萌書房、2006年

山谷清志『政策評価』ミネルヴァ書房、2012年

首相官邸、内閣府、総務省、人事院（国家公務員倫理審査会）、千葉市の各ウェブサイト

第5章
参加と協働の理念と実際

　日本の地方自治は、自主財源の少なさと国への財政依存、中央政府の政策指導に基づく自治体運営という集権的な自治であったため、地方分権は、自治体総意の悲願でもあった。自己決定・自己責任に代表される分権型の自治体運営を図っていくために、住民参加条例や自治基本条例を制定し、住民を基軸にした行政運営を展開する自治体が増えていった。

　しかし、2000年に地方分権一括法が施行され、住民を中心とした行政運営を行えるように変わったはずであるのに、住民本意の自治とはならず、何のための分権なのか、何のための住民参加条例なのかという声も多い。そこで、参加に関する構造的な課題を検討してみたい。

1　参加の古典理論とエリート主義

　一般的に政治参加は、直接参加と間接参加に分けることができる。前者の直接参加はスイスのレファレンダム、アメリカのタウンミーティングや古代ギリシャのデモクラティアなどの直接民主制が挙げられる。間接参加は、イギリスや日本などの議会制など多くの間接民主制が該当する。

　現代は、直接参加するには場所や時間などの物理的な限界があり、さらに議論を展開するとなると現実的なさまざまな限界に直面することになる。そのため、多くの政治制度において間接民主制のしくみを採っているが、それらの基本課題を補完するために、議会の解散請求、首長などの解職請求をはじめとしたさまざまな直接参政制度が設けられている。

　参加の古典理論からすれば、①直接民主主義としての立法・参加制度、②代議制の補完機能、③政治参加による民主主義教育機能、④多数決原理の修正としての政治的平等機能、⑤市民教育機能、⑥少数者の権利の確保・救済などが

参加の必要性とされる。

(1) ルソーの参加論

政治参加を重視したルソーは、『社会契約論』において、人間は自己保存のために自分自身を尊重するものであるが、ひとりですることには限界があるため、集合することで力を結び付け、この多数の人々の協力により形成される社会的共同により障害を解決していくものとする。そこで取り交わされる個々人の約束は社会契約として把握され、この社会契約に基づいて人間の自由意思が保障されている中でのみ国家が正当化されるとする。しかし、この社会的共同は、個人の自然的自由に対して何らかの制限を加えると想定されるが、個人は自分自身にしか服従することなく本質的に自由であると考える。ルソーは、国家の意思を「一般意思」と呼び、市民の合意で一般意思が形成されたならば、今度は臣民として服従しなければならないとする。つまり、共通の幸福の総和は、各個人の幸福を集約したものであるため、市民は次第に公共の仕事を重視するようになり、個人の参加に基づく社会的共同という参加民主主義の構図が形成されてくる。

このルソーの参加民主主義を実現していくためには、3つの条件が必要とされる。第1には、共同体の構成員は独立的で平等であること、第2には共同体の規模が小さく、討議される争点が簡明であること、第3に構成員が参加へのモチベーションを有していることとされる。しかし、これらの条件を満たすことは、現代の地域社会では難しくなっている。大都市であれば社会的流動性が高く、参加のモチベーションの維持が難しく、フリーライダーを生みやすい。農村社会でも若者流出で世代間のバランスが崩れ、参加のモチベーションは高くともコミュニティ自体を維持することが困難になってきている。ルソーは、人々が市民の役割を果たさないのは参加機会と学習が不足しているからであるとしており、この参加の学習機能は今なお重要である。J.S.ミルも一般庶民が、社会的及び全市民的な経験やコミュニケーションを通じて「広い思想と高度で開明的な諸目的」を学ぶことができると参加の学習機能を評価している（水口, 2000, p.294）。

キャロル・ペイトマンは、シュムペーター、ダールなどの現代民主主義論の

エリート性を批判し、それに対してルソー、J.S. ミルなどの理論といった古典に参加民主主義の萌芽を見出し、政治参加による民主主義の教育的機能に着目した。また、ジャック・ライヴリーは、ペイトマンと同様、エリート民主主義理論を批判し、ルソーやトックヴィルの思想に見られる参加型の直接民主主義理論の正当性を論じた。彼は、民主主義＝多数決原理という図式を批判し、それに優先されるべき条件として、すべての構成員の政治的平等という点を挙げ、大衆の政治決定過程への参加を重視したのである。

(2) 政治的安定性と参加

一方、1930年代のワイマール共和国における大衆参加の拡大は、ファシズムへの傾倒やヒットラーの独裁を許したことなどから、懐疑的に考えられるようになった。エリート民主主義の代表的な理論家として引き合いに出されるシュンペーターは、『資本主義・社会主義・民主主義』で、ルソーらの古典的民主主義理論は政治的決定を導くひとつに過ぎず、現代の民主主義は代表を選出することに力点があるとする。そして、現実は政治闘争の結果で政府が形成されるため、安定した民主主義には政治家の資質、政治判断の範囲の限定、官僚制の確立、国民の民主的な自立が必要だとする。とくに市民に関しては、公益に関する市民的合意は存在せず、政治的決定は必ずしも市民意志を代表するものでもなく、さらに市民は偏見をもちやすく、流されやすいため、専門の職業政治家集団と選出機能だけが与えられた市民集団との分業が不可欠であるとする。ハンティトンも一般大衆への政治的影響力を拡大することは、デモクラシーの安定を損ねかねないと懐疑的であった（蒲島，1988）。

2　政治システムと参加の構造性

住民参加を積極的に導入しようとした理論的な背景には、アルンシュタイン(Sherry R. Arnstein)の住民参加の研究がある。住民参加は、豊かな社会の便益を社会の構成員が分かち合う改革を起こす手段であるので、政治プロセスから排除されてきた「持たざる市民」を政治に参画させていくためには、情報共有、目標と政策の設定、財源配分、プログラム運営などをどう設計するかが課題であるとする。

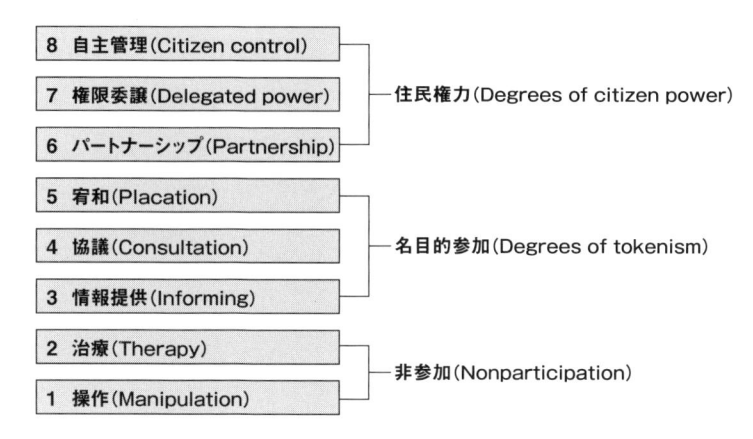

```
8 自主管理(Citizen control)  ┐
7 権限委譲(Delegated power) ├─ 住民権力(Degrees of citizen power)
6 パートナーシップ(Partnership) ┘

5 宥和(Placation)      ┐
4 協議(Consultation)   ├─ 名目的参加(Degrees of tokenism)
3 情報提供(Informing)  ┘

2 治療(Therapy)        ┐
                       ├─ 非参加(Nonparticipation)
1 操作(Manipulation)   ┘
```

図5-1 アルンシュタインの参加の階段（Arnstein, 1969, p.217）

　そのため、住民参加のレベルを概念化した参加の階段（A Ladder of Citizen Participation）は、参加が形式的な段階を非参加とし2つの階層を設定し、名目的な参加では3つの階層、住民自身が権力を発揮できる住民権力では2つの階層を設定している。さらに、アルンシュタインの時代以後の研究や社会実態は、個別の分野や一定地域においては自律的な住民統制のしくみや事例などが多く出てくるようになった。たとえば、バーンズら（Burns D. et al.）は、『地方分権の政治学（The Politics of Decentralisation）』で、地域レベルとコミュニティレベルで12段階の参加の階段と、具体的な市民参加・市民統制の制度や事例を示し、分権時代の自立的な地域社会形成に新たな可能性を示した。

　蒲島郁夫は、民主主義の捉え方には、民衆の最大限の参加が望ましいとする参加民主主義、政治システムの安定と効率を重視し、その運営はエリートに委任すべきであるとするエリート民主主義、合理的な有権者や政党の行動が最適な政策をもたらす合理的選択理論などがあり、その力点の置き方で政治参加の位置づけが変わってくるという。

　しかし、参加民主主義に立っても、すべての市民が参加に意欲的で、価値判断においても市民的合理性をもち、スムーズな合意形成ができると仮定することは難しい。社会の秩序と安定を求めるエリート民主主義にしても、国民の要求が穏やかな要求であるなら良いが、自己利益の拡大を主張することはよくあ

る。政党や政治家たちは、常に次の選挙で議席を得ることが政治的責任と思っているがゆえに、有権者の意見を拒否しにくく、ブラックのいう中位投票者の定理（median voter theorem）の影響を受け、各政党間で中位的な政策が選択されやすくなる（Black, 1948）。さらに、ノリスによれば、公共政策はマスコミの影響を受けやすく、メディアで流される回数が多い項目が争点となり、政党支持をもたない人や政治的無関心者の反応が政策動向を左右する（Norris, 1999）傾向が強い。そのため、政治の安定や秩序の維持といいながらも、課題や負担を先送りしていることも少なくない。

　合理的選択理論にしても、ダウンズによれば、政党や市民は合理的な利益追求者とされ、政党は市民の厚生を高めるのではなく、政権に就くことで名声と権力を手中にし、一方市民は投票から得られる効用の最大化を目指して投票と参加のコストを勘案し、効用が低ければ棄権をする。さらには、ひとりの投票は全体からすれば影響力が非常に小さく、投票に行かないからといって財やサービスから排除されることはない。そのため、合理的な市民は、投票コストを支払わずに便益を受けるというフリーライダーになりやすい。

　しかし、現実の政治においては、資源的な限界、情報的な限界、他律的な問題など複雑な問題が複合的に絡みついているため、すべての方法論が唯一の正解というものではない。そのため、参加や協働も効果がある面と働きにくい面があり、それぞれの理論の強調点においてもそれぞれの課題がある。

3　非営利団体（NPO）の活動の発展と現状

（1）　NPO法の成立

　先進諸国の多くが財政の悪化、少子高齢化、行政ニーズの多様化への対応などの複合的な課題に直面している。そのため、「政府部門と民間の担うべき領域」を再考しつつ、一方で、多様化・増大する行政ニーズを応えながら、コストを抑え、質の高い公共サービスをどう提供していくという問題を抱えている。この難題を解決するため、政府部門と非営利部門（NPO）でさまざまな形態の「協働」が取り入れられるようになってきている。

　日本でこのような変化の転機となったのは、1995年の阪神・淡路大震災であ

り、救援・復旧においてボランティア活動が注目を浴びた。また、福祉やまちづくりなどの分野においても、ボランティアや市民団体の取組みが実績を積んでいたことや、一般の市民が組織を作っても、相当な実績をあげない限り法人化できなかったため、市民活動団体を法人登録する法律が求められた。

　このような市民の自発的な社会的貢献活動を活性化するための環境整備として、法人格をもたせる制度が必要であるとの世論が高まり、1998年「特定非営利活動促進法（NPO法）」が成立した。NPO法の施行以来、認証を受けたNPO法人の数は増加を続け、2014年末には累計49,763法人となっている。ここ10年間でも、その数は2倍以上増加している。主務官庁である内閣府は、NPOを「様々な社会貢献活動を行い、団体の構成員に対し収益を分配することを目的としない団体の総称」であると定義している。これは、事業運営に必要な資金を、補助金や寄附に頼るだけでなく、事業収益からも調達可能にすることを意図している。また、2001（平成13）年には、NPO法人への寄附を促すことにより、NPO法人の活動を支援することを目的として、認定特定非営利活動法人制度が創設された。これは、NPO法人の内、一定の要件を満たす法人は、所轄庁から認定されることで、税制上の優遇措置を受けることができるようすめるものであった。さらに2002年には、NPOの活動分野が12分野から17分野に拡大された。

　NPOの活動は、市場の原理を基本として行われる「貨幣経済」ではなく、寄附やボランティアなどの善意や好意によって自発的に行われる「非貨幣経済」に特徴があるため、NPOは準公共財への財政支出を減少させるとともに、コミュニティのニーズを充足する小規模で多様な準公共財を提供できると期待されている。

（2）　中間法人制度と公益法人制度の改革

　また、中間法人制度は、規定する一般法がなく、法人の種類ごとに、例えば労働組合法、各種の協同組合法などの特別法があるのみであった。愛好会、同窓会、マンション管理組合などは、特別法がある場合を除いて法人格を取得する道がなく、任意団体（権利能力なき社団）としてしか存在できなかった。そのため、任意団体のもつ土地、建物等の資産の名義が代表者など個人のものとな

っていて、名義人の個人資産との混同や相続の問題、名義人の横領など多くの問題があった。そこで、2001（平成13）年に中間法人法が制定され、構成員への利益分配（株式会社における株主への配当）はできないものの、会社と同様にあらゆる事業を行うことを可能とした。しかし、実際に登記された中間法人の内訳を見ると、「同窓会」や「管理組合」はあまり多くなく、業界団体や、証券化における資産保有持ち株会社の親法人としての利用が多かった。このため、中間法人は、2008（平成20）年の公益法人制度改革関連3法の規定により、一般社団法人に吸収されることとなり、中間法人制度は廃止された。それまでに設立された中間法人も、一般社団法人に移行することとなった。

4　3部門の役割と協力可能性

(1)　部門間の役割再考

もはや集合的・社会的な財・サービスの供給は、政府部門のみによって充足できる状況にはない。実際に、公共サービスの民営化や民間委託が実施され、集合的な財・サービスは多様な民間セクターから供給されるようになった。これは、「市場か、政府か」という二元論に対して、公益財・共益財などを、新たなセクターとの協働により供給すべきかを考え直すことである。

政府部門、市場部門、非営利部門の3部門にはそれぞれ強みと弱みがある（表5-1参照）。それぞれの関係は、一方の役割が増せば、もう一方の役割が減ずるといった「ゼロサムの関係」と考えるのではなく、3部門の「強さと弱さ」を勘案しながら、いかに相互に補完できるかを検討する必要がある。

(2)　3部門の特徴と協力可能性

ワイズブロッド（Burton A. Weisbrod）は、政府部門の供給する財やサービスの内容、量と質に関する決定は議員によってなされ、それは議員を選ぶ投票者の多数派のニーズに合わせて決まるという。そのため、サービスの画一化が起き、少数者のニーズへの対応が難しくなり、「政府の失敗」が起き、市場部門でも供給することは困難となるため「市場の失敗」となる。反対に非営利部門は、互助・互酬的な組織を立ち上げ、それらのニーズを充足する可能性をもっている。

表5-1　三部門の違い

部門	主体	理念	提供財	行動基準	受益範囲
政府部門	国 自治体	公共の利益	公共財	正義 公正 平等	全体性・画一性 法令遵守性
非営利部門	公益法人 NPO・NGO	社会的使命	広益財 共益財	公平・効率 共生	平均的・対価性 個別（部分的）・多様性 自主性
市場部門	企業	経済的使命	私財	利潤の追求 競争	選択的・対価性

　ハンズマン（Henry B. Hansmann）は、教育、介護、医療といったサービスの供給者の方が受益者よりも多くの情報を有している分野では、情報の非対称性が生じるという。しかし、NPOは、利益を目的としていないことから、NPOの方が信頼感をもたれ易いという。

　ダグラス（James Douglass）によれば、政府部門のサービス提供には「官僚制化の問題」があるが、非営利部門は、制約は比較的少なく、特殊なニーズに対しても迅速な対応が採り易いとされる。

　さらに、非営利部門の利点として、①寄付やボランティアなど資源補充で、低コストで質の良いサービスを提供できる、②行政が行うと無駄遣いになる可能性のある事業にも挑戦し、新しいアイデアや事業の開発ができる、③難しい対応が必要な人への注意喚起や、弱い立場の代弁をし、提案するといった「アドボカシー活動」を行うことなどもあり、非営利部門は行政サービスの不足を補うだけではない（浅野, 1999）。ドラッカーがいうように、人や社会の変革を目的とする非営利部門は、社会的責務を果たす中枢機関になるのである。

　サラモン（Lester M. Salamon）は、NPOは政府部門や市場部門が供給できない財を供給するという観点ではなく、先ずNPOが社会問題に対応し、非営利部門ができないところを政府部門が補う点から議論を組み立てる。米国の政府部門と非営利部門は政府部門と非営利部門は「競合関係」というより「協力関係」にあり、政府部門は非営利部門の抱える限界に補完的な機能を発揮してきた。サラモンは、行政は税という安定的な資金調達力をもち、サービス提供は

表5-2 協力・協働に関連する用語の考え方

コオペレーション (cooperrration)	何らかの協力的な行為をすることによってその当事者たちが、何らかの利益を得るという相互利得（mutual gain）があることを条件として、意図的に人々の行動を動員し、調整すること。
コープロダクション (coproduction)	地域住民と自治体職員が心を合わせ、力を合わせ、助け合って地域住民の福祉の向上に有用であると、自治体政府が住民の意思に基づいて判断した公共的性質をもつ財やサービスを生産し、供給していくこと。
パートナーシップ (partnership)	共有された目標のもと、公と民がともに参加し、合意形成を図り、それぞれの資金・労務・技術を提供して目的を達成すること。
コラボレーション (collaboration)	自立した複数の主体がお互いに対等な関係で具体的な課題達成のために行う非制度的な協力関係を構築すること。
ネットワーク型ガバナンス (Networked Governance)	社会的関係や絆、他者の価値を認め、参加する多様なアクターが、目標を共有化して決定作成、運営管理、改革行動に当たるガバナンスの形態。

公平性に基づき、専門家によるサービス提供が可能であるがゆえに、非営利部門の限界を行政の強みによってカバーできるとする。

　以上見てきたように、政府部門、市場部門、非営利部門はそれぞれ異なる特徴をもっており、そのメリットとデメリットを勘案したうえで、三者が協力し合うことにより社会的財やサービスの充実を図ることが可能となるといえる。

5　協働の可能性と多様な形態

　それでは、どのような協力関係を構築していけばよいのだろうか。協力・協働の関係には次のような概念が使われている。

　（1）　コオペレーション（Cooperation）

　協力することは、人間が社会的な生活を快適に、かつ他者との関係を有効に保つための人間固有の行為であると考えられてきた。しかし、近年生物学などの発展などにより人間以外の動物や生物においても協力関係や共生関係があることがわかってきた。経済の進歩や地域社会の拡大は、コミュニティや隣近所の協力を低減させ、自分に利する権利だけを主張するフリーライダーを多く出す社会へと変わってきてしまった。そのため、どのような条件や利得関係を設定すれば協力が生まれるのかをゲーム理論からアプローチする研究などが盛んになってきているが、協力の起源を研究する進化考古学、行動経済学、神経政

治学などの新たな研究もあり、この分野に注目が集まっている。

　協力を意味するコオペレーションということばは、何らかの協力的な行為をすることによってその当事者たちが、何らかの利益を得るという相互利得（mutual gain）があることが協力の成立条件となる。さらに、協力には普段の行為とは違い、意識的・計画的に人々の行動を動員して組織化したり、調整したりすることを指している（安藤, 1991）。

　ドーズ（Daws）は、協力を行う基礎的な条件仮説を社会的ジレンマに置いている。それは、個人の利益と集団の利益が葛藤する際、①それぞれの集団の構成員は、協力か、非協力かのどちらかを選択できる、②各構成員にとって非協力は、協力よりも利益が大きい、③しかし全員が非協力を選択したときに得られる利益は、全員が協力したときの利益より小さい、とする社会的なジレンマを提示し、ゲーム理論的な研究の基礎を提示している（Daws, 1980）。エルスター（Elster）は、協力することとは幾人かがある行為をすればすべての人が便益を受けるような行為を、自分の個人的利害に逆らって行うことであり、多くの人にとって共通の利益になるように方向づけられた共同の行為であると考えられる。また、ギボンズ（Gibbons）は他のプレイヤーが互酬的であるとは限らないので、個々のプレイヤーにとって協力行為が利益とはならないため、コオペレーションは自動的に起こるものではないとする。パーケ（Parkhe）は、個人の報酬を極大化する行為が共同報酬を極大化につながるというインセンティブ構造を構築することが、コオペレーションの価値を高めるという。こうした観点からコオペレーションに関するゲーム理論的な研究が進み、利得構造（利得関数の組み）によって協力は決まる（武藤, 2005）とされる。

　さまざまな分野から研究されているコオペレーションであるが、日本で使われる協働の基盤に位置する概念であることは確かである。

　(2)　コープロダクション（coproduction）

　コープロダクションの考え方が初めて示されたのは、オストロム（Vincent Ostrom）よる編著 *Comparing Urban Service Delivery Systems*（1977）である。これを荒木昭次郎が紹介し、日本の文脈の「協働」と関連させたのが『参加と協働』（1990）であり、そこではコープロダクションを「相互に平等な立場で協

働しつつ、ある価値を持つ罪やサービスを生産するための活動（組織）である」と定義している。

■**オストロムとポリセントリック・ガバナンス**　オストロムは、行政の効率的な運営は、市民を本質的な共同生産者として参画させるためにインセンティブを与えることだとする。オストロムのコープロダクション理論は、大都市圏行政の自治体運営はポリセントリック・ガバナンス（多心型ガバナンス）になっており、そこではコープロダクションが中心となっているというものである。

オストロムが、この概念を展開させたきっかけは、ロサンジェルス地域の水資源管理が取水業者たちの自律的な調整により、いかに水資源が保全されるようになったかであり、その後南カリフォルニアの新しいコミュニティが1954年に始めたレイクウッドプランの研究で確立されていった。新しいコミュニティが自治体としての法人化（incorporated）するためには、自治体の行政サービスを確立するか、税金を払ってより大きな自治体に属するかであったが、近隣の自治体や政府とサービス契約をして自治体化しようとしたのが、レイクウッドプランであった。その後、レイクウッド住民は法人化の投票を行い、水道、地方道、消防、警察などの公共サービスをカウンティや近隣自治体と委託契約していった。これは、ひとつの自治体でなくとも、異なった事業体で、供給と生産を分離させることで、効率性や満足度を選択できる可能性があることを明らかにさせることであった。

エリノア・オストロムは、アメリカの大都市圏エリアの警察署と犯罪との関係を調べた *Policing Metropolitan America*（1977）で、小規模の警察署の方が犯罪率は低い傾向にあることを明らかにした。小規模の警察は、住民と警察官が顔見知りになり、犯罪の予兆を知らせやすいため犯罪が未然に防がれる傾向があるからであった。エリノアによれば、コープロダクションは、学問的に分かれていた公共サービスの「生産」と「供給」の議論に橋渡しをしたことが重要な意義であるとされる（Ostrom, E., 1999）。

■**サスキンドとバーガー**　一方、政治参加論や社会運動論の立場からコープロダクションを研究したのが、サスキンドらによる *Paternalism, Conflict, and Corproduction*（1983）である。ここでは、参加の学習機能に着目して、相互作

用の時間を経て次第に主体的なコープロダクションへと発展していくとした。バーガー（Berger, P.）は、ボランティア団体や地域住民組織が公益な活動を行っているからといって、直ちに実施する権限が得られるのではなく、公的な機関と連携された媒介構造を通じて公的な活動へと変換されていくという。たとえば、ボランティアセンターなどは、各種のボランティア団体との連絡調整、意見や要望をとりまとめて行政の担当部局との調整、関係する団体等の支援活動を行うなど媒介的で、ハブ的な機能を果たしている。

　（3）　パートナーシップ（partnership）

　パートナーシップの研究は、理論枠組みを扱ったものよりも、個別のケーススタディの方が多かったが、効果的なパートナーシップを実現するには、パートナーシップを的確に理解し、分析するための理論枠組みが必要である。また、パートナーシップは民と民とのパートナーシップも古くから存在しているが、ここでは公と民とのパートナーシップを主に論じる。

■**第三者政府論とボランタリーの失敗理論**　　サラモン（1995）は、アメリカの福祉政策におけるNPOと政府の関係に関する調査を基に、「第三者政府論」と「ボランタリーの失敗理論」を提示している。まず、「第三者政府論」とは、政府は目的を執行するために、非政府機関を用い、それらの機関に公的資金の使用や権限に関する相当の裁量をもたせて、サービス供給を担わせるものである。さらに、NPOは公共目的に資する活動をしており、19世紀後半までは公共セクターとして位置づけられていたことや、新たに政府機関を設立するよりも、NPOに資金提供した方が低コストですむことなどから、NPOは第三者政府の機能を担うのに、最も適したアクターであると述べている。2つ目の「ボランタリーの失敗理論」とは、「市場の失敗」に最初に対応するのは政府ではなくNPOであり、政府はNPOではうまくいかないという「ボランタリーの失敗」を補完するために存在するというものである。

■**ヤングの3タイプ**　　ヤング（Young）によると、NPOと行政とのパートナーシップには、大きく、補完的、相補的、対抗的の3つのタイプがあるという。補完的モデルとは、NPOを、政府によっては満たされない公共財を充足する存在とみなすものである。相補的モデルとは、NPOは政府からの資金提供を

受けて、公共財を供給するというものである。対抗的モデルとは、NPO は政府に対して、公共政策の改革とアカウンタビリティを要求する一方、政府は NPO に規制をかけることで、NPO の行動に影響力を及ぼそうというものである。その上で、これら3つのモデルは、相互排他的に発生するものではないとも述べている。

■パートナーシップのアプローチ　マクローリンとオズボーン（Mclaughlin and Osborne）は、パートナーシップには4つのアプローチがあり、ひとつ目は、プロセスに着目し、合理性重視の点から関係を調整するもので、たとえば、行政がNPO に政策形成過程への関与を促す指針を提示するといったものがあるという。2つ目は、構造に着目し、合理性重視の点からマネジメントをするタイプで、NPO は行政にとっての競争相手にもなりうる。3つ目は、複雑な政策形成プロセスを調整し、組織的な関係性の維持を追求しようとしたものである。4つ目は、パートナーシップの中で、NPO の潜在的可能性を導き出すために、関係性の構造化を追求したものであり、イギリスの労働党政権が唱えたコミュニティガバナンスやコンパクトがこれに当たる。

このように、従来のパートナーシップの理論は、主に、サービス供給レベルに焦点を当ててきている。

　　（4）　コラボレーション（collaboration）

近年コラボレーションは、政府組織とNPOや住民団体のような公的組織間のコラボレーションだけではなく、企業間のコラボレーションやセクターを超えたコラボレーションに関する研究が増えてきている。これらのコラボレーションを、マルチパーティ・コラボレーションやクロスセクター・パートナーシップと呼び、社会的な問題解決のためには企業とNPO、そして政府機関との関係が大きく変化しなければならず、伝統的なチャリティ関係からより深く互恵的な戦略的コラボレーションへと進ませていくべきだという研究も出てくるようになった（佐々木・加藤，2009）。

■コラボレーションの定義の多様化　コラボレーションに関する定義は、異なった集団や組織間で協力関係を構築するものが多く、それぞれ特徴をもった定義がされている。たとえば、ブライソンら（Bryson, Crosby & Stone）は、セクタ

ーを超えたコレボレーションとは「ひとつの組織では到達することのできない成果を共に達成できるよう、2つ以上の組織によって情報、資源、活動、能力を共有、もしくは連結すること」としている。また、ガズレイとブルッドニー（Gazley & Brudney）は、コラボレーションを「単独では達成することのできない問題の解決策を、組織群が関係者とともに相互に追いかけていくプロセス」と定義している。トムソンとペリー（Thomson & Perry, 2006）は、「行動のための議題を決める関係を構築しながら、ルールと組織を共に創り、公式かつ非公式な交渉を通じた自律的なアクターの相互作用からなるプロセスである」と述べ、「相互に共有された規範、利益のある相互作用を含んだプロセス」であるともしている。アグラノフとマクガイア（Agranoff and McGuire）は、コラボレーションを「一定の限界の中で、解決策を模索・創案することで問題を解決するように意図された目的的な関係性」と呼んでいる。

■コラボレーションの体系化　一方、コラボレーションの体系化を図ったトムソンら（Thomson et al., 2007）は、コラボレーションは5つの次元から構成されるもので、構造面においてはガバナンス（governance）とアドミニストレーション（administration）、社会関係資本面では相互関係（mutuality）と規範（norm）、組織面では組織的自立性（organizational autonomy）からなるとする。「ガバナンス」は、構成員の行動や関係性を規定するルールを共同でどのように決めるかに関連するものである。「アドミニストレーション」では、違う組織が協力して目標を達成するために具体的な行動を展開していかなければならない。その行動を管理していくために、官僚制組織の階統制や標準化とは違った調整・役割分担・責任性を高めるコミュニケーション・チャネルのような管理構造を必要とする。「組織的自立性」ではコラボレートするパートナーは、自分の属する組織利益とコラボレーションによる共同の使命の間にはどちらを優先するかというジレンマが常に存在する。しかし、このジレンマこそが、課題を解決する潜在的なダイナミックスである。「相互関係」は、組織や集団はそれぞれ異なったスキルや資源を有しており、共同するパートナーがそれぞれの利害を損なうことなく異なった利益を充足するという相補性が存在する限り、コラボレーションは成立するという関係をもっている。コラボレーションにお

ける「規範」は、「あなたがやるなら私もやる」という軽い互酬性と信頼に基づいているが、この関係が続くことでコラボレーションにおける社会的相互作用と互酬的交換が確立され、関係の不均衡が是正されていくので、規範を共有することが重要となる。

このようにコラボレーションは異なった組織間で、協力関係を構築していくものであるが、体系化を図った研究をしていくと、協力や協働に関する他の概念も包摂するようになり、やがてガバナンスに接近していくようになる。

(5) ネットワーク型ガバナンス（Networked Governance）

■ネットワーク論の展開　ネットワークは、ヘクロ（Hugh Heclo）が政策分析の中で用いた新たな概念であり、集合体を個々の決定者としてみなすのではなく、政策成果による相互作用のネットワークを理解することが重要だとし、イッシュー・ネットワークや政策コミュニティを明らかにした。その後、政策研究の分野でローズら（Rhodes & Marsh, 1992）により、政策ネットワークの研究がさらに進められた。一方、ガバナンス論は90年代に世界的なブームとなったが、それに先立つ新制度論は、政策形成や実施における相互作用の重要性を指摘している。マーチとオルセンは、人々を従わせる制度的な規則やメカニズムに重点を置き、合理的選択論に立つエリノア・オストロム（1990）らは、規則や制度の体系における合理的アクターの行動を重視する。そして、階統的な国家と社会との関係は、次第に公共と民間とのある種の共同活動（co-action）に代わっていく（Kooiman, 1993）。つまり、政策研究の中から生まれた相互作用の研究と、制度を中心として新たなアクターによる相互作用の研究が、制度や政策に影響を及ぼすガバナンス論として収斂していきネットワーク型ガバナンスとなっていったのである。

さらに、ガバナンスは、ピエール（Pierre）によれば、政治的アクター、諸制度、市民社会、企業利害、超国家組織などの多様で広範なアクター間で、調整と一貫性を保ちつつ運営していく新たな統治形態であるとされる。

ネットワーク・ガバナンスは、官僚制度の階統制や市場メカニズムと対照的に、決定や権力面において分権的な形態を有する（Stoker, 1998）。さらに、ソレンセンとトーフィング（Sorensen & Tofing）によれば、公共と民間の多様なア

クター間で交渉による相互作用の結果とみなされ、特定の政策領域における比較的安定的な枠内で起きうるとされる。しかし、テイスマンとキリャン（Teisman & Klijn）は、多様なアクターとのネットワーク協定には夢と現実のような乖離があり、共同の意思決定や協力の継続性においては問題があるとする。

■ネットワークとガバナンスの接合　このネットワーク型ガバナンスは、ネットワークとガバナンスが接合した概念であり、キーストら（Keast et al.）はその基礎概念となるのが、ネットワーク・ストラクチャー（network structure）とネットワーキング（networking）であるとする。ネットワーキングは、社会的相互作用や会合、フォーラムなどを通じて他者との関係を築くプロセスである公共的議論として広く理解されている。一方で、ネットワーク・ストラクチャーは、新たな価値、新たな態度、認識の変革、活動的に何かを行うなどの変化をもたらすことであるとされる。ガバナンスは、一般的に社会の多くのアクターと連携協力することによって、社会課題を克服したり、公共サービスの質や効率性の改善を果たす制度の力とされる（Aherens, 2002）ため、必然的に秩序だった規則や集合的行為を導くネットワークを内包している。そのため、ネットワーク型ガバナンスには、ネットワークの概念とガバナンスの概念が複合している。パーカー（Rachel Parker）によれば、ネットワーク要素とガバナンス要素があり、前者には①社会的関係と絆で結びついたアクター、②権限共有に基づく分権的な決定作成、③実践と世界観を反映した情報の移転と反省、④自分の価値観を捨て、他人の行為を認めて参加するアクター、が必要となる。後者は、①すべての結節点における直接・間接の関係性密度、②すべての革新的な諸制度を組み込む幅広さ、③信頼、互酬性、共通意識である。これらの諸要素どれもが望ましいネットワーク型ガバナンスの確立に不可欠となる。そしてネットワーク型ガバナンスは、ガバナンス概念に依拠した決定作成、運営管理、改革行動によって特徴づけられるネットワーク構造をもつものとなる。

6　協働の構造性と課題の克服に向けて

■参加・協働と構造性　パーソンズ（Talcott Parsons）は、社会システムが存続していくための機能的要件をAGIL図式としてまとめた。パーソンズは、社会

表5-2 協働に関する構造的な課題

構造	課題	内容例
全体的な政治システムと参加・協働に関する問題	政治参加の有効性と形骸化	投票、リコール、請願・陳情などの制度的参加の形骸化が進んでいる。
	直接民主主義的な参加方法	インターネットを用いた政策投票、住民の予算参加などの導入可能性とその制限要因などは検討されているか。
	新たな制度や手法の意義と構造的適合性	新たな制度を導入しても、組織や意思決定システムとの整合性が採れているか。
	参加の課題探索機能と参加可能領域の基準	参加には新たな問題を発掘する機能があるが、それと政策対応可能な範囲をどう判断するか。
	参加の需要環境の変化	今までは要望や意見を取り入れ、具現化するための参加であったが、今の環境においては何をして、何をしないか、を決めるというように逆の変化へと変わってきた。
行政システムと参加・協働に関する問題	住民参加条例や自治基本条例と組織的整合化	参加を取り入れる条例を制定しているが、組織的に重視する仕組みとなっているか。
	縦割りの組織構造と参加・協働	自治体職員は事務分掌により所管範囲が明確であるため、他部や他課に対して調整するというよりは自重する。
	事務の効率化要請と参加コスト	参加を積極的に取り入れ、活用することは、決定調整コストや時間コストの増加をもたらすので、行革や節減意識が高いほど回避的になる。
	コスト増と課税とのアンバランス	参加や協働は、一般的にコスト増を生むが、これによる予算増を住民税に課すことはできない。
	参加対応コストと人事評価との整合性	自治体職員が参加を避けがちになるのは、人事評価や組織的対応が不十分であることによる。
地域社会や集団と参加・協働との問題	地域社会における利害調整	地域社会はもともと多くの利害関係者から成り立っており、対立的な組織集団も少なくない。そうした集団間の意識の相違は、集団間で調整されることはあまりなく、政治的な争点として昇華されやすい。
	地域コミュニティの代表選出	自治体の各種審議会や委員会のメンバーは固定的で、いくつもの委員を兼ねている場合が少なくない。公募委員も恣意的な選択がされやすい。
	参加や協働活動とフリーライダー問題	公共サービスや地域全体の問題などは、一人が参加しなくても罰則やサービスからの排除ができないため、フリーライダーを生みやすい。

システムがその活動を存続していくためには、システムとシステムの外部環境を調整することと、システム内部の成員間の関係を調整するという2つの機能的要件を指摘する。また、マートン (R. K. Merton) は、パーソンズの一般理論

の形成に反対するわけではないが、個々の事例や分析を通じて一般理論に接近できるとし、「中範囲の理論」を打ち出し、逸脱した事例等を再検討することでも一般理論を再構築できるとする。つまり、個々の制度や取組みは良くても、これに関する全体システム、全体と個別領域をつなぐメゾシステム、個別のミクロシステムとの整合性や調整が適切に行われないと全体としての有効性を低減させることになりかねないのである。

参加・協働においても、全体の政治システムに関連する領域の問題、行政システムと参加との関連領域の問題、地域社会や集団内における問題と整理することで、参加や協働の実際が見えてくると思われる。

■**参加・協働の課題**　まず第1に、参加・協働と政治システムに関連する問題領域がある。ここでは、政治参加の形式性の問題や、インターネットを用いた政策投票、住民の予算参加などの直接民主主義的参加手法の意義と構造的適合性の問題、国策か自治体政策なのかといった参加可能領域の基準、参加の需要環境の変化などが課題となる。ここで問題となるのは、参加・協働が政治システムにどのような変化を与え、21世紀社会で維持可能な地方自治のモデルを構築していけるのかという可能性である。現代の基本的な問題は、莫大な財政赤字に対して抜本的な改革案を提示できないことであり、政府の財政削減策よりも行政改革や規制緩和で問題が解決できると一般国民が信じ込んでいることである。これには、マスコミの影響と自分に都合の良い選択肢を好むというバイアスがかかっている。

第2に、行政システムと参加との問題領域である。たとえば、「住民参加」を促進する住民参加（協働）条例や自治基本条例を制定しているが、それが行政内部の政策決定システムや予算編成システムと連動しているのだろうか。予算編成や政策調整段階において確認はするが、予算が確保できるか、国からの補助があるかを優先し、それほど重視しない場合も多い。

また、自治体の仕事はおおむね縦割りの構造をもっているが、住民の参加・協働は地域全体に対する行為であり、関連領域との複合的な意識に基づく水平的な運動化である。自治体職員は事務分掌により所管範囲が明確であるため、他部や他課に対して調整するというよりは自重するケースが多い。

さらに参加・協働を積極的に取り入れ、活用することは、決定調整コストや時間コストの増加を意味する。それを自治体職員が好意的に受け入れるのか、消極的になるのか。多くの自治体職員は、参加や協働で増えたコストが、組織人員的にも、予算的にも手当されないため疲弊していくのである。参加や協働は、一般的にコスト増を生むが、これによる予算増を住民税に課すことはできない。反対に、参加や協働の定着によりコストが低減するようになれば、もっと住民サービスを充実させるべきだという声の方が大きくなる場合すらある。

　第3に、地域社会や集団内における問題である。地域社会はもともと多くの利害関係者から成り立っており、対立的な組織集団も少なくない。そうした集団間の意識の相違は、集団間で調整されることはあまりなく、政治的な争点として昇華されやすい。また、参加や協働を経験することにより、より能動的な参加へと発展する場合もあれば、それに懲りて敬遠する場合もある。さらに、公共サービスや地域全体の問題などは、ひとりが参加しなくても罰則やサービスからの排除ができないため、フリーライダーを生みやすい。また、住民組織やコミュニティ自体に、住民の社会化や市民教育を行う機能がない。住民団体組織に研修機能をもつ組織があっても、特定目的の研修はあっても市民的徳性を涵養するような機能をもつものは少ない。

　これらの課題は一例に過ぎず、参加・協働を特定分野に取り入れることと、自治基本条例や協働システムの導入のように全体システムに取り入れることは意味が違う。さらに、近年導入されてきている討議デモクラシー型手法である市民討議会、予算への住民参加、政策参加などはシステム全体の改革に関連するものであり、スローガンだけでの導入は住民サイドも、行政サイドにも双方に不満や瑕疵を残すことにもなりかねず、マクロ、メゾ、ミクロからの再検討と再設計が必要となる。

■参考文献

荒木昭次郎『参加と協働』ぎょうせい，1990年
浅野令子「影響力分析（インパクト・アナリシス）」NPO研究フォーラム『NPOが開く新世紀』清文社，1999年
安藤文四郎「社会的協力の起源と進化についてⅠ」関西学院大学社会学部紀要 (63)，1991年

岩切道雄「行政とNPOとの協働」に関する一考察」『日本大学大学院総合社会情報研究科紀要』No.7, 2006年
蒲島郁夫『政治参加』東大出版会, 1988年
佐々木利廣・加藤高明他『組織間コラボレーション』ナカニシヤ出版, 2009年
水口憲人「地方自治と民主主義」『政策科学』7-3 (立命館大学政策科学学会), 2000年
武藤正義「社会的ジレンマと協力概念」『秩序問題への進化ゲーム理論的アプローチ』2005年
A. ダウンズ『民主主義の経済理論』成文堂, 1980年
キャロル・ペイトマン『参加と民主主義理論』早稲田大学出版会, 1970年
L. M. サラモン『米国の「非営利セクター」入門』ダイヤモンド社, 1994年
ジャック・ライヴリー『デモクラシーとは何か』芦書房NPS双書, 1984年
J.A. シュンペーター『資本主義・社会主義・民主主義』東洋経済新報社, 1962年
J.G. マーチ & J.P. オルセン『組織におけるあいまいさと決定』有斐閣選書, 1986年
タルコット・パーソンズ『政治と社会構造』誠信書房, 1973年
ピーター・F・ドラッカー『非営利組織の経営』ダイヤモンド社, 1990年
R. K. マートン『社会理論と社会構造』みすず書房, 1961年
ルソー『社会契約論』岩波文庫, 1954年
Ahrens,J., *Governance and Economic Development*, Edward Elgar, 2002
Agranoff and McGuire, *Collaborative Public Management*, Georgetown Univ. Press, 2003
Arnstein, Sherry R., A Ladder of Citizen Participation, *Journal of the American Planning Association*, 35(4), 1969
Black, D., On the Rationale of Group Decision-Making, *Journal of Political Economy*, Vol. 56, 1948
Berger, Peter, *To Empower the People*, Aei Press, 1976
Burns, D. et al., *The Politics of Decentralisation*, Palgrave, 1994
Daws, R.M., Social Dilemmas, *Annual Review of Psychology*, 31, 1980
Douglas, James, Political Theory of Nonprofit Organizations, in Walter W. Powell ed., *The Nonprofit Sector: A Research Handbook*, Yale University Press, 1987
Gazely, B. & Brudney, J. L., The Purpose of Government-Nonprofit Partnership, *Nonprofit and Voluntary Sector Quarterly*, 36(3), 2007
Gibbons, R., *Game Theory for Applied Economists*, Princeton Univ. Press, 1992
Keast, R et al., Network Structures, *PAR*, 64(3), 2005
Kooiman, Jan, *Modern Governance*, Sage, 1993
Hansmann, Henry B., The Role of Nonprofit Enterprise, *The Yale Law Journal*, 89(5), 1980
Heclo, Hugh, Issue Networks and Executive Establishment, in Anthony King ed., *The New American Political System*, AEI, 1978
Mclaughlin, Kathleen and Osborne, Stephen P., A one-way street or two-way traffic? in Osborne, Stephen P. ed., *Public-Private Partnerships*, Routledge, 2000

Norris, Pippa. et al., *On Message: Communicating the Campaign*, Sage Publications, 1999
Ostrom, Vincent eds., *Comparing Urban Service Delivery Systems*, 1977
Ostrom, Vincent et.al., Consumers as coproducers of public service, *PSJ*, 1981
Ostrom, Elinor, *Policing Metropolitan America*, 1977
Ostrom, Elinor, *Governing Commons*, Cambridge Univ. Press, 1990
Ostrom, Elinor, Crossing the Great Divide, in McGinnes, M. D. ed., *Policentric Governance and Development*, Univ. of Michigan Press, 1999
Parker, Rachel, Networked Governance or Just Networks?, *Political Studies*, 55, 2007
Parkhe, A. Strategic alliance structuring, *Academy of Management Journal*, 36, 1993
Pierre, J. ed., *Debating Governance*, Oxford Press, 2000
Rhodes, Rod, Marsh, David, *Policy networks in British government*, Oxford, 1992
Salamon, Lester M., *Partners in public service*, Johns Hopkins University, 1995
Sorensen, Eva & Torfing, Jacob, *Theories of Democratic Network Governance*, Palgrave, 2007
Sherry Arnstein, A Ladder of Citizen Participation, *Journal of the American Planning Association*, 35(4), 1969
Stoker, Gary. Governance as Theory, *International Social Science Journal*, 155, 1998
Susskind, M. et al., *Paternalism, Conflict, and Corproduction*, 1983
Teisman, Geert & Klijn, Erik-Hans, Partnership Arrangements, *PAR*, 62(2), 2002
Thomson, A. M. & Perry, J. L., Collaboration Process, *PAR*, 66 special issue, 2006
Thomson, A. M., et al., Conceptualizing and Measuring Collaboration, *Journal of Public Administration Research and Theory*,19, 2007
Weisbrod, Burton A., *The Nonprofit Economy*, Harvard University Press, 1988
Young, Dennis R., Alternative models of government-nonprofit sector relations, *Nonprofit and Voluntary Sector Quarterly*, 29(1), 2000

第6章
平成の大合併と市町村の変容

1　平成の大合併の概要と合併推進のしくみ

　日本の近現代史上、明治、昭和の大合併に続く「平成の大合併」（以下、単に「大合併」とも表記）は法制度上、第1次地方分権改革を進めるために1999年7月に成立した地方分権一括法に盛り込まれ、大幅に改正された合併特例法（合併旧法）を出発点として展開していく。この大合併は、合併旧法がその後一定の改正を経て2005年3月末に失効[1]するまでの前半期と、翌4月に施行された合併新法が2010年3月末に失効するまでの後半期とに区分されるが、この前後期合わせて10年あまりにわたり繰り広げられたことになる。

　その間、大合併前に3232あった市町村数は、前半期終了時には1821へ、さらに、大合併終了時には1727へと激減し、その後も合併がわずかながら進展し、2014年4月5日時点で1718となっている。後半期よりも前半期のほうが合併の進捗度が高いのは、後述するように、合併旧法のもとでの合併に際して手厚い財政支援が準備されていたため、関係市町村の多くが胸算用で早期の合併を判断したからである。

　合併の進捗度は、地域的には東日本よりも西日本のほうが高い「西高東低」の傾向を示し、かつ、大都市圏よりも地方圏のほうが高かった。前者については明確な根拠を見出すのは困難であるが、後者についてはやはり自治体財政の状況が大きく関係しており、事実、財政基盤の弱い小規模市町村ほど合併に邁進し、大合併の全期間を通じて人口1万未満の市町村数は1537から459へと約3割に激減したとされる（総務省，2010, p.6）。

　ところで、なぜこの時期に大合併が展開され、いかなるアクターがその推進主体であったのかというそもそもの疑問が出てこよう。第1に、財政上の背景

として、1990年代以降の景気低迷とそれへの対応策としての大規模な公共投資によって国地方の財政状況が悪化していき、99年以降、日本はイタリアを抜いて世界一の累積債務を抱えることになったことが挙げられる（川瀬, 2011, pp.33-36）。その結果、地方交付税特別会計の借入金残高は90年代以降2000年代にかけて急増し、98年度には19兆円、2004年には50兆円を突破した（川瀬, 2011, p.66）。このことが後述する地方交付税制度見直しの動向へとつながっていき、これと連動して市町村合併の推進がめざされるようになる。

　第2に、政治的背景として、自民党が1993年の衆院選挙敗北で初めて下野したことをはじめ、その後の国政選挙でもしばしば都市部で苦戦し、その原因とされた「大都市の不満」に対応する政策転換を志向する中、地方交付税の見直しや市町村合併といった争点が政治過程に浮上してきたという見解がある（今井, 2008, p.36）。これは自民党の「農村から都市への政治シフト」とでも表現しうる歴史的な政策転換であり、実際にその後、大都市に対しては小泉政権の下で「都市再生」などの政策が、農村部に対してはまさに本章のテーマである市町村合併などが実施されることになる。

　しかしながら、政権与党の背後には、財界諸団体が以前から系統的に市町村合併推進の提言を繰り返してきたことや、自民党以外の与野党の中にも合併推進を後押しする動きがあった（田村, 2013, pp.187-189）ことなどを考えると、合併の推進主体は重層的に折り重なっていると見るべきであろう。少なくとも、地方行政を所管する総務省を中心とした「官主導」の大合併であったという見方は適切ではない。ともあれ、2000年12月に閣議決定された行政改革大綱に「市町村合併後の自治体数を1000を目標とする」との当時の与党（自民・公明・保守）方針が示されたことをもって、平成の大合併は本格始動する。

■**合併をめぐる問題**　さて、大部分の市町村にとって、合併とは自治体自身の全部か少なくとも一部が消滅するというこのうえない代償を伴うものである。新設合併の場合、関係市町村すべてが消滅＝廃止されることになり、編入（編入合併）の場合、編入する側の市町村は存続するものの、編入される側の市町村はやはり廃止されてしまう。自治体の廃止は、自らの自治権の喪失を意味するから、通常、喜び勇んで合併に乗り出す市町村はあまり見られない。

政府は、こうした代償を少しでも和らげて合併を推進するために、合併特例法において数多くの特例措置を講じたのであるが、とりわけ合併旧法には大規模な財政上の優遇措置が盛り込まれ、その2大看板ともいえるのが地方交付税の算定替えと合併特例債の新設であった。

■**地方交付税の算定替え**　市町村、都道府県問わず全国の圧倒的大部分の自治体が地方交付税を受け、これを主要な財源として行政運営を維持しているのであるが、その交付額の算定に大きな影響を及ぼすのが自治体の人口規模である。基本的に地方交付税は、人口ごとの段階補正係数による調整を通じて当該自治体の人口が標準団体（市町村の場合、10万人）より小さいほど割り増しされ、逆の場合は割り引かれて算定される。それゆえ、市町村合併は一定の人口増大をもたらし、その分合併市町村が受ける地方交付税も、合併前の関係市町村が個別に受けていた交付額の総計よりも割り引かれるのが通常である。とくに、多数の市町村からなる広域合併ともなると人口の増大は著しくなるため、交付税も大きく下がるのが一般的である。政府からすれば合併が進展するほど地方交付税の削減＝経費節減につながるが、市町村からすれば合併すると地方交付税が減額され、合併に対する誘因が損なわれてしまう。そこで政府は、合併後10年間は合併前の関係市町村が個別に受けていた交付税の合算額を維持し、合併後11年目からは激変緩和措置によって交付税額を漸減していき、最終的に合併後15年目から当該合併市町村本来の交付税額にするという、地方交付税にかかる特例措置の規定を合併旧法に設けたのである。このように、合併をしても当面地方交付税は減らないという財政上の優遇措置が合併市町村に認められることになった。これが地方交付税の算定替えである。

■**合併特例債**　もう一方の財政上の優遇措置である合併特例債とは、合併に際して新市町村の基盤整備に関連する公共事業（たとえば、新庁舎の増改築、文化・運動施設の建設など、中には合併と直接関連性の薄いものも含めて）の事業費を賄うために発行する地方債の一種である。注目すべきは、合併市町村は各事業の総事業費の95％に対してこの特例債を充てることができ、しかもそのうちの70％を後年度政府が地方交付税で措置するというしくみが設けられたことである。したがって、合併市町村の負担は総事業費のおおむね3分の1強にとどま

り、小さな負担で大きな事業が可能なこのしくみは、合併市町村にとって地方交付税の算定替えにも勝る「のどから手が出るような美味しいアメ」（田村,2013, pp.181-182）と受け止められたようである。もっとも当然ながら、合併市町村が合併特例債を活用した事業を無制限に実施できるわけではない。当該合併市町村が発行できる合併特例債には上限額があり、それは、合併関係市町村の数が多くなるほど、また、合併前の関係市町村の中で最大の人口を有する自治体の人口から合併市町村の総人口がどの程度増えたか、その伸び幅が大きくなるほど、かさ上げされるしくみになっている。それだけに、市町村をより大規模な合併に駆り立てる誘引がこの特例措置に備えられていたといえよう。また、合併特例債の発行期限は、合併後10年以内とされている。

　なお、合併新法では以上の旧法における財政上の優遇措置は大幅に縮小された。合併特例債は廃止され、かつ、地方交付税の算定替えの特例期間が合併旧法では10年だったのに対し、新法では段階的に5年に短縮された[2]。いうまでもなく、市町村も合併する限りはより魅力的な特例措置にありつこうと、こぞって合併旧法のもとでの合併をめざした。その結果、平成の大合併の前半期の合併件数は582であるのに対し、後半期のそれは60にとどまっている（総務省「平成11年度以降の市町村合併の実績」）。

　以上の合併に伴う財政上の優遇措置は明らかに、政府の財政誘導における「アメ」の側面であったといえる。他方、政府は、そうしたアメとは裏腹に「ムチ」の側面でも財政上の統制などを駆使して、多くの市町村を合併に追い込んでいった。このムチによる政策は、大合併と並行して推進されたその他の制度改革を通じてなされたが、次節ではこの点について考察していきたい。

2　大合併と並行する諸改革の影響

　平成の大合併の展開過程を振り返ると、それ自体が単独であるいは独立して展開していったのではなく、これと時期的にほぼ並行して実施された、いくつかの制度改革と連動しながら進展していったことがわかる。それは、第1に、地方交付税制度改革、第2に、この地方交付税制度改革を継承・発展させたともいえる「三位一体改革」、第3に、第27次地方制度調査会において検討され、

大合併終了後における小規模市町村の抜本的改革案を示した「西尾私案」に整理される。

■**地方交付税制度改革**　まず、第1の地方交付税制度改革についてであるが、これは、とりわけ町村など小規模市町村の合併を促進するために、大合併の本格展開に先立つ1998年度から3カ年にわたって実施された。その内容は、地方交付税算定基準のひとつである段階補正の係数を引き下げ、人口4000人未満の市町村の地方交付税額を減額するものであった。前述のように、地方交付税額はひとつには自治体の人口規模に左右されるしくみになっているが、それを調整しているのが人口規模の段階ごとに設けられた補正係数であり、今回の改革は、係数が最も大きい段階に位置する町村、すなわち最も規模が小さい町村を狙い撃ちしたことになる。さらに、この改革が終了して間もない2002年度から3カ年かけて再び同様の改革が実施され、人口5万人以下の人口段階に属する市町村にも地方交付税削減の影響が及んだ（平岡，2003，pp.172-173）。

こうして、2段階にわたって実施された地方交付税制度改革は、地方交付税を最大の収入源としているところが多い小規模市町村の財源を直撃し、こうした市町村を合併に誘導する大きな要因となった。

■**三位一体改革**　第2の「三位一体改革」は、当時の小泉政権が喧伝した「構造改革」の主要2路線の一方を象徴する改革メニューに位置づけられる。郵政事業・道路関係4公団の民営化が「官から民へ」という構造改革路線であったとすれば、三位一体改革は「国から地方へ」という地方分権改革の名において進められた、いまひとつの構造改革路線を代表するものである。

三位一体改革は、先の地方交付税制度改革の延長上にあり、時期的には主に2004年度から2006年度にかけて段階的に実施された。それは、国から地方へ配分される地方交付税（臨時財源対策債を含む）及び国庫補助負担金の削減、国税である所得税の一部を地方税である住民税に上乗せすることによる、国から地方への税源移譲という3つの改革を同時・一体的に実施する、国地方双方にかかる税財源改革である。第1次地方分権改革では未着手となった、地方税の拡充という積み残し課題の達成がこの改革の目的であったとされるが、約3年にわたる改革の結果、地方交付税は5.1兆円、国庫補助負担金は4.7兆円それぞ

れ大幅に削減されたのに対し、税源移譲は3兆円にとどまった。市町村だけでなく都道府県も含めてもともと地方交付税不交付団体であった自治体の中には、たとえば東京都のように地方交付税削減の影響を完全に免れているのはもちろんのこと、補助金の削減を上回る地方税の増という恩恵を受けた自治体も確かに存在した。しかし、圧倒的大部分の自治体は地方交付税交付団体であるから、三位一体改革は、全国の自治体財政に深刻な影響を及ぼし、それまですでに実施されてきた一連の地方交付税制度改革と相まって、将来の財政見通しのメドが立たない市町村の多くを合併に駆り立てていくこととなった。

■「西尾私案」　第3の「西尾私案」とは、2002年11月、第27次地方制度調査会の西尾勝副会長が同調査会内の専門小委員会に提出した改革私案（「今後の基礎的自治体のあり方について（私案）」）のことである。私案の中で合併推進との関連でとくに注目されるのは、まず、合併旧法が失効する2005年4月以降、新たな合併関連法による合併推進について、「合併によって解消すべき市町村の人口規模（例えば人口○○）を法律上明示し、都道府県や国が当該人口規模未満の市町村の解消を目指して財政支援策によらず合併を推進する方策」が主張される[3]。加えて私案は、それでもなお合併の有無にかかわらず一定規模以上の人口に達しない小規模市町村が残存することを見越したうえで、そうした市町村について、今後も継続されるであろう地方分権改革の受け皿として重要な事務を担うことは困難であるとし、これまでの町村制度とは異なる「特例的な制度」を設けるとしている。この特例的制度は2パターンあり、ひとつは「事務配分特例方式」、もうひとつは「内部団体移行方式」であるが、著者なりに要約すれば、私案ではそれぞれについて次のように説明されている。

　前者の事務配分特例方式が適用される市町村の事務権限は、法令による義務づけのない自治事務や、窓口サービスなどの法令上義務づけられた事務の一部を処理するという、概して基幹的ではない権限に限定される。一方、法令上義務づけられたその他の基幹的な自治事務については、都道府県を中心に、近隣の基礎的自治体（とくに市）、広域連合が当該自治体に代わって処理する。したがって、こうした事務の軽減に伴い、当該自治体の組織や職員は極力簡素化が図られ、たとえば、首長と議会は引き続き置くものの、議員は原則無報酬とし、

助役・収入役などの特別職[4]）、教育委員会や農業委員会などは置かないこともありうる。後者の内部団体移行方式が適用される市町村は、他の基礎的自治体に「内部団体」として編入され、その際、旧町村名を残すことも可能とされ、編入先の選択は「当該市町村の意見を聴いて、都道府県知事が当該都道府県議会の議決を経て決定」される。そして、この内部団体の事務権限や組織は、事務配分特例方式が適用される自治体と比べてもいっそう大幅に縮小化・簡素化され、法令ではなく編入先の基礎的自治体の条例によって定められる。また、内部団体の財源については、基礎的自治体からの移転財源を除けば、当該内部団体の住民負担による。

以上の両方式の特徴点を整理すると、事務配分特例方式を選択する市町村は、合併そのものについては回避できる一方、現行制度と比べて権能・組織ともに大幅に見劣りする、いわば「2級自治体」に改編されることになる。内部団体移行方式を選択する自治体は、形式的には通常の合併をせずに済むものの、「編入」される限り実質的には合併するに等しいことになる。市町村合併のひとつの方式である編入との違いは、内部団体という受け皿があることによって極々簡素ながらも条例による組織と事務権限や、住民の自発性に基づく財政運営の余地がわずかながら残されている点である。ただし、この内部団体には事務配分特例方式のように首長や議会を置くことは想定されていない。

■「西尾私案」の影響　こうして、小規模市町村に対して強制合併か、その代替策としての特例的制度導入による抜本的、いや解体的ともいえる機構改革かを迫る、西尾私案は当然のことながら、とりわけ小規模市町村の関係者に強い衝撃を及ぼし、村の切り捨てであるなどとして公表直後から全国町村会の大反発を受けた。

しかし、私案の内容の多くは結果的に、その公表の1年後にまとめられた第27次地方制度調査会「今後の地方自治制度のあり方に関する答申」（2003年11月13日）に少なくともストレートなかたちで反映されることはなかった。まず、「合併によって解消すべき市町村の人口規模」を法律で明示するとしていた点は、「おおむね人口1万未満を目安とすることとするが、地理的条件や人口密度、経済事情のほか、現行合併特例法［本章でいう合併旧法のこと…著者］の下で

合併を行った経緯についても考慮することが必要」と、相当程度弾力的な表現に改められ、これが法制化されることはついになかった。また、事務配分特例方式についても「答申」では「引き続き検討する」にとどまった。

にもかかわらず、注目すべきは、西尾私案が公表されたこと自体が「脅し」となって、人口1万未満の市町村の多くを合併に追い込む効果を大いに発揮し、実際、全国的に合併協議に参加する市町村数が急増し、「駆け込み合併」あるいは「合併雪崩」の流れが形成されたことである（加茂, 2003, pp.12-13）。西尾私案だけが、合併の唯一のきっかけではないにせよ、これが小規模市町村の多くを合併へ邁進させる起爆剤になったことは事実であろう。

前節では、政府の合併推進策のうち財政上の優遇措置に代表される「アメ」の側面について検討してきた。さらに本節では、政府の「ムチ」の側面に焦点を当てて、小規模市町村を標的に据えた一連の税財政制度改革が合併推進にもたらした影響について、さらに、強制合併及び抜本的な機構改革を試みた西尾私案が小規模市町村に及ぼした衝撃について、それぞれ言及してきた。これらの検討を通じて、硬軟両方の要素をもつ諸政策が相互に連動・増幅することによって、大合併が進展していく制度や過程について解明してきた。

それでは、大合併から一定期間経過した今日、市町村は大合併を境に、いかなる行財政上の変化を被ったのかという論点をめぐって、次節以降で検討を進めていきたい。

3 大合併後における市町村行財政の変化

平成の大合併と並行する諸改革を経て、市町村はどう変わったのか。この問いには非常に多岐にわたる論点が絡んでおり、本章で全面的に検討することはできない。そこで本節では、行財政上の変化の中でもとりわけ著しい変化と目される、市町村の職員定員削減の動向を中心に考察していくこととする。

その際、この課題へのアプローチとして、個々の特定の市町村に着目して、その合併前・後それぞれの状況を比較するという方法もあるが、ここではそうした方法も部分的には採用するものの、合併市町村のみならず非合併市町村も含めた、全国の市町村全体のマクロ的な状況を比較するという方法を主として

採用することにする。それは、この間実施されてきた諸改革が非合併市町村に対しても確実に多大な影響を及ぼしてきたからである。その意味でも、こうした課題の検討に入る前に、取り上げなければならないことがある。2005年4月に合併新法が施行され、平成の大合併も後半期に突入するまさにその時期、政府は都道府県も含めた全自治体を対象とする新たな地方行革を実施し、大合併によるものに加えてさらなる自治体経費削減を図っていくことになる。

■新地方行革指針　政府の「今後の行政改革の方針」（2004年12月24日閣議決定）を踏まえて、総務省は「地方公共団体における行政改革の推進のための新たな指針」（「新地方行革指針」）を策定し、これを翌年3月29日に全自治体に通知した。なぜ、この時期に政府が新たな地方行革を実施する必要があったのか。それはおそらく、合併市町村が「放漫財政」に陥ることを未然に防ぐとともに、これを機会といわんばかりに、非合併市町村や都道府県も含む全自治体に行財政上の統制を加えることを政府は意図していたのではないだろうか。

さて、「指針」は全自治体に対し、当該自治体の行政改革大綱などの見直しとそれに基づく具体的な取組みが盛り込まれる「集中改革プラン」（改革期間2005-10年度）を、次の項目に基づいて2005年度中に策定・公表することを義務づけた。それは、①事務・事業の再編・整理、廃止・統合、②民間委託等の推進（指定管理者制度の活用を含む）、③定員管理の適正化、④手当の総点検をはじめとする給与の適正化、⑤市町村への権限移譲、⑥出先機関の見直し、⑦第三セクターの見直し、⑧経費節減等の財政効果、⑨その他、と多岐にわたる（⑤及び⑥については都道府県に限る）。これらの項目のうち市町村の行財政にとって最も重要なものは、③定員管理の適正化、すなわち定員減を通じた人件費の削減である。人件費は自治体の歳出全体の中でも高い比率を占め、その増減は大きな変動をもたらす。

■市町村の人件費削減　表6-1は、2005年度から12年度にかけての特別区、一部事務組合等を含む市町村全体の人件費とその内訳を示したものである。まず、ここから明らかなのは、この期間中、一部のカテゴリーが一定の増加傾向を示している一方、特別職（市町村3役）給与、議員報酬手当が大激減していることである。総務省によると、今回の合併により、特別職・議員合わせて約

2.1万人減少し、年間1200億円の経費削減が見込まれるとされる（総務省，2010，p.17）。全国で合併が進むほど首長ら特別職や議員が減るのは当然であるが、さらに特筆すべきは、人件費全体の中で圧倒的大部分を占める職員給等が率にして11％以上、額にして1兆1000億円も急減していることである。

表6-1　市町村人件費とその内訳

単位百万円

	職員給等*	委員等報酬	議員報酬手当	特別職給与	その他	合計
2005	9,404,400	430,667	260,269	89,637	70,718	10,255,691
2006	9,347,164	397,553	242,467	73,485	63,314	10,123,983
2007	9,395,305	420,992	221,263	68,272	63,532	10,169,364
2008	9,111,177	416,934	218,933	65,798	62,688	9,875,530
2009	8,879,366	441,023	209,835	62,332	65,418	9,657,974
2010	8,613,120	482,865	202,218	59,829	68,042	9,426,074
2011	8,562,296	458,344	197,894	59,621	87,550	9,343,605
2012	8,302,834	480,643	195,169	59,576	75,812	9,103,934
12/05年度	88.3	111.6	75.0	66.5	107.2	88.8

*職員給等には、職員の基本給・各種手当をはじめ、臨時職員の給与、地方公務員共済組合等負担金、退職金、恩給および退職年金、災害補償金が含まれる。
*2011・12年度の合計額は、東日本大震災分としてそれぞれ221億円、201億円を差し引いた通常収支分である。それゆえ、計が完全に一致しない。
（各年度の地方財政白書及び市町村普通会計決算の概要のデータをもとに作成）

表6-2　市町村の人件費等と歳出純計額

単位億円

	人件費(A)	職員数(人)	一般行政関係職員(人)	歳出純計額(B)	(A)/(B)
2005	102,557	1,109,078	772,168	490,607	20.9
2006	101,240	1,085,375	756,214	479,465	21.1
2007	101,694	1,061,145	738,848	482,233	21.1
2008	98,755	1,033,933	720,232	483,884	20.4
2009	96,580	1,012,821	706,282	520,184	18.6
2010	94,261	995,398	695,475	521,241	18.1
2011	93,436	981,549	686,297	516,129	18.1
2012	91,039	971,904	679,530	511,319	17.8
12/05年度	88.8	87.6	88.0	104.2	85.2

*2011・12年度の歳出純計額は、東日本大震災分としてそれぞれ1兆2772億円、3兆446億円を差し引いた通常収支分である。
（各年度の地方財政白書及び市町村普通会計決算の概要のデータをもとに作成）

表6-2からは、このことを裏づけるように、市町村行政の中核を担い、全職員の約7割を占める一般行政関係職員の減少がほぼそのまま、市町村人件費の大幅押し下げに寄与していることがわかる。それとともに、歳出額に占める人件費比率の低下傾向も続いている。近年、人事院によるマイナス勧告が相次ぎ、また、それとは別に少なくない市町村が独自の判断で給与カットを実施してきたことから、給与水準自体が低下している面も否めないが、やはり人件費

削減との関係では大幅な定員削減がもたらす効果はこれとは比べものにならない。2009年度の歳出額が前年度よりも大きく増加しているのは、その前年に発生したリーマン・ショックなどに端を発する世界金融危機に対応するために、国が主導して地方も巻き込んだ大規模な経済政策が講じられたためである。

また、この間一貫して、市町村の民生費が高齢化の影響や貧困化に伴う生活保護費の増を受けて、毎年数千億円程度の急激な上昇幅を刻み続けており（2005年度：11.6兆円→2012年度：16.8兆円　各年度の『地方財政白書』より）、当面、この傾向に変化の兆しは見られない。さらに、2011年3月に起きた東日本大震災の影響も無視できない。こうした市町村財政のコスト増はもちろん、合併とは無関係に発生するものであるが、ともあれこの間、歳出規模を何とか一定の枠内に抑制できているのは、やはりドラスティックといっても過言ではない職員削減による人件費の圧縮が決定的に寄与しているためと考えられる。

合併市町村の場合、合併協議の過程で合併後の自治体づくりの見取り図ともいえる市町村建設計画（10カ年計画）が作成されることになるが、そこに盛り込まれる職員定員関連事項については、合併による規模拡大を踏まえて、おおよそ合併後数年から10年程度の期間を設けて削減計画が講じられるのが通常である。というのも、一般に職員数は自治体の人口規模が大きいほどスケール・メリットの効果により対住民比率で少なくなるからである。加えて、前述の集中改革プランの策定・実施は、合併市町村だけでなく非合併市町村、さらには都道府県も含む全自治体に課されることになるから、定員削減は著しく進展することになる。指針は、「過去5年間の地方公共団体の総定員の状況は、各団体の努力により4.6％（平成11年から平成16年）純減している。今後は、市町村合併の進展、電子自治体や民間委託等の推進等を踏まえると、過去の実績を上回る総定員の純減を図る必要がある」と、自治体に対してさらなる「奮闘」を呼びかけている。

■**集中改革プランの結果**　総務省の「集中改革プランの取組状況」によると、2005年から2010年の間、政令市を除く全国の市区町村の職員定員は10万人超、率にして9.9％削減された。さらに、同省「集中改革プランにおける定員管理の結果」によると、定員削減率上位10位にはやはりというべきか2006年に財

政破綻に陥った夕張市64.8％を筆頭に、愛知・東栄町47.6％、千葉・鋸南町47.2％、富山・氷見市46.0％、北海道・新十津川町41.2％、東京・青ヶ島村38.2％、千葉・銚子市37.4％、福島・泉崎村36.4％、長野・野沢温泉村35.5％、大阪・忠岡町33.9％が入っている。一見奇妙に見えるのは、忠岡町を除いて他はすべて、西日本と比べて相対的に合併が進捗しなかった東日本の市町村であり、しかも、列挙した市町村すべてが非合併市町村であることである。これらの市町村はおおむね、地理的不利条件や財政状況の悪化などそもそも不安定要素を抱えており、そのことが合併の支障となっていたとも考えられるが、そうであるからこそ、合併をしない代わりに忍び寄る財政危機への対応・自衛策として、自ら身を削る激しい行革に着手せざるをえなかったといえる。

　なお、この総務省の「定員管理の結果」に示された、2005年4月1日時点及び2010年同日時点の市町村定員数を著者が独自に集計したところ、平均削減率ではやはり合併市町村が非合併市町村をいくぶんか上回っている。政令市を除く市の削減率は、合併市417では11.7％に対し非合併市350では10.5％、町村のそれは、合併町村161では14.6％に対し非合併町村777では10.8％となっている。いずれにせよ、合併をしようがしまいが、多くの市町村を待ち受けていたのは、大幅な定員削減に代表される行革の大ナタだったのである。

　すでに市町村の職員は1996年の155万人をピークに以降一貫して減少傾向をたどり（総務省，2008, p.33）、この間、大合併及びこれと並行する諸改革とが相まって、その流れはいっそう促進されたといってよい。それでは、以上の改革を通じて市町村の人件費が大幅に削減され、その結果、効率的な市町村、あるいは地方分権の受け皿にふさわしい確固たる基盤を有する市町村が確立されると、手放しで評価してよいものだろうか。

■職員削減の影響　　第1に、いつまでも永遠に人員削減が続けられるわけではない。すでに削減計画目標を達成して定員の維持段階に入った市町村も出てきている。さらなる経費削減の余地が狭まる中、今後も増大する社会保障・社会福祉関連の財源確保の課題はどの市町村にも降りかかり、これには国の対応も不可欠である。第2に、職員の削減は市町村行政の多方面に影響を及ぼすものと考えられる。職員自身の多忙化や職場環境の変化はもとより、行政サービ

スの水準低下、手薄になりがちな支所体制、防災体制の弱体化など、最終的には住民の生活サポートにつながる問題が懸念される。

合併のデメリットのひとつに、住民と役所・役場との距離（感）が広がるとの主張がしばしば指摘されるが、職員の減少はこの傾向に拍車をかける可能性がある。

■**自治体財政健全化法**　　ところで、こうした日本の地方制度史上最大規模ともいえる未曾有の職員削減と合併が同時進行する中、夕張市が財政破綻したことを直接の契機に、翌2007年、自治体財政に対する新たな中央統制のしくみとして、従来の地方財政再建促進特別措置法に代わる自治体財政健全化法が制定された。この新法は、2008年度以降の自治体決算を対象に2009年4月に全面実施された。新法には財政の健全性を判断する4指標（実質赤字比率、連結実質赤字比率、実質公債費比率、将来負担比率）が導入され、自治体は、4指標のうちひとつでも早期健全化基準を超えると財政健全化団体に、さらに財政状況が悪化して、将来負担比率を除く3指標のうちひとつでも財政再生基準を超えると財政再生団体に指定され、それぞれのレベルで政府の統制下に置かれることになる。また、同法は、公立病院など自治体の公営企業、公社、第三セクターの会計をも統制化に置き、これらの事業体の民間化を促すしくみとしても機能しているとされる（平岡・森，2010，pp.39-41）。これまでのところ財政再建団体に指定された自治体は、すでに旧法の適用を受けて財政再建団体に指定されていた夕張市のみであるが、財政破綻後の同市は、既述のとおり前代未聞の職員削減ないし大量退職をはじめ、首長から末端職員に至るまでの大幅な給与カット、公共施設の統廃合、公共料金の大幅値上げ、各種事務事業の見直しなど、財政再建のために過酷なリストラを余儀なくされている。

翻って考えると、自治体財政健全化法はこうした夕張市の惨状を「みせしめ」にすることで成立した産物であったといってよい（保母，2007，p.38）。今後、自治体財政に対する新たな統制のしくみは、職員の削減だけにとどまらないさらなるスリム化を自治体に促すであろうし、自治体側は、市町村合併や集中改革プランが終了してもなお、財政指標の数値を常に念頭に置いた行政運営を迫られることになろう。

■合併特例のツケ　今後、合併市町村には非合併市町村にはない財政上の関門が待ち受けている。第１節でも言及したように、地方交付税の算定替えの特例期間及び激変緩和期間が終了し、合併特例債の償還も開始されるからである[4]。いや、すでにその時期にさしかかっている市町村が現れ始めている。とくに広域合併したところほど、この両特例措置によって上積みされた額は大きくなるだけに、地方交付税の落ち込みも合併特例債の毎年の償還額も大きくなる可能性がある。合併特例債の償還は、３年据え置き、15年償還が基準（高木，2006, p.66）とされていることから、合併後かなりの長期にわたって償還が続くことになる。総事業費３分の１強の自己負担は決して軽くはないと見るべきである。

4　合併による規模拡大の帰結と今後の市町村

　本章を締めくくるに当たって、次の２点について考えてみたい。
■市町村の適正規模　第１に、市町村合併は必然的に自治体の規模拡大をもたらすが、このことが合併市町村にいかなる帰結をもたらすのか。市町村合併がもたらす主なメリットのひとつに、しばしば行財政の効率化が挙げられる。それはある意味では、人件費の大幅削減を通じてある程度達成されたかのように見える。そして、行財政の効率化との関連で市町村の「適正規模」に関する議論がこれまでも交わされてきた。今日でもこれについて確たる共通認識は形成されていないものの、ひとつの仮説として、住民１人当たりの最少歳出額に照らして約17万人が最適規模であり、これに大雑把な幅をもたせて10万から30万人規模の市町村が効率面で優れているとの見解がある（佐々木，2002, pp.53-54）。しかし、こうした「適正規模」論については次のような疑問が残る。

　たとえば、今回の大合併で新たに成立した岐阜・高山市は東京都の面積に並ぶ全国一広い市町村であるが、人口は合併時点で10万人に満たない。しかし、同市が、大都市圏に立地する同規模の都市と同程度に効率的な行財政の条件を有するとは考えられないだろう。同様に、人口が60万人を切る最小の県である鳥取県の全土を、この適正規模論の観点からわずか２つ、３つの20万から30万人程度の都市に分割すれば、効率的な市町村が実現するのだろうか。適正規

模の数値は、現在ある市町村の規模と財政を比較考量して求めているに過ぎず、概して都市的地域に立地する市町村の条件に引きずられる傾向がある。自然環境、産業構造、地域社会といった条件を同じくする市町村は2つと存在せず、本来、適正規模は地域住民の日常生活圏からなる地域の一体性から考慮されるべきものであり（今井，2008，pp.58-63）、この条件を欠いた合併はかえって行財政の非効率をもたらすはずである。

■**合併によらない広域行政**　第2に、今後、市町村に新たな再編の動きはあるのだろうか。道州制が導入されればそれがさらなる合併推進の引き金になるという、しばしば耳にする主張についてその可能性は否定できないと思われるが、ここでは現行の地方制度を前提に、合併によらない新たな広域行政の展開について言及しておこう。広域行政のしくみといえば、従来からある一部事務組合や広域連合などがすぐに念頭に浮かぶが、近年、これらに加えて新たなしくみや取組みが始まっている。ひとつは、定住自立圏構想である。これは、平成の大合併の後半期にあった2009年から総務省が開始した制度であり、地方圏において中心市とその周辺市町村とが、地域住民の生活サポートの面で相互に連携・協力することにより、定住人口の維持を目標とするものである。

とくに、中心市には周辺市町村と比べて公共施設や商業基盤の整備状況が相対的に良好であることから、周辺市町村がそうした施設を相乗りするかたちで利用できるというメリットがあるとされる。ただし、この制度が軌道に乗るためには、中心市が、自ら「中心市宣言」を行うことを手始めに、関係市町村間での定住自立圏形成協定の締結及び定住自立圏形成方針の策定を踏まえて、いざ連携・協力関係に入るに至るまで、終始、中心市に強力な主導性が求められる。また、このこととも関連して、中心市と周辺市町村との間に一種のパターナリズムが形成されるおそれもある。こうした障害をどう克服していくかが、この制度の発展を左右すると考えられる。

もうひとつは、市町村の一定の事務を都道府県に委託する動きである。従来の地方分権改革の基本構図は、国→都道府県→市町村という一方通行的な事務権限の移譲に偏重していたが、この動きはそれとは逆の流れを示すものである。とくに小規模町村では対応困難な事務について、広域自治体として現行の都道

府県が有する補完・支援機能でもって対応しようとする意図がここから読み取れる。もっとも、この取組みについてはやり方次第では、2で言及した西尾私案における事務配分特例方式に類似してくる可能性は否めない。それだけに、関係市町村の要望を踏まえた丁寧な対応が都道府県に求められよう（榊原, 2014, pp.53-54）。

　以上の制度や取り組みは図式的には、それぞれ「水平的連携・補完」、「垂直的連携・補完」とでもいえようが、いずれも、市町村合併の論理に組み込まれ、市町村は自ら単独でその事務を完遂しなければならないという「フルセット主義」から「自治体間連携・補完」への発想転換を示しているといえる。合併によらない方法で市町村の将来を構想するためには、ひとつにはこうした着眼点が重要なヒントになると考えられる。

1) ただし、2006年3月末までの合併については経過措置として合併旧法が適用された。
2) 具体的には、2005・2006年度に合併した場合の特例期間は9年、2007・2008年度の場合は7年、2009年度の場合は5年となる。こうした各特例期間に、徐々に交付税額が減額される激変緩和期間の5年が加えられるが、この点は合併旧法の規定と変わらない。
3) ここで伏せられている人口規模とは、当時、一般的に「1万」と解されていた。
4) 市町村の助役・収入役は、都道府県の助役・出納長とともに、2006年5月に改正された地方自治法の施行により、2007年3月末ですでに廃止されている。

■引用文献

今井照『「平成の大合併」の政治学』公人社、2008年
兼村高文「合併特例債に踊った篠山市」町田俊彦編著『「平成の大合併」の財政学』公人社、2006年
加茂利男「平成地方制度改革の軌跡と展望」加茂利男編著『「構造改革」と自治体再編』自治体研究社、2003年
川瀬憲子『「分権改革」と地方財政』自治体研究社、2011年
榊原秀訓「分権改革の総括と課題」『自治と分権』no.55、2014年
佐々木信夫『市町村合併』筑摩書房、2002年
総務省『「平成の合併」の評価・検証・分析』2008年6月
同上「「平成の合併」について」2010年3月
高木健二「合併特例債は「疑似餌」」前掲、『「平成の大合併」の財政学』
田村秀『道州制で日本はこう変わる』扶桑社、2013年
平岡和久「地方交付税と農山村自治体」前掲、『「構造改革」と自治体再編』
平岡和久・森裕之『検証・地域主権改革と地方財政』自治体研究社、2010年
保母武彦『「平成の大合併」後の地域をどう立て直すか』岩波書店、2007年

第7章
道州制と地方制度の未来

1 道州制の特質と可能性

(1) 道州制とは

■**道州制の推移**　道州制の歴史は長く、1890（明治23）年に府県制が施行されて以来、府県の区域を超える広域の地方行政機構あるいは広域自治体としての「道州」を導入する議論が繰り返し提起されてきた。まず、1927年、田中義一内閣から「州庁設置案」が打ち出された。また、戦時中には国防体制強化のため、1943年に地方連絡協議会、1945年の終戦直前に地方総監府が設置されている。

戦後、地方自治法制定後は、1956年に第4次地方制度調査会から都道府県制度自体を廃止する「地方制」案と、「都道府県合併」案の2つが論議され、僅差の多数決で「地方制」案が答申された。このときは岸内閣時代で、「地方」という広域地方行政機構を導入し、その長官は官選にするというものだった。

高度成長期に入ると、主として関西や中部の経済界から都道府県合併による道州制の提案があった。1960年代初めには、過密化する首都圏問題に対応するため、国直轄の「首都圏庁」やアメリカの首都ワシントン（コロンビア特別区）を模した「首都特別区」などの調査研究も行われている。このように道州制はさまざまな形で長く論議されてきた。

■**道州制の浮上**　その後、都道府県制度が定着するにつれて、道州制論議は下火になったが、1980年代末からの地方分権改革論議の中で、再び道州制が主として財界などから主張され始めた。1990年代の地方分権推進委員会では道州制論は抑えられ、機関委任事務制度の廃止と国から地方への権限移譲、市町村合併、広域行政などが焦点だったが、2000年代に入ると、財界、自民党、民主

党、民間団体などから広く道州制が提起され、政府レベルでも、2003年に第27次地方制度調査会が「都道府県の自主合併手続の整備」を答申するとともに、道州制の検討にも言及するに至った。

これらを受けて、2004年に発足した第28次地方制度調査会が、筆頭の諮問事項として道州制を審議し、2年にわたる審議を経て2006年2月に「道州制に関する答申」を小泉首相（当時）に提出した。都道府県制度に代えて道州制を導入するという大改革で、具体的な区割り案（9・11・12案）も例示されていた[1]。

(2) 第28次地方制度調査会答申

答申の契機となったひとつは、経済のグローバル化によって、経済活動のスケールが拡大する一方、それと地方行財政システムのスケールが齟齬をきたしたという認識である。また、「地方分権改革」を進めるべく、明治以来の都道府県制に代えて道州制を導入することで、単に地方制度改革にとどまらず、国の中央集権構造改革という認識もあったと観察される。

二層の地方自治体構造に関して、市町村については「明治の大合併」（1890年から1900年頃）、「昭和の大合併」（1953年から56年頃）、そして「平成の大合併」（1999年から2006年）を経て、市町村は7万余から1800弱にまで減少している。市町村規模は拡大し、明治期の「廃藩置県」以来46（戦後、沖縄を入れて47）と数も規模も変わっていない都道府県制度にインパクトを与えてきた。

社会経済活動のスケールも拡大し、第5次までの全国総合開発計画等によって、「一日交通圏」や「高度情報通信ネットワーク」が整備されている。明治初期の徒歩の時代とは雲泥の差である。2000年の地方自治法改正によって本格化した地方分権改革も影響している。改革のエンジンとして道州制が期待された面がある。

■第28次地方制度調査会答申の主内容　　第1に、これまでの都道府県―市町村という二層制の地方自治制について、都道府県を解消して、新たに自治体としての道州を導入し、道州―市町村の二層制地方自治に転換することである。

ただし、都道府県の区域は歴史的にも国民意識に定着しているので、道州制によって「自治体」ではなくなっても、都道府県の区域は「道州制内部の区域・名称」として残すことも考えられている。具体的な道州の区割り案が3案

例示されているが、これは東北と中国・四国そして東京・関東圏を統合するか分割するかによる。区割りで最大の懸案は東京の扱いである。

(3) 東京都制と道州制

第28次地方制度調査会答申では、東京は経済活動が広域的なので、「東京都及び周辺の県の区域を合わせて一つの道州とすることが基本となる」としつつ、「その中心部が有する大都市等としての特性に応じた事務配分や税財政制度等の特例を設けるだけでなく、これに加えて区域に関しても特例的な取り扱いをするという考え方もあり、たとえば、東京都の区域（または現在特別区の存する区域等）のみをもってひとつの道州（またはそれに相当する何らかの自治体）とすることも考えられる」と述べている。この場合、この東京州と周辺の道州との広域連合などの広域調整のしくみが必要になるとも述べている。いずれにしても、東京については流動的な要素が多い。

■**東京都の道州制認識**　東京都は2005年11月の『行財政改革の新たな指針』において、「道州制については、地方分権を推進し、大都市の役割を明確に位置づける視点から、議論を進めていくことが重要である」との認識に立ち、道州制移行に際して「東京単独州」には消極的で、東京圏全体の経営の視点を打ち出している。一方、二層制を前提にした大都市の総合性・一体性を確保する制度の類型としては、23特別区の再編を示唆しつつ、①都内の複数基礎自治体から大都市が構成される、②大都市の核となる区域を限定し、単一の基礎自治体とする、③大都市区域を単一の基礎自治体とする、④大都市を包含する広域自治体が大都市の経営主体となる、⑤複数の独立した大都市を包含する広域的自治体が大都市経営の主体となる、の5つの再編イメージを提示している[2]。

以上のうち、⑤は道州制の導入などで広域自治体がさらに拡大したときのイメージだが、域内が多極化している場合には、異なる大都市の経営に道州が総合的な責任をもつことは困難であり、道州における大都市地域の人口・面積の割合や行政課題の共通性に即して慎重に検討する必要がある、としている[3]。

(4) 道州制の可能性と課題

しかし、道州制構想はその後、迷走を繰り返す。道州制推進基本法案の国会提出は、幾度も見送られ、2014年6月の通常国会でも秋の臨時国会でも見送ら

れた。宮城県知事など8道府県知事と15政令指定都市市長は「道州制推進知事・指定都市市長連合」を結成する一方で、山形県知事や福島県知事など8知事は慎重対応を求める要望書を提出し、合併の強行を危惧する全国町村会と全国町村議会議長会は強力に反対している。自民党内部でも意見は割れている。要するに道州制をめぐる国民世論は分裂しているのである。

こうした状況を受けて道州制推進基本法案は、当面棚上げにされる可能性が強まった。自民党の佐田玄一郎道州制推進本部長によれば、代わりに複数の都道府県による広域連合の形成を促す新たな法案を検討すると報道されている。これは全国町村会などが反対していることを配慮し、2015年4月の統一地方選挙に向けた政治的判断と見られる。それに加えて、推進に積極的だった日本維新の会やみんなの党の地盤沈下で推進力にかげりが見えていることもある。

しかし、問題は道州制構想が国民全体のテーマになっていなく、政治力学の函数として浮沈を繰り返していることにある。何のための道州制なのか。道州制になったら国民生活はどう変わるのか。道州制と都道府県合併はどう違うのか。道州制は国のあり方を変えるのか。これらを国民世論に訴え、その同意と支持を獲得しない限り、道州制の未来はないだろう[4]。

2　大都市制度改革の動向

(1)　東京都特別区

第28次地方制度調査会「道州制のあり方に関する答申」では、とくに大都市についての言及はなかった。「大都市圏域においては、道州との関係において大都市圏域にふさわしい仕組み、事務配分の特例及びこれらに見合った税財政制度等を設けることが適当」とされている程度だった。むしろ、地方制度調査会では「指定都市は歴史的に都道府県並みとされてきたが、道州制に移行すると、人口も面積も大幅に拡大されることとなり、指定都市は道州並みとはいえなくなるため、あえて特例制度を設ける必要があるのか」といった意見が看取されている[5]。

しかしながら、今日の大都市は社会経済的に大きな役割を担い、同時に多くの課題を背負っている。たとえば、①国土全体のヒト・モノ・情報の重要な結

節点として国の骨格を形成している、②経済的活力、文化・芸術など、新しい価値創造の拠点として国全体を牽引している、③先進的な施策の推進によって、全国諸都市をリードしている、④高次な都市機能が集積し、大都市圏の中枢都市として都市圏全体の中心的役割を果たしている、他方で、⑤都市型災害、交通問題、ホームレス、雇用対策、都市インフラの老朽化、地球温暖化への対応などの問題解決を迫られている[6]。

現行の地方自治法は大都市制度として「大都市に関する特例」（指定都市制度）と「特別区」（都区制度）を設けている。

■特別区再編論議　近年の特別区に関する議論は以下のようである[7]。戦後の特別区発足以来の都区制度改革運動は、23区横並びで行われてきた。しかし、高度成長期の東京集中、1980年代後半の東京一極集中で、千代田・中央・港の都心3区をはじめ、新宿、渋谷区などは業務機能の集積が進み、それとともに夜間人口が急減するに至った。2010年で千代田区の夜間人口は5万を切っているが、昼間人口は80万を超えている。このような昼夜間人口格差は異常である。ニューヨークのマンハッタンとほぼ同面積の都心3区プラス新宿区のオフィススペースの合計は、すでにマンハッタンを超えているが、定住人口はマンハッタンの方が東京の2～3倍といわれている。これは、都市計画・用途地域制、都市政策・土地政策の相違によるところが大きい。

他方の世田谷、練馬、足立、大田区などは人口60万を超えており、政令指定都市に近い人口規模となっている。こうした状況から特別区の都市自治体としての条件をさらに整備していくためには、23区を再編成する必要性が改めて論議されている。都が2001年1月に出した多摩地域市町村の合併方針では、特別区は対象とされていなかった。都心3区については、当時、政府直轄案などが提起されていた。

かつて石原知事は都区制度が前近代的なもので、23区を3つくらいのブロックにまとめる必要があるとの考えを披瀝していた。それも首都圏7都県市（東京都、神奈川県、千葉県、埼玉県、横浜市、川崎市、千葉市）を首都州のような広域行政体にして、その中で23区のあり方を考えるというスタンスだった。

23区を8つくらいに分け、それぞれを人口100万規模の政令指定都市にする

ことや、首都の特例として30万以上の区は政令指定都市並みに扱い、それ以外の区はなるべく合併して30万以上を目指すという提案もあった（佐々木信夫）。さらに佐々木教授は、都心3区や新宿、渋谷、品川、豊島、文京、台東区など山手線に絡む連坦エリアを合併した人口100～200万の「新東京市」の創設も示唆していた。

(2) 政令指定都市制度の問題点

政令指定都市には、複雑多様な大都市行政を合理的・機能的に執行し、市民福祉の向上に資するため、一般の市にはない制度上の4つの特例＝「事務配分上の特例」「行政関与の特例」「行政組織上の特例」「税財政上の特例」がある。いわゆる大都市特例である。

しかし、政令指定都市は、基本的には府県に包括される一般市町村と同じ枠組みの中で、一部大都市特例による特別の扱いがされているに過ぎず、問題点が多い[8]。府県の枠の中の政令指定都市制度では、大都市の位置づけが不明確で、府県との役割分担が曖昧になっており、大都市の複雑なニーズ及び問題に十分対応できない。

また、政令指定都市の指定には法律上の明確な規定がなく、政令による指定なので、政府のそのときどきの政策的判断に左右されやすい。合併促進のための人口など指定要件の大幅緩和などが典型例であるが、これらは大都市制度としての政令指定都市制度がすでに制度の客観性や合理性を失い、破綻していることを物語る。

■**政令指定都市制度の問題点**　整理、列記すると以下のようになる。

① 基本的に一般市町村と同一の制度を適用
② 地方自治制度の中で、大都市の位置づけや役割が不明確
③ 特例的・部分的で一体性・総合性を欠いた事務配分
④ 府県との間で生じている二重行政・二重監督の弊害
⑤ 大都市の財政需要に見合った税財政制度の不存在
⑥ 大規模自治体としての住民自治・参加機能が発揮しにくい
⑦ 指定要件が曖昧で、政府の政策的判断に左右されやすい

政令指定都市制度は、戦前から特別市運動を展開してきた5大市（横浜市、

名古屋市、大阪市、京都市、神戸市）をその対象に想定したものである。人口基準が50万以上となったのは、1956年の制度発足当時、神戸市の人口が98万で100万に満たなかったことが背景にあったといわれる。もともと100万都市が対象だったのである。

　その後、指定の目安は、おおむね人口100万の都市規模で、人口密度、都市的業態、行財政能力、都市機能、行政区の設置、関係都道府県など地元の意向などが総合的に勘案されて指定が行われてきた。しかし、それらの判断基準が法令で定められていたわけではなく、政策的と見られる余地があった。移譲される権限が複数の府省にまたがっており、タテ割りの弊害があることも指摘されてきた。最大の問題は、移譲される権限が個別の法令に基づいており、総合的・体系的に整備されていないことと、財源措置、地方税財政制度の改革が十分でないことである。

　さらに確認されるべきことは、政令指定都市制度は特別市制度の廃止に伴う差し当たりの措置を制度化したものであったことである。したがって、その後、衆知を集めて本来ないし固有の大都市制度が模索、構想されてしかるべきだったが、そうはならず、半世紀以上が経過してしまった。

■指定都市の量産　　政令指定都市昇格に関して、合併促進を優先するあまり、人口要件を引き下げ、広大な農山村部を抱える政令指定都市を誕生させたことも問題を引き起こした。2001年8月の総務省「市町村合併支援プラン」によって、大型合併による70万規模が公認され、「指定都市の量産体制」がスタートした[9]。その結果、静岡・堺・新潟・浜松の各市が政令指定都市となった。政令指定都市のブランド性が政治的に利用されたきらいもある。

　この「指定都市の量産体制」は、これまで大都市特例自体の整合性や合理性が問題とされてきたことに加え、政令指定都市間の都市的共通性を変容させた。たとえば、農山村を抱えたミニ府県的地域構造の新政令指定都市は過疎地域対策などの"府県行政"志向となり、政策課題や懸案事項の面で既存の政令指定都市グループとのズレをのぞかせるに至った。ここから都市規模や中枢機能で先行する制度発足時の政令指定都市グループが独自の改革案を提示するなどの分裂志向が加速されることになった。道州制移行もその刺激剤になっている。

現在の政令指定都市の基礎データでは、面積、人口、財政規模はもちろん、中枢性の目安になる昼夜間人口比率でも多様であることがわかる。

(3) 横浜・名古屋・大阪3市の提言

2009年2月18日、横浜・名古屋・大阪の3市が、道州制移行後の大都市制度として「都市州」を設けることを提言した。この都市州は、一般の道州には含まれず、州から独立した広域自治体であり、基礎自治体でもあるというコンセプトである[10]。この都市州はとりあえず、横浜・大阪・名古屋の3市に適用するとされるが、その理由は、都市規模や中枢機能に関する各種指標において、当時の17政令指定都市制度の中で3市が傑出しているからである。したがって、将来、他の大都市にも適用される道は開かれている。

道州制においては、道州に包含されない大都市制度として、一般道州から独立した「都市州」制度を創設し、まず、日本を代表する大都市である横浜、名古屋、大阪の3大都市に適用すべきとする。これによって、国や一般道州との重複行政を全廃し、大都市を一体的に経営することにより、地域経済力の向上に貢献できる。また、「都市州」の区域を越える広域的課題については、「都市州」が近隣市町村や隣接一般道州との水平連携によって対応する。「都市州」には、大都市が現在の市域で独立する「単一都市州」と、都市圏として機能的な一体性を有し、近隣自治体とともに独立する「大都市圏州」とが考えられている。

(4) 都市州の可能性

横浜・名古屋・大阪3市の「都市州」提言は、各紙に報道され、一定の波紋を呼んだが、大都市自治の拡充に消極的な歴史をもつわが国で、どれだけ考慮されるかは未知数である。

都市州は連邦国家では、ドイツのベルリン、ハンブルク、ブレーメン、オーストリアのウィーンなどが知られる。ウィーン市長、市議会議員は州の仕事をするときは、ウィーン州知事、州議会議員となる。単一国家では韓国の広域市（釜山、仁川、光州市など人口100万以上の都市）が道と同格で、わが国でついに実現しなかった特別市と類似している。

「都市州」の提言は、大都市の正当な法的位置づけを求めたもので、道州制

移行に際して看過される危惧がある大都市制度改革への問題提起といえた。一部では以前から政令指定都市制度を存続させる場合でも、運用上の基準とされている事項を法令に格上げするなど、指定の手続を法律で定めるなどの手直しは必要になるとの認識は示されていた。「都市州」の提言でも、道州制実現までの間、事実上、府県から大都市を独立させるために「大都市制度法」などを制定する必要性が説かれている。

3　大阪都構想と第30次地方制度調査会答申

(1)　大阪都構想とは何か

しかし、横浜・名古屋・大阪3市の「都市州」提言は、橋下徹大阪知事が2010年に提唱した大阪都構想によって足並みが乱れる。大阪都構想とは、大阪府と大阪市などを同時に廃止して、新たな「大阪都（府）」を作り、大阪都のもとに特別区（都区）と市町村を置くというものである。大阪市などとしたのは、堺市なども射程に入れていたからである。時代状況は異なるが、1943年に戦時行政一元化のために東京府と東京市を統合して東京都としたのと似ている。大阪都構想の場合、都区は東京都の特別区よりも大きな権限と財源をもつ基礎的自治体とし、首長は公選制、議会の議員も公選制とされた。

大阪維新の会によれば、大阪市24区を5つの特別区に再編成し、医療や福祉、教育などの住民サービスに専念させ、大阪都は道路、空港、鉄道、港湾などの都市インフラ整備や広域行政を担当する。これによって、大阪市と大阪府の二重行政を解消し、アジアの拠点都市に相応しい成長戦略の策定が可能となり、発展が見込めるという。

しかし、大阪都構想には批判も多い。大阪府と大阪市の二重行政は両者間の検討と調整で解消できる可能性があり、一気に両者を廃止するのには飛躍があり過ぎ、「ひとりの司令官」の統治ですべてが解決することも考えられない。大阪府政の行き詰まりは大阪市の存在よりも大阪府域の狭さにある、といったような批判である[11]。あるいは、大阪府と大阪市が質的・量的に相互補完してきた類似サービスの存在や、一元行政による大規模な投資がムダに終わるリスクなどを考えれば、単純に二元行政の解消によって財政効率が高まるとはい

えないとされる[12]。

これに対して、橋下知事は大阪府議会、大阪市議会に大量の大阪維新の会所属の議員を送り込み、賛成派を増やす作戦に出た。また、自身も大阪市長に転じ、腹心の松井一郎を大阪府知事に当選させて大阪都構想実現に向けた権力構造を構築するに至った。

■**大都市地域特別区設置法の成立**　維新の会の政治的影響力が中央政界で配慮され、議員立法で、2012年8月に大都市地域特別区設置法（大都市地域における特別区設置に関する法律）が国会で可決・成立し、人口200万以上の政令指定都市を含んだ大都市地域に限り、市を消滅させて、東京23区と同じような「特別区」を設置する場合の手続が確定するに至った。大阪でも大阪市を消滅させて大阪府に吸収し、市域を複数の特別区に分割する手続ができたのである。現実には「大阪都」とはならず、名称としては大阪府のままになる。

この法律は第30次地方制度調査会で地方制度が審議されているにもかかわらず、その答申を待たずに迂回する形で制定された特殊な産物だったが、大阪市は法律の制定を受けて、区割り案を2012年11月の市議会に提示し、審議に入る予定だった。しかし、総選挙が早まって同年12月16日となったため、スケジュールが大幅に遅れることになった。橋下市長が政党「日本維新の会」の代表代行として全国遊説に発ち、市政が停滞したためである[13]。

（2）　大阪都構想の可能性

橋下市長は大都市地域特別区設置法に基づいて、2013年2月に大阪府・大阪市特別区設置協議会（府の首長と議員の計20名で構成）を設置し、協定書の作成にかかったが、同年9月29日の堺市長選で大阪都構想反対派の竹山市長が当選し、維新の会が擁立した候補が敗れたことによって、構想の修正を余儀なくされる。その後、橋下市長は自民、民主、共産党などの反対派のメンバーを差し替えて、維新のメンバーだけで協議し、2014年7月23日に都構想の制度設計を定めた協定書を決定した。

その骨子は、人口268万の大阪市を廃止し、人口34万〜69万の5特別区に分割し、大阪市がもつ重要な権限と財源を大阪都に吸収させるというものである。福祉や教育などのサービスは住民に近い特別区の役割とし、経済戦略やイ

ンフラ整備などの広域行政は大阪都の担当になる（朝日新聞2014年7月24日）。

政治スケジュールとしては、総務大臣の意見を加味したうえで9月の府・市議会に議案として提案され、最終的には住民投票にかけられる。しかし、橋下市長の従軍慰安婦や風俗業に関する不適切発言などで橋下市長の人気に陰りが差し、維新旋風も失速して、いずれの議会でも過半数割れとなり、可決の見込みは薄かった。事実、2014年10月27日の大阪府議会、大阪市議会で大阪都構想の「協定書」議案はそれぞれ否決されてしまった。

これに対して、橋下市長は議会の議決なしで住民投票に持ち込む首長の専決処分などにも言及し、2015年4月統一地方選挙時における住民投票、2017年4月大阪都移行への意欲を示したが、実現は困難と見られていた。しかし、2015年1月13日、公明党の方針転換で、否決された「協定書」議案が2月の両議会に再提出され、可決される可能性が生まれ、状況は流動的となった。

大阪都構想が大都市制度改革の動向にインパクトを与えたことは確かである。他方で大阪府のほぼ全域が都市化されており、東京都とは社会的背景が違うことや、大阪市から都別区への移行コストなどを含め、制度設計の精密性が不足していることも指摘されている[14]。典型的な劇場型政治家である橋下知事のインパクトと表裏をなす限界ともいえる。

　(3)　第30次地方制度調査会答申と大都市制度改革

2013年6月25日に第30次地方制度調査会から「大都市制度の改革及び基礎自治体の行政サービスに関する答申」が安倍首相に提出された。2011年8月24日に当時の菅直人首相から諮問された事項は以下の3点だった。

① 議会のあり方をはじめとする住民自治のあり方
② わが国の社会経済、地域社会などに対応した大都市制度のあり方
③ 東日本大震災を踏まえた基礎自治体の担うべき役割や行政体制のあり方

第30次地方制度調査会答申は具体的な大都市改革には触れず、見直しと微調整にとどまっている。その要点は以下のようである（図7-1）。

■**政令指定都市制度**　大都市における効率的・効果的な行政体制の整備のために、都道府県と指定都市との二重行政の解消を図る。具体的には、都道府県から指定都市への事務移譲を進める。事務移譲によって生じる財政負担につい

130　第7章　道州制と地方制度の未来

○指定都市制度の改革
- 「二重行政の解消」｛
  - 指定都市から指定都市への事務移譲（35事務など。例：都市計画区域マスタープランの決定権限，県費負担教職員の給与負担）とそれに伴う税源配分の見直し（税源移譲や税交付金など）
  - 都道府県と指定都市の様々な協議を強化（条例で区役所の事務を規定。区長の役割を強化（人事・予算等），区長を特別
- 「都市内分権」による住民自治の強化（条例で区役所の事務を規定。区長の役割を強化（人事・予算等），区長を特別職にすることも可能に（市長が議会同意を得て選任））

○特別区制度の他地域への適用（大阪市等人口200万以上の指定都市等の区域を対象）
- 「大都市地域特別区設置法」により道府県に特別区を設置する際の留意点を明示（例：特別区の設置により国や他の地方公共団体の財政に影響が生じないように特に留意，事務分担・税財源配分は東京の仕組みを基本）

地域	指定都市
北海道	札幌市 (191万)
東北	仙台市 (104万)
関東	横浜市 (368万)，川崎市 (142万)，さいたま市 (122万)，千葉市 (96万)，相模原市 (71万)
北陸	新潟市 (81万)
中部	名古屋市 (226万)，浜松市 (80万)，静岡市 (71万)
近畿	大阪市 (266万)，神戸市 (154万)，京都市 (147万)，堺市 (84万)
中国	広島市 (117万)，岡山市 (70万)
四国	
九州	福岡市 (146万)，北九州市 (97万)，熊本市 (73万)
沖縄	

＊括弧内は H22 年国勢調査人口

○中核市，特例市制度
- 現在の特例市に一層の事務の移譲を可能とするため，人口20万以上であれば保健所を設置することにより中核市となる形で両制度を統合（現在の特例市が少なくとも従来処理してきた事務を処理し続けることを前提）

○特別市（仮称）（全ての都道府県・市町村の事務を処理）
- 都道府県の区域外
- 二重行政の完全解消など大きな意義があるが，住民代表機能のある区の必要性，警察事務の分割による懸念など，更に検討が必要

○都区制度（特別区（23区，895万））
- 都から特別区へのさらなる事務移譲を検討
- 社会経済情勢の変化を踏まえた特別区の区域の見直しを検討

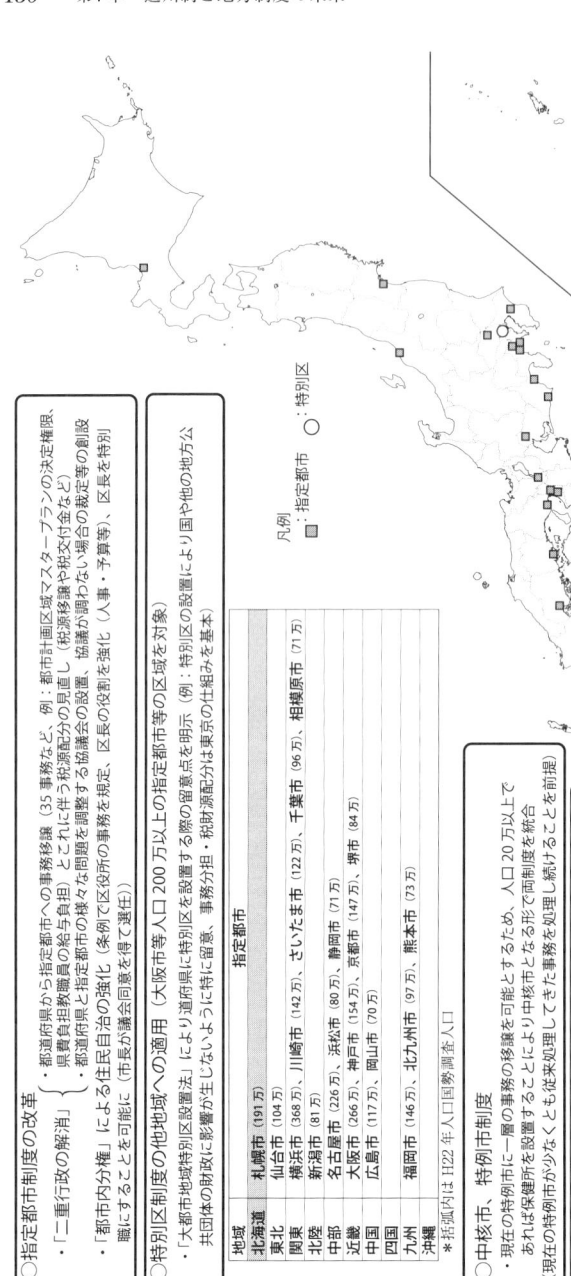

凡例　■：指定都市　○：特別区

図 7-1　大都市制度の改革（地方制度調査会第5回総会資料より作成）

ては、適切な財政措置を講じる。さらに都道府県と指定都市が公式に政策を調整する協議会を設置し、協議を制度化すべきである。

　住民自治を強化するために、区の役割を拡充して、都市内分権化を図る。そのために条例で市の事務の一部を区に移管し、市長から独立した人事や予算等の権限も一定程度移譲する。区長についても、副市長並みに市長が議会の同意を得て専任する任期4年の特別職とすることを選択可能にすべきである。公選とすべきかどうかも検討する。また、条例で区に教育委員会や区単位の市教育委員会の事務局を置くべきである。

■中核市・特例市制度　人口20万以上であれば保健所を設置することによって中核市にする形で、中核市・特例市の両制度を統合し、一層の事務移譲を可能とすべきである。中核市・特例市が多様であることを踏まえ、一定の事務移譲は法令で行い、その他は条例による事務処理特例制度を活用する。住民自治の拡充の観点から、市議会議員選挙で選挙区を設けることや、地域自治区の活用を検討する。

■都区制度　都から特別区に移譲する事務については、児童相談所の事務などが考えられるが、小規模な区の間では、専門職を確保するなどの観点から区間連携を図りつつ、移譲を考えるべきである。社会経済環境の変化を踏まえ、特別区の区域の見直しも検討すべきである。規模の大きい特別区については、都市内分権化とともに選挙区を設けるべきかを検討すべきである。

■新たな大都市制度における特別区の設置　大都市地域特別区設置法に基づいて特別区を設置する場合は、二重行政の排除や行政の効率化に留意し、国や他の地方自治体の財政に影響を与えないように留意すべきである。事務分担に関しては、現在、都が基礎自治体に代わって一体的に処理している事務は道府県が処理することを基本とし、都の特別区が処理していない中核市並みの事務を処理する場合には、円滑に処理できるかという点に留意すべきである。

■特別市　都道府県と完全に対等な特別市(仮称)の意義は大きいが、住民代表機能のある区が必要であり、警察事務の分割による広域犯罪への対応などに懸念がある。当面の対応としては、都道府県から指定都市への事務と権限の移譲を進める中で、実質的に特別市(仮称)に近づけることを目指すのが適当

である。

　この特別市は、「都市州」構想が挫折した後、横浜市が提唱している特別自治市など、都道府県と同格の大都市制度を想定したものである。

4　人口減少時代における地方制度のあり方

（1）　市町村間の広域連携

　2013年の"2040年までに現在の1741自治体のうち896が消滅しかねない"という日本創生会議による推計結果は大きな波紋を呼んだ。効果的な対策が講じられない限り、2010年に1億2860万人だった日本の総人口は2050年には9708万人となり、2100年には4959万人、明治時代の水準まで急減するという試算である[15]。短期的には大都市への人口集中が続くが、供給源である地方の人口が減少し、いずれは大都市も衰退する。

　こうした人口減少社会の到来はすでに始まっており、いわゆる"限界集落"といわれる高齢化・過疎化で地域社会の維持が困難になっている地域は少なくない。第30次地方制度調査会答申も市町村合併の選択肢は残しつつ、市町村間の広域連携や都道府県による補完の必要性を唱えている。これまでも「一部事務組合」「広域連合」によって、し尿・ごみ処理、火葬場、消防・救急、介護保険、徴税、職員研修などの共同事務体制があり、特別養護・障害者施設や総合病院など「機関等の共同設置」、公営墓地など公の施設の区域外設置、職員の派遣などの市町村間連携がとられてきた[16]。

　答申ではそれらの市町村間連携や、人口5万ほどの「中心市」と近隣市町村が相互に役割分担、連携・協力して、医療・福祉・教育・土地利用・産業振興などで圏域全体の活性化を図る「定住自立圏」（2009年より実施）を含め、より柔軟な連携を可能にするしくみの制度化を提唱している（図7-2）。

　三大都市圏以外の地方圏においては、「地方中枢拠点都市」（指定都市、中核市、特例市など、地域の中枢的な役割を果たすべき都市）を核に、産業振興、雇用確保、広域観光、高度救急医療、広域防災、人材育成などの分野で、都市機能の集約とネットワーク化を図っていくことが重要とされている。地方中枢拠点都市や中心市から遠く、広域連携による解決が難しいときは、都道府県が事務の一部

4　人口減少時代における地方制度のあり方　133

～人口減少社会（平成60年（2048年）に1億人を下回ると予測）においても人々の暮らしを支える地方中枢拠点都市等を中心とした圏域を形成～

◎ 新たな広域連携

地方圏
・「地方中枢拠点都市」等を中心とした連携（地方中枢拠点都市等に対して、圏域における役割に応じた財政措置）
・それ以外の定住自立圏施策の対象地域では定住自立圏の取組を一層促進
・地方中枢拠点都市等から相当距離がある等、市町村間の広域連携が困難な場合は、都道府県による補完も選択肢

三大都市圏
・同程度の規模がある都市の間で、水平・相互補完的、双務的な役割分担を促進

○は、地方中枢拠点都市のイメージ（地方圏の指定都市、中核市、特例市、人口20万以上の市のうち、昼夜間人口比率1以上で圏域を支える都市）

●は、三大都市圏

地方公共団体間の柔軟な連携を可能とする仕組みを制度化

○今後の基礎自治体の行政サービス提供体制の構築
・自主的な合併や市町村間の広域連携、都道府県による補完など多様な手法の中から各市町村に最も適したものを自ら選択

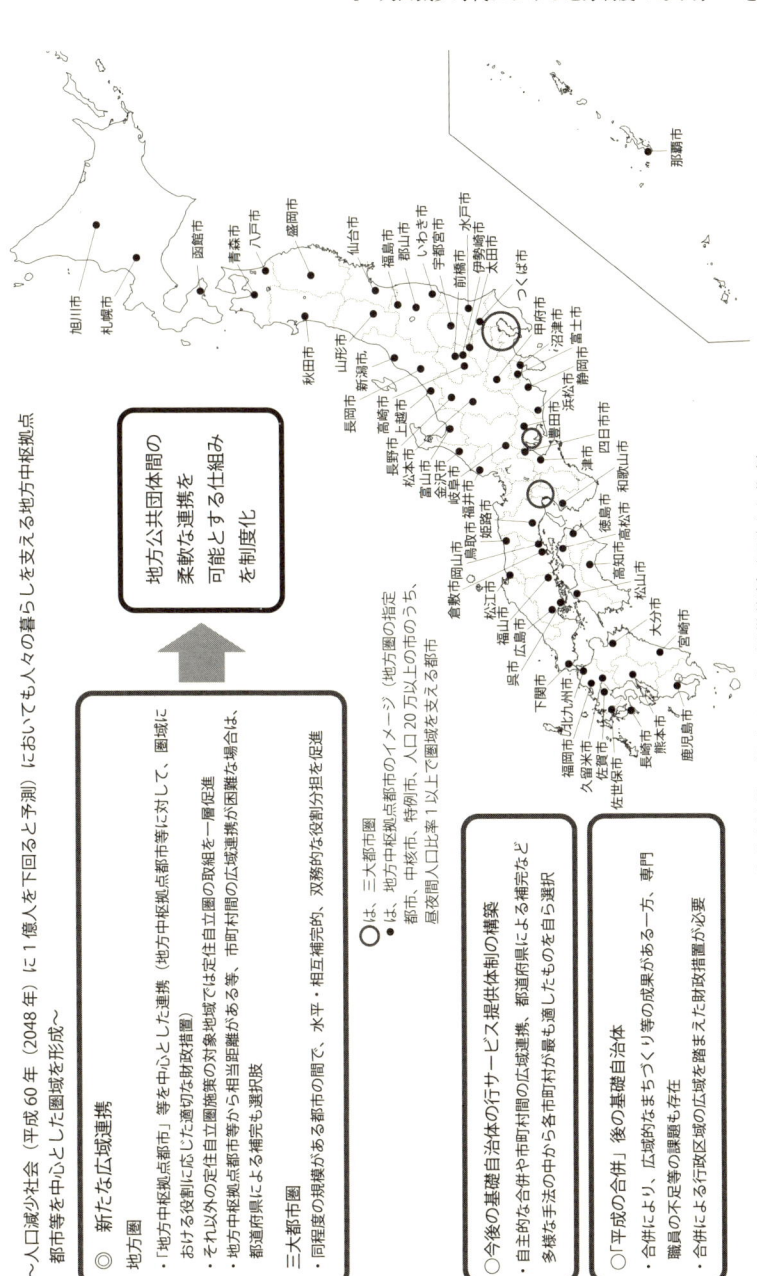

○「平成の合併」後の基礎自治体
・合併により、広域的なまちづくり等の成果がある一方、職員の不足等の課題も存在
・合併による行政区域の広域化を踏まえた財政措置が必要

図7-2　基礎自治体の行政サービス提供体制（同前より作成）

を市町村に代わって処理するなどの"補完"も考えられるとしている。

（2） 地方制度改革の課題

第30次地方制度調査会答申は前文で、人口減少、集落の点在、単独世帯の増加、対人サービスの重要性などを指摘しているが、それらは容易に解決できる問題ではなく、対応する制度改革のビジョンは示していない。大阪都構想や特別市構想にも理解は示しつつも、制度化には慎重な姿勢に終始している。「結局のところ、定住自立圏のイメージを拡大した共同処理や広域連携ないしは水平補完や、都道府県による垂直補完を打ち出すにとどまってしまった」「三大都市圏にすら余力がない中で、地方中枢拠点都市に余力があろうはずがない」とも評価されている[17]。

地方制度調査会が地方制度の抜本的改革に踏み込めないのは、第30次地方制度調査会の西尾勝会長が述べているように、地方制度調査会の委員構成が大きいようである。委員には地方6団体（全国知事会、全国都道府県議会議長会、全国市長会、全国市議会議長会、全国町村会、全国町村議会議長会）からの6名が含まれており、「地方六団体が納得しない答申は容易に出せない仕組みになっている」[18]のである。たとえば、特別市には都道府県が反対し、道州制でも町村会が反対、知事会は分裂している。権限配分や事務分担、税収、選挙の票田など、いずれの制度改革でも地方6団体間の利害関係に無縁なものは考えられない。地方制度改革が進まない背景である。したがって、運用の柔軟化や微調整とならざるをえない。

しかし、わが国地方制度改革が、自治関係業界内部の利害による停滞や政争の具にされることが許される状況でないことは明白である。制度改革の決定過程の改革もターゲットに入れた新たなビジョンが求められる。人口減少問題に関わる出生率の回復や子育て支援は国民的課題であるが、国が方向性を示し、自治体や企業をバックアップすることが不可欠だからである。

（3） 地方制度のあり方

自治体の広域連携に関しては、2014年5月成立の改正地方自治法で、まちづくりや産業振興などで自治体同士が役割分担できる「連携協約」や、事務の一部を他の自治体の首長などに管理・執行させることができる「事務の代替執

行」といった新たなしくみが設けられた。三大都市圏以外の地方圏における地方中枢拠点都市圏に関しては、2014年度に全国9圏域が選定され、モデル事業が進められている[19]。

「国土のグランドデザイン2050」でも都市部から離れた農村・中山間地の住民について、生活に必要な機能をもつ全国約5000拠点の周辺に集まって住むことが想定されている。1962年来掲げられていた「国土の均衡ある発展」の看板は下ろされ、最小限のインフラを賢く使う表現に変えられている（朝日新聞、2014年7月5日）。「地方創生国会」と位置づけられた2014年国会では、最終日の11月21日に地方創生関連法が可決、成立、施行された。

しかし、東京圏など大都市圏への人口集中と地方の人口減少は加速しており、早晩日本全体の人口減少が顕著になることは確実である。一連の政策が現実的な効果をもたらすことが期待されるが、修復・調整だけでなく、進行する社会変動を直視したより根本的な対策が求められているのではないだろうか。

1) 詳しくは、土岐寛「道州制と大都市制度改革」『大東法学』19巻1号、2009年10月、座談会（土岐寛・市川宏雄・金井利之・野村幸裕）「東京の自治制度改革をめぐって」『東京研究』6、東京自治問題研究所、2006年7月、pp.145-150。
2) 東京都『行財政改革の新たな指針』2005年11月。
3) 同上。
4) 石和田二郎・山本國雄「道州制議論の動向と課題」上野眞也編『政令指定都市をめざす地方都市』成文堂、2007年、p.202, 210。
5) 名古屋市総務局企画部大都市・広域行政推進室『道州制を見据えた「新たな大都市制度」に関する調査研究報告書』2007年2月（2008年12月改訂）、p.30。
6) 横浜・大阪・名古屋3市による大都市制度構想研究会「日本を牽引する大都市」2009年2月、p.3。
7) 土岐寛『東京問題の政治学』第二版、日本評論社、pp.208-211。
8) 横浜市大都市制度検討委員会「新たな大都市制度創設の提案」2009年1月、p.6。土岐寛「政令指定都市制度の課題と改革」『都市問題研究』61巻4号、2009年4月、pp.19-20。
9) 初村尤而「大型合併・道州制と指定都市での住民自治」大阪自治体問題研究所編『道州制と府県』自治体研究社、2007年、p.46。
10) 横浜・大阪・名古屋3市による大都市制度構想研究会「日本を牽引する大都市―『都市州』創設による構造改革構想―」2009年2月18日。土岐寛「道州制移行後の大都市制度：横浜、大阪、名古屋3市が『都市州』を提言」『地方行政』時事通信社、10047号、2009年3月12日。
11) 大阪の自治を考える研究会『いま、なぜ大阪市の消滅なのか』公人友社、2013年、p.9。高寄昇三『虚構・大阪都構想への反論』公人友社、2010年、p.17。
12) 森裕之「『大阪都構想』の現況と改革の意味」西村茂・廣田全男・自治体問題研究所編『大都市における自治の課題と自治体連携』自治体研究社、2014年、p.122。
13) 前掲『いま、なぜ大阪市の消滅なのか』pp.4-5。
14) 伊藤正次「大都市制度の今後について」特別区協議会編『大都市制度改革と特別区』学陽書房、

2014年、p.13, 21。
15) 増田寛也編著『地方消滅』中央公論新社、2014年、p.2, 29。
16) 兼子仁「基礎自治体の広域連携について」『自治研究』90巻1号、2014年1月、p.6。
17) 金井利之「第30次地方制度調査会の役割と今後の自治制度の方向性」『市政』2013年8月号、pp.19-20。
18) 西尾勝「第30次地方制度調査会答申と都市自治体への期待」『市政』2014年1月号、p.29。
19) 澤幸治「指定都市・中核市・特例市3市長会シンポジウム（上）―地域発の分権改革が必要」『地方行政』時事通信社、10513号、2014年10月27日、pp.4-5。

第8章
改革派首長の挑戦と地方議会改革
二元代表制の多様性

1 改革派首長と地方議会改革の関係
(1) 二元代表制と委任
■二元代表制　民主主義を前提とすれば、有権者の中から代表を選び、その代表で政府を形成し、その政府にわれわれの権限を「委任」することになる。地方自治制度におけるその形が、「二元代表制」[1]と呼ばれる。自治体としてはひとつの政府をなすが、具体的には首長と議員という、われわれの代表を直接選挙でそれぞれ選ぶので、実際には政府は2つの機関に分割できる。いずれの機関であれ、有権者は選挙を通じて権力の一部をその機関に委任することで、両者の代表機能と統合機能に正統性が与えられる。それゆえ、両機関は有権者に対して政治的責任・道義的責任・説明責任をもち、その利益実現という目的を果たすことが期待される。

■委任と政治的競争　二元代表制が2つの機関をもつのであれば、地域の利益もそれを実現するための政策の選択も常に首長と議会とが一致するとは限らない。それぞれが別々の選挙によって住民から委任を受けているからである。それゆえ、二元代表制の特徴は、機関対立主義とか、機関競争主義、部門間対立、抑制と均衡（チェック・アンド・バランス）、政治的競争モデルなどで表現される。つまり、首長と議会は、それぞれが有権者である住民に対して時には説明責任を果たすことをめざして、相互に独立して競争的に政策の内容に影響を及ぼすことになる。むろん、時には説明責任を果たすために異なる選好をもち、その実現をめざして政治的競争が展開されることになる。

(2) 民意のもつれと改革派首長
■首長と議会の制度上の関係　オール与党でもない限り、現実的には、首長

と議会は、条例や予算、政策づくりにおいて、それぞれ相手方の合意や妥協を引き出さない限り、政策を実現することはできない。なぜなら、現行制度の中では首長と議会との関係は、次のような構図になっているからである。すなわち、首長は政策や予算などの提案権を握り、これに対して議会は予算を伴う政策提案はできないが、予算を伴わなければ政策提案はできる。首長提案の政策に対する議決権を握っている。予算案を増額修正することは可能だが、首長の予算提出権を侵すような大きな修正は認められていない。また、首長は議会が成立しないときや会議に諮る暇がないときなどには、専決処分を行うことができる。一方、議会が首長提案を否決する議決を行ったとしても、首長は議決に対して拒否権を行使し再議を求めることができる。議会の最終の対抗手段は首長への不信任の議決であり、首長のそれは議会の解散である。結局のところ、首長―議会関係は制度的には対称となっており、最終調整はわれわれ住民の手に委ねられているのである。

■**分割政府**　首長と議会は、ともに選挙を通じて有権者から地域の公共問題に対応するように包括的な委任を受けてはいるが、判断基準となるべき公共問題の特定や定義、その解決方法が不確定的であるため、2つの機関が異なる判断を行う「分割政府」[2] の状況を引き起こすことがある。つまり、民意がもつれてしまうケースである。とくに、現状を打破し、革新することを強く標榜する首長の登場は、基本的には分割政府を意味する（砂原, 2011, p.87）。通常、首長と議員の選好が異なる可能性があるため、首長が選好する政策や価値に対して地方議会が反対することや、逆に地方議会が選好する政策や価値について首長が反対することで、両者の間に対立が生まれる。改革派首長の場合には、もともと多数派を背景に誕生しているケースは少ないので、大半の場合、首長を支持する会派の議員が少ないのに対して、支持しない会派の議員が多くを占める構図となり、結果的には首長に対して地方議会が反対する形の「分割政府」となりやすい[3]。

■**住民意思の集約過程**　ともあれ、首長と議員の選挙が地域住民の意思を集約（意思を統合）する過程であることに違いはない。その選挙においては、首長による議員の支持、それとは逆に議員による首長の支持という形で民意を集約

しようとする。それが後の政策実現にとって有利に働くからである。これとは逆に、たとえば首長の場合、議員、党、有力団体の支持を排除する形もある。この場合、テレビ等の出演による個人人気もあれば、刺激的な政策等の提示による人気もあるが、人気という一時の盛り上がりが既存の政党や団体等を排除する大きな理由のひとつである。多くの場合、この圧倒的な人気を武器に登場したのが、改革派首長である。

(3) 改革派首長と地方議会改革の関係

■事実上の相互作用　制度的には、首長と議会の権限配分は対称をなしているが、実質的には首長に予算提案権を独占させ、議会には予算提案権を制限していることで首長優位の非対称を形成している。むろん、上述のとおり制度的にはあらかじめ相互作用機能が埋め込まれている。それゆえ、ⓐ首長と議会が各々実現したい政策や価値が一致する場合ではスムーズに民意の集約と意思決定が行われ、実行へ移りやすい。ⓑ両者が実現したくない政策や価値が一致する場合も同じである。ⓐとⓑについては、両者の相互作用は低い。

これに対して、首長が実現したい政策や価値と議会が実現したい政策や価値が異なる場合では、ⓒ首長の実現したい政策に議会は反対の議決でその実現を阻む。一方、ⓓ議会の実現したい政策があってもそれが予算を伴う場合には提案できない。たとえ、予算を伴わない政策であっても、首長が望まない政策であれば拒否権を行使するため、議会は己の政策を実現することが難しい。ⓒとⓓについては強い相互作用が生まれ、影響を及ぼし合うことになる。

■関係変化の引金　現実には政策過程での取引や妥協も頻繁に展開される。具体的には、首長と議会が、「地域のために」と構想する目的と政策が分立した場合において、両者の相互作用が大きく現れるため、対立関係のない普段よりもそれぞれの言動・行動が制度や政策に影響を与える。首長が実現したい政策や価値と議会が実現した政策や価値が異なる場合（ⓒとⓓ）に取引や妥協をせず、真っ向勝負となる場合もある。たとえば、長野県知事・田中康夫（2002年）、徳島県知事・太田正（2003年）、鹿児島県阿久根市長・竹原信一（2009年）などの不信任議決が、その例である。とくに、田中と竹原については、彼らの行動に違和感を覚えたかもしれないが、彼らの行動は制度の中で合理的な選択

をしたのである (笹岡, 2014, p.390)。

圧倒的な人気を背景に取引や妥協を極力避け、古い慣行を打破する姿勢を前面に出したのが改革派首長であり、彼らの登場が地方議会にとって刺激を与えた。たとえば、三重県の北川正恭知事の誕生に当時の三重県議会議長の中川正美は、強い危機を感じた議員が多かったことを吐露している (中川, 2004, pp.55-57)。つまり、地方議会改革を引き起こした大きな要因のひとつに地方分権の流れの他に改革派首長の登場が挙げられる。これを逆に見れば、旧態依然とした地方議会が改革派首長を生んだともいえる。

2　改革派首長の系譜とその功罪

(1)　革新自治体の叢生と衰退

■革新首長の嚆矢　改革派首長の歴史を振り返ると、1950年代の革新自治体の登場にまで遡ることができる。その始まりは1950年に社会党や共産党の支持を得て京都府知事となった蜷川虎三 (1950-78年) である。蜷川は革新首長であると同時に改革派首長として見ることができる。革新自治体は、社会党や共産党など革新勢力の公認・推薦を受けた首長を擁し、イデオロギー性を前面に出し、公害対策や福祉政策、憲法擁護を重視した政策を積極的に進めた自治体である。

蜷川に続き、都道府県レベルでの主な革新首長[4]を挙げれば、岩手県の千田正 (1963-79年)、東京都の美濃部亮吉 (1967-79年)、大阪府の黒田了一 (1971-79年)、岡山県の長野士郎 (1972-96年)、埼玉県の畑和 (1972-92年)、滋賀県の武村正義 (1974-86年)、神奈川県の長洲一二 (1975-95年)、島根県の恒松制治 (1975-87年) がいる。市レベルでは、古くは帯広市の吉村博 (1955-74年) に始まり、釜石市の鈴木東民 (1955-67年)、旭川市の五十嵐広三 (1963-74年)、横浜市の飛鳥田一雄 (1963-78年)、神戸市の宮崎辰雄 (1969-89年)、横手市の千田謙蔵 (1971-91年)、川崎市の伊藤三郎 (1971-89年) など、政令指定都市や県庁所在都市、それに次ぐレベルの都市自治体で、革新首長が誕生した。

■革新首長の叢生　1964年には飛鳥田の呼びかけで全国革新市長会が結成され、1966年の参加団体は21程度 (読売新聞、1966年10月26日) だったが、1972年

には124団体で全国639市の約2割を占めるまでに膨れ上がった（朝日新聞、1972年9月11日）。急激に増えた理由のひとつが、1971年統一地方選挙で、美濃部が都知事に再選を果たし、国政に重大な影響を与えると思われたからである。また、革新自治体の理論的支柱であった「シビル・ミニマムの思想」[5]が広く受け入れられたことにもよるところが大きい。

■革新首長の衰退　しかし、1980年代中頃になると、与野党相乗りが首長選挙で相次いで当選し、革新自治体は影を潜めることとなった。保革のイデオロギー対立が弱まったのである。その結果、都道府県レベルでは、北海道の横路孝弘（1983-95年）、福岡県の奥田八二（1983-95年）、沖縄県の大田昌秀（1995-98年）と激減し、市レベルでも同様な傾向となった。

　つまり、保革のイデオロギー対立の鈍化によって与野党相乗り選挙が広がることで与野党対立が緩和し、それに併せて市民運動も広がった結果、首長選挙のスタイルが変容したのである。相乗りという言葉からすると「競争をしない」選挙枠組みに捉えがちだがそうではない。むしろ、行政に対する信頼回復や行財政システムの改革によって他の自治体と「競争する」ために、自治体内の与野党の競争を棚上げにした選挙枠組みである。それゆえ、相乗りの際の基本思考は「地域のために」という争点軸の下で形成された（河村, 2008, p.225）。つまり、特定の政党を選挙の支持基盤とする従来のスタイルから特定の政党や有力な団体に縛られず、住民の側に立ち、旧来の行政の矛盾や無駄を炙り出し、その改革を目指すスタイルの首長が登場したのである。

　(2)　改革派首長の登場と総退場

■改革派首長の登場　1990年代に入ると、特定の支持母体をもたずに改革を目指す新しいスタイルの首長は、既得権を固守しようとする中央政府に挑戦しつつ、その一方では強いリーダーシップと地方の創意工夫による政策づくりを進めた。いわゆるこれが改革派知事や改革派市長（改革派首長）である。改革派知事という言葉は、保守対革新といった政治的な対立構図が首長選挙で通用しなくなった、1990年から使われるようになった（川竹, 2012, p.18）。首長選挙での相乗り戦略がとられた背景には、2つの要因がある（河村, 2008, pp.203-208）。

■改革派首長登場の要因　ひとつは、自治体に対する信頼の失墜がある。1993

年から94年にかけ「ゼネコン汚職」が発覚し、自治体の入札で談合が常態化していることが明るみにされた。また国からの補助金獲得のための自治体による中央官僚に対する「官官接待」も市民オンブズマンによって明らかにされた。このような問題を背景に、しがらみのないクリーンなイメージをもつ首長が住民から期待されたのである。

もうひとつが、自治体財政に対する危機感である。行財政を効率化しようとする動きは1980年代から見られるが、90年代に入ると、補助金の削減と不況による税収低下に対して、対処療法的な財政再建策では応じきれない状況に追い込まれていた。こうした状況に危機感を抱き、行財政システムを抜本的に見直そうと立ち上がったのが改革派首長である。その多くは、民の感覚を強調し、それまでの政治・行政慣行を積極的に変更しようと試みたのである。

これ以外には、掬いきれない地域独自の利害が少なからずあるものの、その解決において、既存の全国政党に対する期待が薄れたことも大きな要因である。

■**主な改革派首長**　都道府県レベルの主な改革派を挙げると、高知県知事の橋本大二郎（1991-2007年）、宮城県の浅野史郎（1993-2005年）、岩手県の増田寛也（1995-2006年）、東京都の青島幸男（1995-99年）、大阪府の横山ノック（1995-99年）、三重県の北川正恭（1995-2003年）、秋田県の寺田典城（1997-2009年）、東京都の石原慎太郎（1999-2012年）、鳥取県の片山善博（1999-2006年）、長野県の田中康夫（2000-06年）、京都府の山田啓二（2002-現在）、神奈川県の松沢成文（2003-11年）、宮崎県の東国原英夫（2007-11年）、大阪府の橋下徹（2008-11年）などである。市レベルでは松沢の選挙戦の盟友関係にあった横浜市の中田宏（2002-09年）、大阪市の橋下徹（2011-現在）などである。

■**改革派首長の旗手と総退場**　このうち、岩手の増田、秋田の寺田、宮城の浅野、三重の北川、高知の橋本に加えて、岐阜県知事の梶原拓（1989-2005年）の６人は、当時東大教授・月尾嘉男の呼びかけに応じて1998年４月に「地域から変わる日本推進会議」を設立した。このとき、情報公開と環境政策に対する積極的な姿勢をもって改革派と表現したのは、ほかならぬ月尾教授であったという（川竹，2012，p.4）。同会を通じて、知事間の連携（選挙応援も含めて）が動き出した頃、2001年４月に小泉内閣が誕生し、道路公団の民営化や三位一体改

革といった政策を打ち出したが、これに対して緊急アピールや共同声明という形で地方の声を訴えた。このような改革派知事の行動は、自治体首長たちのさまざまな連携組織の立ち上げを促すこととなった。また、同会のメンバーが中心となり、それまで国に対して陳情要望する「お願い知事会」から、国と正面から対峙する「闘う知事会」へと変容させた（川竹, 2012, p.7）。彼らはネットワーク、既存制度の活用、戦略的広報を武器に「地域のために」国や地域の既得権と闘ったわけである。しかし、この動きも、2005年から2007年にかけて全国区の有名知事が引退したことでひとつの改革派知事の時代は終わりを告げ、いわば総退場の観がある。

■**地域政党の出現**　これ以降の改革派首長は、戦略的広報は引き継ぎつつ、既存制度の打破、地域政党[6]の設立を背景に「地域のために」闘う姿勢へと転換することとなった。しかし、この地域政党は、地域の対立軸を自律的に反映した地域政党ではなく、全国政党の組織政党化へ抵抗する国政指向の政治家の自律的な地元の権力基盤を涵養するものである（金井, 2013, p.50）。地域政党の立ち上げの成果は、話題提供か、検討材料の提供にとどまっているのが実態であり、地域に還元されるほどの成果は見当たらない。

(3) 改革派首長の共通点とその成果

「改革派を名乗る」、「改革派のラベルを貼られる」、いずれにおいてもその首長に共通する事柄として、次の7点が挙げられている（田村, 2014, pp.140-156）。

■**改革派首長の共通点**　第1が抵抗勢力を明確にする。2001年4月に小泉政権が誕生する際に使われたことでよく知られているが、これは反対勢力＝抵抗勢力という構図を鮮明にし、現状を改革する首長の立場の正統性を確保する手法である。第2が危機感を煽ることである。改革を断行しないと地域は立ち行かなくなるといわんばかりに危機感を煽ることで改革の必要性とその内容に正統性を与える。第3がマス・メディアやSNSを上手に利用する。マスコミに積極的なだけでなく、ツイッターやフェイスブックなどを活用し情報発信することで、改革の内容を広めると同時に抵抗勢力との違いを浮き彫りにする手法である。第4が外部から積極的に人材を登用する。政策実現に必要な専門家、参謀役としての秘書などを登用することで、改革の実現と意思決定の合理化を

めざす方法である。第5が情報公開を積極的に取り組む。情報公開は使い方次第で即効性のある劇薬であり、知る権利を具体的にかなえる手法である。情報の公開をマス・メディアやSNSを利用することで、さらなる支持者の確保につながる点で効果的な手法である。第6が比較的若いことである。改革を標榜するということやSNSの利用を考えると比較的年齢が若くなる傾向が強いのも当然であろう。第7が既成政党とは微妙な距離感を保つことである。現状を改革するわけだから、既成政党とある一定の距離を保たなければ、改革派を名乗ることができないので、当然の帰結である。安易な相乗りは野合との批判も免れないことも事実である。

■改革派首長の成果　　アイディア知事[7]も改革派といえるが、先に紹介した岩手の増田、宮城の浅野、三重の北川、高知の橋本の4氏の成果を順に取り上げる。増田は、県庁を「県庁株式会社」として組織にトヨタ方式を導入し、業務の効率化のために民間委託や指定管理者制度の積極的な活用、公共事業の削減、職員数の削減を進めたことで、行革の取組みが全国的に高い評価を受けた。当然ながら、職員組合からの評価は低い。浅野は、情報公開と入札改革（一般競争入札の導入）、福祉政策を進めたが、中でも情報公開は全国市民オンブズマン連絡会議のランキングで全国第1位を獲得するほど熱を入れて取り組んだ。この延長線上で、警察の捜査報償費をめぐる疑惑に端を発して県警と対立を激化させたことで有名になった。

　北川は、事務事業評価システムを全国で初めて導入し、これが全国的な評価ブームを巻き起こしたことで話題を呼んだが、これ以外にリサイクル製品の認証制度の充実に着手した。退任後はマニフェスト選挙を提唱したことで知られている。橋本は、官官接待を全国に先駆けて廃止したものの、それ以外に核搭載の船舶の寄港を認めない非核港湾条例の制定をめぐり、全国に名が通るようになったが、結局のところ条例の制定には至らなかった。

■改革派首長の評価　　改革派と呼ばれる首長たちには、確かに新たな行政手法の導入や既存の行政手法の活用という点においてはそれなりの成果があり、それを全国に波及させた点においては前向きな評価が与えられても不思議はない。しかし、地域経済との関連で見ると、その評価は全く正反対となる。改革

をキャッチフレーズに登場した改革派首長の政策は、県民所得ではよくて現状維持、多くの場合には就任前よりも順位を下げているのが実態であるという（田村，2014，p.198）。とはいえ、最大の成果は、灰汁の強いリーダーシップによって、地方議会に対して改革を促す「着火材」としての役割を果たしたことである。

3 地方議会改革

(1) 蚊帳の外の議会

■**首長優位の改革**　首長等の執行機関に対する制度改革は、1947年4月に地方自治法が制定されてからほぼ毎年のように権限の強化ないし充実が図られてきた。これに対して、首長と両輪をなす地方議会に関する主な制度改正は表8-1のとおりわずかで、地方自治制度の改正は専ら首長優位の政治システムの形成を意図して進められてきたのである。

■**議会権能の縮小**　1948年改正では、議決事項の追加はされるものの、その一方で首長の一般的拒否権も追加された。合わせて、議員及び首長の兼職禁止が定められた。一面では、地方議会権能の強化が拡大されるように見えるが、実際のところはGHQの民主化政策の顔を立てるための改正だった。56年改正では、肥大化する議員数及びそれに伴う議会の拡大による無駄を排除するために定例会を6回から4回に減少させ、常任委員会の開催回数に制限が設けられ、議会権能が縮小された。

■**通達による能率と合理化**　その後、1960年から1990年代までの間は、ほとんど地方議会の強化・充実にかかる制度改革は行われていない。そのかわり、臨時行政調査会と臨時行政改革推進審議会の各答申及び事務次官通達によって、自治体は簡素で能率的な運営をすることが求められ、その一環として地方議会については議員定数の削減に集約され、2005年頃まで継続的に進められることになる。そうした中で、大きな制度改正が99年改正である。

　この改正に先立つ2年前の97年7月の地方分権推進委員会における第2次勧告の中の「地方議会の活性化」の項目で、議決事件の追加、臨時議会招集要件の緩和、議会事務局の能力向上など議会機能の強化が盛り込まれていた。こ

表8-1 議会制度史

改正年	主な議会の改正内容
昭和21年(1946)	東京都制、府県制、市制、町村制改正 住民の選挙権・被選挙権を拡充 都道長官・府県知事・市町村長の公選 議会の権限強化 議会の解散権を長に付与
昭和22年(1947)	地方自治法制定(4月17日公布) 予算増額修正権等の付与
昭和23年(1948)	議決事項の追加 長の一般的拒否権の追加 長と議員の兼職禁止
昭和31年(1956)	議会の定例会と常任委員会回数の制限
平成3年(1991)	議会運営委員会等の設置
平成11年(1999)	条例制定権、議会の検査・調査の整備 議員定数制度の見直し 議案提出要件及び修正動議の発議要件の緩和
平成14年(2002)	議員派遣についてその根拠及び手続を明確化等
平成16年(2004)	議会の定例会の招集回数の自由化
平成18年(2006)	臨時会の招集請求権を議長へ付与 委員会の議案提出権の創設等
平成23年(2011)	議員定数の法定上限の撤廃 議決事件の範囲の拡大
平成24年(2012)	条例による通年会期の選択制度の導入 臨時会の招集権を議長へ付与 議会運営に係る法定事項の条例委任等 議会の調査に係る出頭等の請求要件の明確化(議員修正) 政務調査費制度の改正(議員修正) 議会と長との関係の見直し(再議制度、専決処分制度等)

の勧告を契機に、地方議会のあり方や改革案が地方議会自らによって提言された。これらのいくつかの改革案が反映された。いわゆる、「地方分権一括法」の成立である。具体的には、条例制定権・議会の検査・調査の整備、議員定数制度の見直し、議案提出要件及び修正動議の発議要件の緩和が実現した。時を同じくして、99年の統一地方選挙では、「議会の活性化」が公約に掲げられたことも改革を促す要因となった(田口, 2008, pp.241-243)。

■議会権能の強化　2000年以降になると、02年改正では議員派遣の根拠及び手続の明確化、04年改正では議会の定例会の招集回数の自由化、06年改正では臨時会招集請求権の議長への付与と委員会の議案提出権の創設が明確にされた。

その後、11年改正では議員定数の法定上限が撤廃され、議決事件の範囲（法定受託事務の議決対象へ）が拡大された。続く、12年改正では、第30次地方制度調査会の「地方自治法改正に関する意見」（2011年12月15日）に基づき、条例による議会の通年会期の導入、臨時会の招集権の議長への付与、議会運営（委員会）にかかる法定事項を条例に委任、議会の調査権の創設、政務調査費に替えて政務活動費の導入、再議制度の対象事項の拡大、専決処分の対象から副首長の選任を除外が盛り込まれた（阿久根市の事件が契機となった）。

■**住民自治への転換**　このように見ていくと、地方議会制度は、地方自治法制定から1960年頃までは議会権能の縮小、60年から90年代終わりまで制度改正によらず国の審議会や次官通達で能率と合理化が求められた。地方議会の活性化と議会機能の強化の点からすると、「蚊帳の外」に置かれた状況にあった。それが、99年以降になると、地方分権改革の推進に伴って、地方議会の活性化と議会機能の強化を意図した制度改革が進展し出した。地方分権改革の対象が団体自治の充実から住民自治へと転換したのである。

　(2)　議会基本条例の興隆と要因

■**議会基本条例の嚆矢**　地方分権改革による強い執行部の出現、財政に対する危機感、汚職事件等による政治不信、強いリーダーへの期待を受けた改革派首長の登場などによって、地方議会の存在意義が問われることとなった。そうした中から、議会自らが改革に乗り出す議会が生まれ、その改革を「議会基本条例」という形で示す取組みが始まる。その嚆矢が2006年5月に「栗山町議会基本条例」を制定した北海道栗山町議会である。同じ年に都道府県初の議会基本条例が三重県（12月20日制定、12月26日施行）と、神奈川県湯河原町（12月12日制定、2007年4月1日施行）でそれぞれ制定された。このうち三重県議会の場合には、改革派首長の出現の影響が強かったことは前述した通りである。

■**全国的な広がり**　自治体議会改革フォーラム（代表：廣瀬克哉・法政大学法学部教授）の調査では、2014年4月1日現在、合計571団体が策定しており、その内訳は道府県29（61.7%）、政令市13（65.0%）、特別区1（4.3%）、市341（44.3%）、町村187（20.1%）となっている。また、制定年順では、2006年の3団体、09年の53団体、10年の79団体、11年の101団体、12年の107団体、13年の148団体

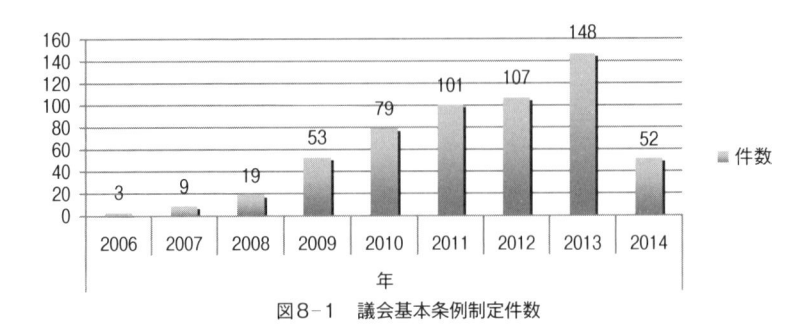

```
160                                    148
140
120                      101   107
100              79
 80          53
 60
 40      19                                   52      ■件数
 20  3   9
  0
    2006 2007 2008 2009 2010 2011 2012 2013 2014
                        年
```

図8-1　議会基本条例制定件数

と、三段ロケット的に増加している（図8-1参照）。

■**モデル規範性**　06年から08年までは、地方分権と住民参加の重要性を認識し、それまでの自ら改革を実践する中から編み出したもので、たとえば、栗山町議会では「これまで重ねて来た改革を風化させないで、今後も安定的に持続させ、さらに必要な改革を継続するために、議会基本条例という方式によって改革の理念と成果を制度化しておくのがよい」（神原, 2008, p.135）と判断し、制度化している。その制度策定方針は過去の反省、過去の蓄積・継承、将来展望（金井, 2010, p.22）で示されている。この時期の全国的な広がりは、栗山町のモデル規範性にある。栗山町が制定してから2～3年の間に制定された他の条例にその点がよく現れているという（増田・深澤, 2010, p.54）。栗山町の条例も改定されていることからすると、改訂版が影響を与えるとの予測もされている（増田・深澤, 2010, p.57）。

■**国のお墨付き**　09年から急激な増加となった背景には、第29次地方制度調査会答申（09年6月16日）の中で「議会の活動理念とともに、審議の活性化や住民参加等を規定した議会基本条例を制定するなど、従来の運用の見直しに向けた動きが見られるところであり、引き続きこのような自主的な取組が進められることが期待される」と、お墨付きを貰ったことが挙げられる。また、2000年前半に改革派首長が猛威を振るったことへの反動も拍車をかけた要因である。さらには、自治基本条例[7]の制定化の動きが議会に改革を促す契機ともなった。

■**制度改革と不祥事**　議会制度が大きく変化した11年と13年には、制度改革と伴奏するように制定数が劇的に増加している。議員定数の法定上限の撤廃、

議決事件の範囲の拡大、通年会期の導入など、議会の自由度の向上に伴い議会自ら独自に考え規定せざるをえなくなったことで増加したものと考えられる。また、ここ最近、不明朗な政務活動費の使途、セクハラやじ、脱法ドラック所持・麻薬所持、選定数のほとんどが挙違反で逮捕、飲酒運転、窃盗、器物損壊、いかがわしい動画のネット投稿など、不祥事のオンパレードによって「議会不要論」が叫ばれたことも大きな要因である。

(3) 議会改革の取組み実践

■**改革取組みの項目**　地方議会改革の先駆的な取組みは、議会基本条例を制定しているところに多い。そこで主に議会基本条例を制定している議会の改革取組みを見ていこう。議会基本条例の構成を大括りすると、総則的事項、議会機能を強化する事項、議員能力を強化する事項、住民参加を強化する事項、その他の5つに分けられる (増田・深澤, 2010, p.49)。総則的事項には前文、制定目的、定義、最高規範性、見直し規定、議会機能を強化する事項には議会の活動原則、首長との関係、議決事項、会派、委員会、議会図書館、議会事務局、広報活動、議員能力を強化する事項には、議員の活動原則、政務活動費、研修、倫理規定、住民参加を強化する事項には参加と連携、その他には議員定数、報酬などが、それぞれ含まれる。5つの事項のうち、議会基本条例の特徴に影響を及ぼすのが、議会機能、議員能力、住民参加であるが、中でも議会機能と住民参加が重視されている。そこで、この3つの事項で取り組まれている主な例を以下に紹介しよう。

■**議会機能の強化策**　まず、この事項では、執行機関の監視・評価の実施、政策立案能力の強化、参考人の招致、公聴会の開催、一問一答方式の導入、首長に対する反問権 (逆質問) の付与、首長に対する資料提出の要請、行政機関主催の委員会への参加の禁止、議決事項の明確化、議会への首長出席要請の最小化、議会事務局の整備と活用、CATV・庁内テレビ・ネットによる中継・録画の導入、議会日程・議案の公開、議会予算の確保、学識者による調査機関の設置などがある。議会の本来機能の強化のための試みが展開されている。

■**議員能力の強化策**　この事項では、議員相互の自由な討議 (議員間討議) の推進、課題別・地域別の住民意見の把握、住民全体の福祉の向上につながる活

動の実施、議員の個別案件に対する態度や姿勢の公表、議員間討議による合意形成の推進、政務活動費の使途の報告義務、条例・政策・意見の議員提出、政策討論会の開催、研修の開催、倫理規定の徹底などがある。

■**住民参加の強化策**　この事項では、意見交換会・議会報告会・出前講座・住民懇談会・議会モニターの開催、パブリック・コメントの実施、議会図書館の住民利用の推進、託児所の設置、平日夜間・土曜の議会開催、住民アンケートの実施など、開かれた・透明性のある議会、わかりやすい説明、説明責任を果たすことを意図した取組みが多い。

■**情報公開の実態**　これらの取組みを、住民目線で見れば、情報公開、議会運営、住民参加に分けられるが、この分類でその特徴を見れば、次の諸点が挙げられる（日経グローカル，2012，pp.14-20）。情報公開の面では、議会日程は会期ごとの公開が多いものの、年間日程の公開（帯広市、前橋市、新宿区等）も進んでいる。議案の公開では、指定場所での公開は定着しているものの、ネットによる公開はさほど多くない。議会活動を報告する議会報では、議会単独の広報誌をほとんどが採用している。議会報告会では義務化の広がりを見せているが、現状での取組みは少ない。住民の声を聞くためのホームページ上での意見の受付は進んでいるものの、ツイッターやフェイスブック、メールマガジンの活用（取手市、千葉市、流山市、鳥羽市、三田市等ですでに実施）は非常に少ない。政務調査費（現、政務活動費）の使途の公開はごくわずかである。議案に対する賛否の公開のうちネットで公開しているところも非常に少ない。議会の取組みを評価する"生命線"である情報公開にいっそうの取組みが求められている。

■**議会運営の実態**　議会運営の面では、議会における議員間討議は、議会としての合意形成を目指すうえで不可欠である。この点では、本会議での議員間討議はまだ少ないものの、委員会レベルでは増えてきている。一問一答方式では、多くのところで採用され、いまでは一括質問・一括答弁方式に変わり一問一答方式が主流となりつつある。首長・執行部の反問権（逆質問）は導入が少ない。通年議会では、制度導入から日も浅いためか、従来の年4回開催という慣例に従っているところが多く、通年にしているところは非常に少ない（四日市市や壱岐市等が実施）。

■**住民参加の実態**　住民参加の面では、情報公開が進んでいても参加する機会がなければ意味がない。本議会は別に常任委員会や特別委員会での傍聴で、原則自由公開か、事前許可制かの違いがあるが、参加を可能とするところが多いが、中でも前者が増えている。請願・陳情者の説明機会の保障、傍聴者の発言保障では、現状では少ないが、前者については地域課題を探り、政策に結びつけるうえで重要であることが認識されてきている。同様な点で、公聴会や参考人制度も増える傾向にあるが、市町村議会での活用は少なく、逆に都道府県議会では多い。

■**実質的意味での議会基本条例へ**　地方議会においてさまざまな改革が進展しているが、制度化されても、内実が伴わなければ意味をなさない。「形式的意味での議会基本条例」の制定は確かに増えてきているが、これからは「実質的意味での議会基本条例」へと実践の中で転換することが改革の充実につながるものと考えられる。

4　二元代表制の多様性

(1)　改革の形式化と実質化

■**改革の形式と実質**　改革派首長は、新たな行政手法の導入と既存の行政手法の積極的に活用（とくに、参加方式）という面で、改革の視点と手法の多様性を提供した。一方、地方議会改革は、議会機能・議員能力・住民参加の強化策を導入し始めている。両者の取組みは現状否定の観点から新しい姿にすることを「改革」とするならば、現状肯定の観点から改良する「改善」に近い。それでも、両者は、一方の取組みが他方の取組みを誘引する関係をなしている。

　しかし、これまで時間をかけて築き上げてきた取組みに胡座をかいてしまえば、その時点から効果は薄れる。モデルに依存すれば、政策や条例、組織の形式や内容が立派であってもその取組みを有効に機能させることはできない。つまるところ、関係者の徹底した議論を経て、地域に実情に即した、理念と具体性を確保し、普段に実践の見直しを続けなければ効果を調達することができない。

■**改革の方向性**　実質的意味での改革には、両機関の意思決定のあり方とと

もに進むべき望ましい展望と方向性を、中長期的な視点から示す必要がある。具体的には、ⓐ間違った過去を反省する（過去反省）、ⓑ望ましい過去の蓄積を確認する（蓄積確認・継承）、ⓒ将来に対しては、進むべき方向と、目指す目標を掲げる（中長期的将来方向性）ということである（金井，2010，p.22）。この改革内容が、関係者にとって心地良いものであってはならない。むしろ、内心は心地悪さという不満な内容が多いが、それを口に出せないような改革内容のとき、改革効果が生まれるのである。

（2） 二元代表制の再確認

■二元代表制に対する評価　改革派首長の登場と地方議会改革は、二元代表制そのもののあり方を見直すことを要請する。一時、議院内閣制について地方行財政検討会議（総務省設置、2011年1月1日）で検討された。世間一般では、二元代表制に対する評価は、いわば「機能不全論」が主流となっている。最近では、「議会不要論」まで飛び出している。しかし、二元代表制を、次の3原理で成り立つものとするならば、その評価は一転し、二元代表制は十分に理解されず、十分に使いこなされてはこなかったという評価を下すことができる。ここでいう3原理とは、議会も首長も住民から直接選挙されるという意味で、正統性は対等であり、議会＝合議制、首長＝独任制といった特性を生かして切磋琢磨する（第1原理）、政策過程において、議会や首長は権限が分有されていることにより、一方的な優位はありえず、相互作用によって団体意思が決定される（第2原理）、住民は主権者であり、議会と首長を統制するに際しては政策過程に参加することで統制する、というものである（第3原理）（西尾，1977，pp.73-75；江藤，2011，pp.35-39）。

■二元代表制の課題　この原理を的確に表現しているのが、先行モデルとなった栗山町議会基本条例の前文であるという（神原，2008，p.139）。「二つの代表機関は、ともに町民の信託を受けて活動し、議会は多人数による合議制の機関として、また町長は独任制の機関として、それぞれの異なる特性をいかして、町民の意思を町政に的確に反映させるために競い合い、協力し合いながら、栗山町としての最良の意思決定を導く共通の使命が課せられている。」

地域の最良の意思決定を導く共通の使命に対して、自治体ごとに2つの機関

が3原理を前提にどのような形で具体的に応えていくかが大きな課題である。

(3) 二元代表制の多様性

　首長及び議会は選挙によってその代表機能と統合機能に正統性が与えられる。両者が参加を重視し、積極的に参加を促すならば、政治的な統合は一層複雑になる。しかし、それは二元代表制が正しく作動した現れである。改革派首長の登場と地方議会改革の進展は、「地域のために」と「参加」を前提としている。その帰結は、政策執行過程に限定されていた参加が、政策形成過程と政策決定過程への参加の拡充を意味している。参加の拡充は、それに見合った新しい政策原理の創出を求め、同時に、新しい制度原理の創出を要請する（西尾，1977, pp.44-45）。具体的には、新しい施政方針・計画手法・条例・予算編成・行政裁量基準の確立である。

　これらが地域の最良の意思決定を導くルールであって、それらの内容を法形式に表したものが、自治基本条例や議会基本条例である。これは地域の政策形成、政策決定、政策執行の各過程とその手続（政策原理と制度原理）を明確な形に結晶化したものに他ならない。統合過程における対立を前提とし、それを乗り越える「調整のルール」とも置き換えることができる。これらが実質的意味で作動するならば、「改革」と呼ぶことができる。このように捉えるならば、二元代表制の内実は、地域ごとに多様性をもつことになると考えられる。それゆえに、基本条例なるものに正統性があることを願いたい。

1) この表現は、東京都都民生活局『都民参加の都政システム』（1977年）（西尾勝執筆）の中で初めて文語として登場したものといわれている。
2) アメリカでは、大統領支持政党と両議会多数派が一致する場合を「統一政府」と呼び、いずれかの議会多数派が大統領支持政党でない状態を「分割政府」と呼ぶ。アメリカの場合、党議拘束が緩く、各議員が独自に行動することが前提となっているため、分割政府が生まれることになる。
3) この事例としては、長野県の田中康夫知事や鹿児島県阿久根市の竹原信一市長、現在の大阪市の橋下徹市長の政治状況が挙げられる。
4) 本文で挙げた以外の主な革新首長には、知事レベルで年代順に見ると、大分県・木下郁（1955-71年）、沖縄県・屋良朝苗（1972-76年）、香川県・前川忠夫（1974-86年）、沖縄県・平良幸一（1976-78年）がいる。市長レベルでは、仙台市・島野武（1958-84年）、那覇市・平良良松（1968-84年）などがいる。
5) 憲法25条は、国家による国民の最低限度の生活を保障しているが、シビル・ミニマムは、そうした最低水準の生活が地方自治体によって保障されることを指す。松下圭一は『シビル・ミニマムの思想』（東京大学出版会，1971年）の中で、階級や党派から自由になった市民的人間型を想定し、その自発性に期待することで、自治体における生活条件の自主管理の思想をシビル・ミニマムとした。

この考え方は、高度成長のゆがみを自治体主導で計画的に是正するものとして広く受け入れられ、1960年代後半から70年代にかけて多くの自治体に影響を及ぼすこととなった。
6) 2008年に大阪府知事に就任した橋下徹が2010年に地域政党を名乗る「大阪維新の会」を設立したことで、それ以後、こうした地域政党が注目を浴びることとなった。もともと橋本は、地域政党を立ち上げる以前に「大阪のために」自治体レベルでの議院内閣制の実現を主張していたが、現実にはこれが挫折することで、権力基盤強化の必要性を悟り地域政党の結成へとつながった（金井, 2013, p.51）。地方自治と、民主主義が日本でより根を広げていくためには、政党が、どのようなレベルの選挙であっても候補者を擁立し、政策をたたかわせることが求められる（河村, 2008, p.225）。しかし、このような経緯で生まれた地域政党は、地域の政策を実現するために地域を基盤としながら国政に進出せざるをえないという自己矛盾を抱えながら、他の地域の関係者や団体、国会議員との連合を結ばなければならなくなり、ついには「日本維新の会」を形成することとなったのである。橋本の地域政党に触発されて類似のものが各地で設立された。「○○○維新の会」は実にさまざまな地域で設立されたが、「地域のために」という点ではいずれも空虚なものに過ぎないのが実態であるといえるかも知れない。
7) 改革派首長には位置づけられず、地域政党という支持基盤をもたないが、地域振興という点において全国に名を馳せた首長たちがいる。彼らの特徴は、国と対峙することよりも、既存制度を活用しながら地域づくりを押し進める、いわば「アイディア知事」と呼ばれた人たちである。たとえば、大分県の平松守彦（1979-2003年）は、市町村ごとに特産物を作り、まちおこしにつなげる、「一村一品運動」を提唱した。この運動によって、商品のブランド化に成功し、地域振興のモデルとして全国に広まった。岐阜県の梶原は、ITやベンチャー企業などの新産業創出、インフラ整備を積極的に進める地域振興で一躍有名となった。この2人ほどではないが、熊本県の細川護熙（1983-91年）は、平松のアイディアの延長上ともいえる「日本一づくり運動」と芸術文化活動に力を注ぎある程度の成功を収めている。
8) 自治基本条例は、「まちの憲法」とも呼ばれるもので、NPO法人公共政策研究所の調べによれば、平成26年3月26日現在で308団体が制定している。2001年の北海道ニセコ町が先駆けとなり、全国に広がってきたが、2011年頃から保守系（正確には右派）の反対運動が強まり、ブームにかげりが見え始めているといわれる（朝日新聞、2014年10月30日）。

■参考文献

江藤俊昭『地方議会改革』学陽書房、2011年
川竹大輔『改革派知事の時代』南の風社、2012年
金井利之「《地域における政党》と「地域政党」」『自治総研』9月号、公益財団法人地方自治総合研究所、2013年
金井利之『実践自治体行政学』第一法規出版、2010年
河村和徳『現代日本の地方選挙と住民意識』慶應義塾大学出版会、2008年
神原勝『増補　自治・議会基本条例論』公人の友社、2008年
笹岡伸矢「地方における首長と議会の対立とその帰結」『政経研究』日本大学法学部政治経済研究所、2014年
曽我謙悟・待鳥聡史『日本の地方政治──二元代表制政府の政策選択』名古屋大学出版会、2007年
田口一博「自治体議員とその周辺の変動」森田朗・田口一博・金井利之『分権改革の動態』東京大学出版会、2008年

砂原庸介『地方政府の民主主義』有斐閣、2011年
田村秀『改革派首長はなにを改革したのか』亜紀書房、2014年
東京都都民生活局『都民参加の都政システム』東京都、1977年
中川正美「三重県の議会改革と地方議会改革の展望」『都市問題』第6号、財団法人東京市政調査会、2004年
日本経済新聞社産業地域研究所『日経グローカル』No.196、2012年
廣瀬克哉・自治体議会改革フォーラム編『議会改革白書2014年版』生活社、2014年
増田正・深澤佑太「議会基本条例の構成と類型に関する統計分析」『地域政策研究』第4号、高崎経済大学地域政策学会、2010年
松下圭一『シビル・ミニマムの思想』東京大学出版会、1971年

第9章 地方分権改革の20年

1 自治と分権の理念

■**本章のねらい**　本章では、わが国の地方分権改革の歩みについてふり返り、その特徴や課題について明らかにする。分権改革の起点をどの時点と見るかは議論のあるところであるが、筆者は1993（平成5）年6月の国会の衆参両院による「地方分権推進決議」を起点と考えている。つまり、この国会史上初の分権推進決議からすでに20年以上の時間が経ったわけである。しかし、その間に分権改革がどれだけ進展したのかと問われれば、1995年から2000年までの「第1次分権改革」は確かに大きな成果を挙げたが、それ以降の改革の歩みは極めて遅いというのが一般的評価である。

あまり改革が進まず、また世論の関心も低いことから、最近、改革の関係者の間では「分権疲れ」なる語もささやかれている。本章では、20年間の分権改革を個別的にではなく総合的に見て、そのうえで本当に改革が進まなかったのか、わが国の分権改革はどういう種類の改革だったのかなどの点について再検討してみる。改革途中の一時点だけでは見えない点が、長いスパン（時間幅）からの観察では見えるのではないかとの期待をもっている。

■**「自治」の意味**　そこで、わが国の分権改革に関する検討の前に、まず自治や分権といった概念について確認しておく。それが、わが国の分権改革について検討し評価する際にも何らかの手がかりになると考えるからである。自治とは、読んで字のごとく「自ら治めること」であり、他者から「支配」されないことである。自治の対義語は「官治」ともいえるが、意味的には「支配」が対義語になる。また、「自治」と「地方自治」は少し意味が異なる。「大学の自治」や、学生が作る団体にも「自治会」の語を用いることなどから、「自治」

は政治空間のみではなく一般に用いる概念であり、「地方自治」は政治に関わる限定的な概念であるという区別もできるが、それだけでは「自治」と「地方自治」の意味のちがいに関する説明としてまだ不十分である。

■「地方自治」の誕生　中世や近世の時代に封建領主や領邦国家の支配を受けずに市民（商人など）によって統治されていた都市を「自治都市」と呼ぶ。イタリアのフィレンツェやわが国の堺などがそれである。これらの都市は「自治都市」であり「地方自治都市」とは呼ばない。封建領主などの支配を受けず、市民が自治的に運営（統治）したから「自治都市」と呼ばれる。それでは、「地方自治」という概念はいつどのように誕生したのであろうか。それは近代に入り上記のような封建的権力が統一された国民国家（nation-state）の誕生以降のことである。つまり、国王や皇帝を中心とした中央政府（national government）が形成されて以降、登場した概念である。統一された国民国家の形成前からあった「都市」や「集落」を国民国家の支配の下に組み込み、それらに中央政府が一定の自治権を認めたときに「地方自治」の歴史は始まった。

■地方自治と民主主義　「地方自治」は何のために存在するのか必要なのかという「地方自治の存在意義」について考えてみよう。地方自治の存在意義で最も有名なのは、フランス人のアレクシ・ド・トクヴィルやイギリス人のジェイムス・ブライスが提唱した「地方自治は民主主義の学校」という考え方である。彼らは、地域の住民が地域問題に関する議論や決定に参加する地方自治というものが、民主主義について学ぶ学校の役割を果たしていると考えた[1]。

■集権と分権の概念　次に集権と分権という概念について整理する。集権とは、権力や財源が中央政府に集中し、握られていることである。分権とは、その逆でそれらが地方自治体に分散していることである。上記のとおり、近代的な国民国家では、完全な（100％の）集権や分権というものはなく、この両者の関係は程度問題である（非常事態時を別にして）。この両者の関係を機能（役割）面から捉えた古典的な整理を行ったのがJ. S.ミルである。ミルは「権力は地方に分散されてもいいが、知識は集中されなければならない」と考えた。

■各国の集権と分権　この集権と分権という概念は中央政府と地方自治体との関係に関するものであり、中央地方関係の中で論じられてきた。中央地方関

係は国ごとに異なるが、アメリカやイギリスは中央地方関係が分権的であり、フランスなどは集権的であるといわれてきた。アメリカが分権的といわれるのは連邦制の影響もあり、とくに以前は連邦政府の役割が限定されていて、市民生活に関わる仕事（行政）は州、郡（カウンティ）、地方自治体、その他の特定目的型の団体によって担われていたからである。

　一方、イギリスは本当に分権的な国といえるだろうか。官僚（行政）ではなく国会（政治）が権力を握っているという特色があるが、昔もいまも集権的（政治的集権、国会主権）な国のように見える。フランスは地方公務員数より国家公務員数のほうが多い点など、確かに昔から集権的な国である。集権とか分権とかいう場合には、先入観やイメージに惑わされず、また、時代による変化なども踏まえる必要がある。

■**福祉国家化と相互依存**　集権か分権か（権力や財源の中央への集中もしくは地方への分散）という話ではなく、中央政府と地方自治体の役割（仕事）が明確に分かれているかどうかという点に注目する「分離」と「融合」という中央地方関係のもうひとつの捉え方がある。この点では確かに、アメリカやイギリスは分離型であり、フランスは融合型の中央地方関係である。

　ただし、アメリカやイギリスにおいても、20世紀に入り、福祉サービスなどの政府の仕事が増える「福祉国家化」の進展に伴って、中央政府と地方自治体が協力しなければならない場面が増えた。つまり、福祉国家化の進展が中央地方関係のあり方を融合型に変えたということである。この点をいち早く指摘したのが、政治学者のハロルド・ラスキであった。

■**集権か分権、融合か分離**　この集権か分権、融合か分離という２つの軸による中央地方関係の捉え方は、元は天川晃が戦前と戦後のわが国の中央地方関係の変化を説明するために用いたものである。その後、多くの研究者によって応用されてきた[2]。さて、ここ20年の間に繰り広げられたわが国の分権改革は、中央地方関係を集権的なものから分権的なものに変えようとした改革であることは間違いないが、その分権の中身とは何か。

　そして、わが国の分権改革では、中央地方関係のもうひとつの軸である融合と分離という点についてはどのような議論が展開されたのか、このような点に

ついて、以下で整理し検討する。

■**政治的分権と行政的分権**　わが国の分権改革に関する具体的な記述に入る前に、もうひとつだけ確認しておくことは、わが国の分権改革とは、中央政府の各省庁が握っている権力や財源を地方自治体に移すという「行政的分権」を目指したものであり、国会が有する立法権（法律を制定する力）を地方自治体の議会に移すという「政治的分権」をめざしたものではなかったことである。イギリスでは、1997年頃から国会の立法権の一部をスコットランドやウェールズといった地域に設けられた議会に「委譲」する"devolution"と呼ばれる「政治的分権」に取り組んできた。わが国の例に置き換えると、これまで国会で法律として決めてきたことが、自治体の議会が条例として独自に決められるようになる変化であるが、わが国の分権改革はこの種のものではない。

2　日本の分権改革はどのように論じられてきたのか

(1)　議論され、改革された内容

　ここでは、これまでの20年間の分権改革で議論され、そして、実際に改革された内容について簡単にふり返る。『地方自治』という雑誌で「地方分権の二〇年を振り返って」という改革の関係者による座談会を7回にわたって連載していて、これを読むと20年間の分権改革の内容をコンパクトに理解することができる。この20年間の改革の歩みをどのように区分するかについては、いろいろと意見が分かれるようであるが、改革の内容から見ると、1995年から2000年までの「第1次分権改革」、2001年から2004年までの「三位一体の改革」、2006年以降の「第2次分権改革」の3つに分けることができるので、以下で簡単にその内容についてふり返る。

■**第1次分権改革**　上記の座談会の記録を読むと「第1次分権改革」の中心は「機関委任事務制度の廃止」であったことがよくわかる。機関委任事務制度とは、本来は国の事務（仕事）を、便宜上の都合から都道府県の知事や市町村長などの地方自治体の執行機関にその事務の執行を「委任」するしくみであった。都道府県の業務の7～8割、市町村でも3～4割をこの機関委任事務が占めていた。

機関委任事務制度の問題点は、ひとつは、この事務の執行においては、国（主管の大臣）と地方（首長など）の関係が上下・主従の関係に置かれ、国は地方の事務の執行に対して制約なしに関与できたことである。もうひとつは、第1の点とは対照的に、地方議会は蚊帳の外に置かれ、機関委任事務の執行については何の関与も許されなかったことである（機関委任事務は執行機関への委任であり、議事機関である議会は部外者として扱われた）。第1次分権改革の改革内容について検討していた地方分権推進委員会では、早い段階からこの機関委任事務制度の改革（廃止）が必要であるとの認識をもった。機関委任事務として自治体が執行を担ってきたもののうち、自治体に移管できるものは「自治事務」として自治体の事務になった。また、廃止できる事務や国が直接執行したほうが良い事務もあった。こうしたものを除いても、国に管轄権はあっても、どうしても執行を自治体に「委任」せざるをえない事務も残った。ただし、それについては国の関与のしかたに一定の制約（ルール）を設けたうえで、新たに「法定受託事務」と呼ばれることになった。

　地方分権推進委員会では、当初、自治事務と法定受託事務を分類する基準だけを示すつもりでいたようだが、結果的には、すべての事務の割り振りを担った。この割り振り作業は、事務の所管省庁の担当者と委員会メンバーとによる密室での論議（ひざ詰め談判）によって進められた。省庁側は法定受託事務への分類を希望し、委員会側は原則自治事務化を目指していたので、かなりの心身の消耗を伴う過酷な作業であったことが推察される。第1次分権改革では、国が自治体の組織の編成や職員の配置などについて義務づける必置規制の緩和などについても検討され、一部改革が実現したものもあったが、第1次分権改革の主役はやはり機関委任事務制度の廃止であった。

■三位一体の改革　第1次分権改革ですべての問題が解決したわけではなく、多くの課題が残った。それらの課題について検討するために設けられたのが地方分権改革推進会議であった。残された課題の中で最も重要なものは、税財源の分権化であった。わが国における国と地方の関係を税財政の面から見ると、収入（歳入）の段階では国税のほうが地方税より多いが、支出（歳出）の段階では国より地方のほうが多い。そこで、国から地方に地方交付税や補助金として

表9-1 地方分権改革のこれまでの経緯

主な経緯	内閣
【第1次分権改革】 1993.6　地方分権の推進に関する決議(衆参両院) 1995.5　地方分権推進法成立 　　 7　地方分権推進委員会発足(委員長:諸井虔) 1996.12　第1次勧告〜　1998.11　第5次勧告 2000.4　地方分権一括法施行(機関委任事務制度の廃止など) 2001.6　最終報告	宮澤内閣(1991.11-93.8) 細川内閣(1993.8-94.4) 羽田内閣(1994.4-94.6) 村山内閣(1994.6-96.1) 橋本内閣(1996.1-98.7) 小渕内閣(1998.7-2000.4)
【三位一体の改革】 2001.7　地方分権改革推進会議発足(議長:西室泰三)	森内閣(2000.4-01.4) 小泉内閣(2001.4-06.9)
【第2次分権改革】 2006.12　地方分権改革推進法成立 2007.4　地方分権改革推進委員会発足(委員長:丹羽宇一郎) 2008.5　第1次勧告 2008.12　第2次勧告 2009.10　第3次勧告 2009.11　第4次勧告 2009.11　地域主権戦略会議設置(議長:首相) 2011.4　第1次一括法(義務付け・枠付けの見直しなど)、 　　　　国と地方の協議の場法成立 2011.8　第2次一括法成立(義務付け・枠付けの見直し、 　　　　基礎自治体への権限委譲) 2013.4　地方分権改革有識者会議発足(座長:神野直彦) 2013.6　第3次一括法成立 2014.5　第4次一括法成立	安倍内閣(第1次) (2006.9-07.9) 福田内閣(2007.9-08.9) 麻生内閣(2008.9-09.9) 鳩山内閣(2009.9-10.6) 菅内閣(2010.6-11.9) 野田内閣(2011.9-12.12) 安倍内閣(第2次) (2012.12-)

出典:筆者作成

財源が移転されるしくみになっている。しかし、このしくみでは、地方の財政自律性を損なう危険性がある。そこで、国税と地方税の割合を一対一にすることをめざし、地方交付税と補助金を地方税に置き換えることが提案された。税源移譲、地方交付税、補助金の改革を共に行うことから「三位一体の改革」と呼ばれた(当時の片山虎之助総務大臣による命名)。そして、地方分権改革推進会議がその具体策について検討することになった。

検討を進めるうちに、会議の中で2つの異なる考え方の対立が露になった。ひとつは、行政改革を重視する視点から歳出総額の削減を主張し、もうひとつは、国の財政事情とは切り離して税財源の分権化を主張した。この両者の主張の溝を埋めることができず、地方分権改革推進会議は「空中分解」し、三位一体の改革の検討はより高次の検討機関である経済財政諮問会議で扱うことにな

った。この経済財政諮問会議が中心となった三位一体の改革の検討過程では、廃止・縮減する補助金の案づくりを地方自身（地方6団体）に求めたり、地方からの提案によって国と地方の協議の場が設けられたり、興味深い動きも見られたが、結局、三位一体の改革は大きな成果を上げることができなかった[3]。

■第2次分権改革　2006年12月に地方分権改革推進法が制定され、翌07年4月に地方分権改革推進委員会が設置された。この委員会の任期は3年間であった。同委員会の下で進められた改革内容に限定して「第2次分権改革」と呼ぶのが正確かもしれないが、ここでは、2009年9月からの民主政権下で進められた「地域主権改革」、そして、2012年12月以降の第2次安倍内閣（自民党政権）下で進められているものまで含めて「第2次分権改革」と呼ぶことにする（表9-1参照）。

　この間に、自民党政権（第1次安倍内閣、福田内閣、麻生内閣）、民主党政権（鳩山内閣、菅内閣、野田内閣）、自民党政権（第2次安倍内閣）と目まぐるしく、政権交代があり6人の首相が交代した。それぞれの内閣では、分権改革の内容について力点の置き方のちがいがある。たとえば、麻生内閣は、国の出先機関改革に積極的であった。民主党政権では、「地方分権」の語に代えて「地域主権改革」という新しい看板を掲げ、改革の推進体制も一新した[4]。こうしたちがいは確かにあるが、各政権、内閣が第2次分権改革で共通して取り組んできたのが「義務付け・枠付けの見直し」という課題である。

　義務付け・枠付けの見直しは、第1次分権改革時の地方分権推進委員会が任期切れ前に出した最終報告（2001年6月）の中で今後改革が求められる6つの課題のひとつに挙げられていた。第2次分権改革はこの残された課題に応えようとしたのである。第1次分権改革の結果、上記の機関委任事務制度の廃止によって、そして、新たに設けられた法定受託事務についても自治事務についても、各省が出す通達・通知によって法的に拘束されるようなことはなくなった。その一方で、個別の法律や政省令などによって規定される拘束は残っていた。そこで、これらの個々の拘束をひとつずつ取り外すことを「義務付け・枠付けの見直し」という。

　法定受託事務については、義務付け・枠付けが少なかったので、地方分権改

革推進委員会では、自治事務に絞って義務付け・枠付けの見直し作業に取りかかった（機関委任事務を自治事務化する際に、細かな規定が設けられていた）。義務付け・枠付けに関する地方分権改革推進委員会の第3次勧告（2009年10月）は民主党政権になってからの鳩山内閣に対して提出されたが、民主党政権もそれを受け入れて法改正を行った（2011年4月）[5]。また、その後の菅内閣、野田内閣、第2次安倍内閣でも、引き続いて義務付け・枠付けの見直しに取り組んできた。このテーマは地味ではあるが、自治体の自律性を高めるためには非常に重要な改革である。

(2) 改革に対する評価と課題

わが国で20年間に展開されてきた分権改革の中身について簡単にふり返ると以上のような状況である。この他に地方行政体制の整備として市町村合併や道州制などの地方制度改革に関する議論があったが、これについては本書の他の章で扱っているので、そちらを参考にしてほしい（市町村合併は第6章、道州制は第7章）。そこで、以下では、識者がこの分権改革についてどのように評価し、何を今後の改革の課題と考えているのかについて簡単に整理し紹介する。

■**改革当事者の評価**　まず取り上げるのは、改革の当事者であり研究者である西尾勝の指摘である。西尾は、20年間の分権改革に一貫して関与し、改革の方向性を提案すると共にその課題などについても指摘してきた。この西尾の指摘について見ることにする。

第1次分権改革の最も中心的な成果として機関委任事務制度の全面廃止を挙げ、自治事務と法定受託事務のふり分けについては、「概ねのところ、妥当な振り分けになったと確信している」としている（西尾，2013，pp.70-72）。また、三位一体の改革については「国庫補助負担金の4兆円削減、3兆円の税源移譲が行われたものの、これを上回る規模で地方交付税と臨時財政対策特例債の削減が行われるというみじめな結末になって、国側にも自治体側にも徒労感と幻滅感だけが残ることになった」と見ている（同，p.83）。第2次分権改革については「各省庁側が簡単に同意できるものが残っていないなかでの成果である。各省の大臣以下政務三役の政治主導で、半数の勧告が実現できたことは大いに評価できる」としている（同，p.87）。

西尾の今後の分権改革の行方や課題に関する指摘は、同書と同時期に出された他の出版物などと合わせて読むとより明確に理解できる。雑誌『地方自治』における「地方分権の二〇年を振り返って」の第4回の座談会において、第1次分権改革を総括しながら、「これ以上の改革をやろうと思えば、今度は政治主導でないと進まないと思います」と、今後の改革を進めるうえでの政治主導の重要性について指摘している。しかし、その一方で、「政治主導が行われさえすれば、何でも改革できるわけではありません。官僚が支えなければ改革そのものを行うことも難しい」としている（西尾ほか，2014，pp.16-17）。

　また、同じ回のまとめのコメントでは、「『分権改革を続けろ、続けろ』と言うことをしばらくお休みする。その間、自治体はそれぞれにおいて今までの分権改革の成果をフルに活用することにエネルギーを注ぐべきではないでしょうか」と述べている（同，p.25）。それでは、その「今までの分権改革の成果」とは何かといえば、義務付け・枠付けの見直しなどであり、自治体への縛りを緩め、自由にするという（西尾の言葉でいう「自由度拡大路線」）改革の成果である。

　自治体はさらなる権限委譲や財源移譲（西尾の言葉でいう「所掌事務拡張路線」）を求めるが、それでは都道府県と市町村の対立、首長側3団体と議長側3団体の対立などの「地方六団体間の足並みの乱れ」もあり、「複雑な対立構造」になってしまう（西尾，2013，p.94）。地方側もあまり欲張らずに、まずは第1次や第2次の分権改革で獲得した「自由度」を十分に活用すべきであるというのが西尾のメインの主張ではないかと思う。

■**先行研究による評価と課題**　次に行政学を専門とする研究者たちが、わが国の分権改革をどう評価し、何を課題として挙げているのかについて簡単に見ることにする。まずは大杉覚の指摘についてである。ここで見る大杉の指摘は2009年の民主党への政権交代前のものであるが、第1次分権改革以降の分権改革の状況についての見取り図と今後の展望を示している。大杉は、「累積的」「複線的」「回帰的」という相互に関連する3つの概念を用いてそれを示した。「累積的」とは、分権改革が第1次から第2次へと継続していくと共に、国の機関、地方6団体、その他の研究機関などにおいて裾野の広い議論が展開されている状況についていい表している。

2　日本の分権改革はどのように論じられてきたのか　165

【第1次分権改革の成果】
機関委任事務制度の廃止、国の関与の新しいルールの確立など

【地方分権推進委員会・最終報告】

| 地方財政秩序の再構築 | 義務付け・枠付けの緩和 | 新たな地方自治のしくみの検討 | 事務事業の移譲 | 規制緩和住民自治の拡充 | 「地方自治の本旨」の具体化 |

《自由度の拡充》《自由度の拡充》《所掌事務の拡張》《所掌事務の拡張》

【三位一体の改革】
国庫補助負担金の削減（4兆円）、税源移譲（3兆円）

【第2次分権改革】

《地方分権改革推進委員会・第1次勧告》
重点行政分野の見直し、基礎自治体への権限委譲など

《第2次勧告》
出先機関改革、義務付け・枠付けの見直し

《第3次勧告》
義務付け・枠付けの見直しの重点項目
国と地方の協議の場の法制化など

《第4次勧告》
地方税財政など

第1次一括法
義務付け・枠付けの見直しなど

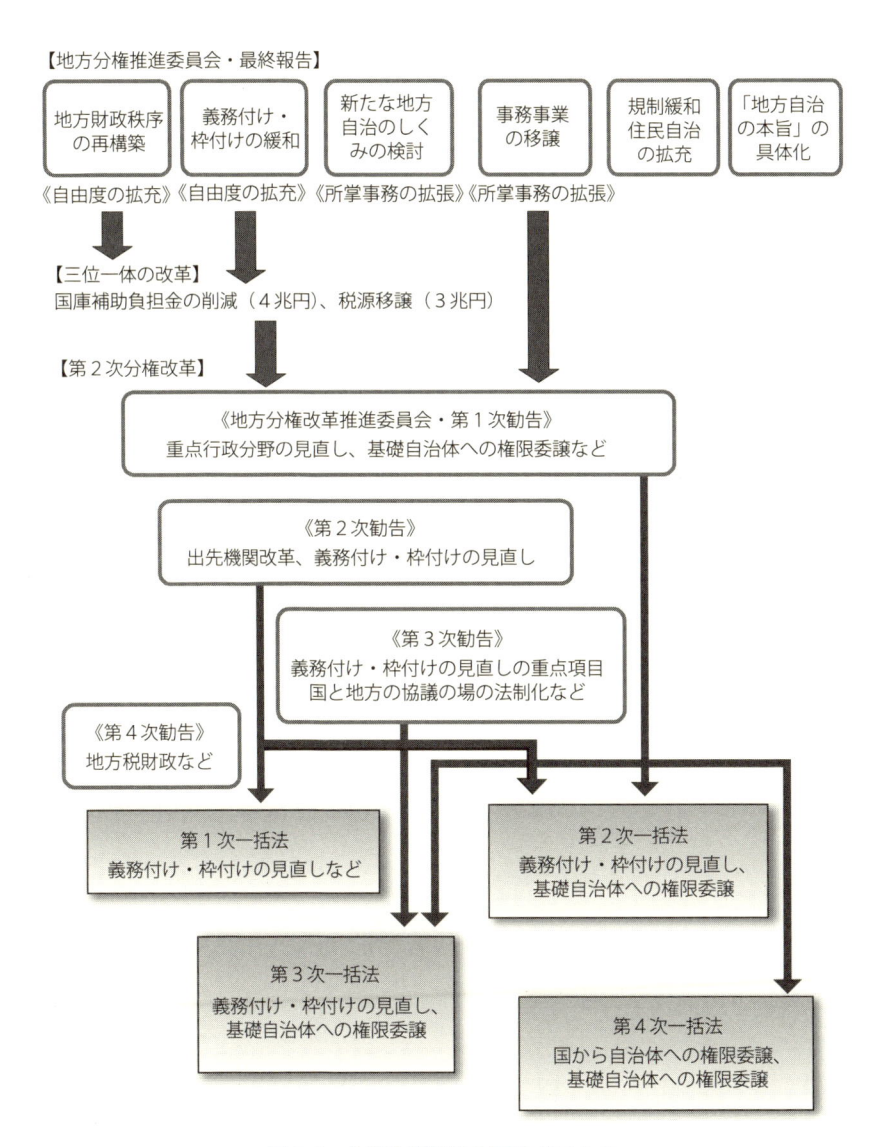

第2次一括法
義務付け・枠付けの見直し、基礎自治体への権限委譲

第3次一括法
義務付け・枠付けの見直し、基礎自治体への権限委譲

第4次一括法
国から自治体への権限委譲、基礎自治体への権限委譲

図9-1　分権改革課題の展開（筆者作成）

「複線的」とは、第1次分権改革以降の状況について、メインのプロット（筋書き）以外に、サブ・プロットが「不用意に交錯し混乱」（大杉，2009，p.59）した状況について表現したものである。具体例としては、三位一体の改革において、分権改革路線というメイン・プロットに対して、財政再建路線というサブ・プロットが混入したために、地方分権改革推進会議が端役に追いやられたことなどを説明している。「回帰的」とは、第1次分権改革以降の改革の場面で、過去にあった改革の議論が再燃する傾向を示唆している。受け皿としての市町村合併や道州制論、地方分権改革推進委員会における補助金改革（三位一体の改革の再チャレンジ）などがそれである（図9-1参照）。

　以上のように、大杉は第1次分権改革後の状況について3つの概念を用いて説明した。そのうえで、「政権党が、内閣主導の改革推進体制の下で着実にプログラムを推進する意思を示」さない限り、地方分権改革は上記の3概念の「ダイナミズムに翻弄され続け」るとの結論を述べている（大杉，2009，p.63）。この3概念は、その後の改革状況を位置づける際にも有力な手がかりになると共に、最後のコメントはやはり政治主導の重要性を指摘したものといえる。

　もうひとりは、金井利之の指摘である。金井の論考は、第2次安倍内閣誕生直前のものであり、民主党政権による地域主権改革までを対象にした批判的な論議を展開した。金井の重要と思われる第1の指摘は、小泉内閣が推進した三位一体の改革や市町村合併は、集権的性格をもつ改革であり、民主党政権が提唱した地域主権改革についても「分権指向性を持ったとは考えにくい」と位置づけていることである。第2の指摘は、地方自治体（その関係者）が、「第1次分権改革の『成功体験』によって、『改革＝分権方向』という」先入観をもち、上記の改革に「期待を掛けてしま」い、さらに「気宇壮大な『統治機構改革』」の提案などに時間を空費したという批判である。第3の指摘は、これらの過去の反省に立ち、そして、第2次安倍内閣という集権的性格が強い政権の誕生の時期だからこそ、自治体に対して制度改革への働きかけより、「地域住民生活を守る『地域守権』を地道に実現する」必要性を説いていることである（金井，2013，pp.22-23）。三位一体の改革や市町村合併、地域主権改革に対する評価、それらの改革に対する自治体の姿勢に対する批判、そして自治体の歩むべき道

の提示など、第1次分権改革以降の状況の評価と課題に関する誠に示唆に富む指摘である。

最後に取り上げるのは、木寺元の研究である。木寺は、市町村合併、機関委任事務制度の廃止、交付税制度改革、第2次分権改革を対象（事例）に、3つのI（利益：interest、制度：institution、アイディア：idea）の視角から地方制度改革の起きる過程や条件について分析した。木寺が3つのIの中で最も注目するのはアイディアであり、それは近年の政治学研究における「アイディアの政治」アプローチ（アイディアを説明変数とする手法）の影響を受けている。木寺の想定する制度改革のメカニズム（仮説）は、アイディアの存在が、専門的執務知識を有する主導アクターの獲得を招き、そのアクターが制度改革を担うという図式である。木寺の分析枠組みに関する説明はこれぐらいにして、こうした分析枠組みを用いた研究から、本章が関心をもつ分権改革の評価と課題については何を読み解くことができるのかという点に話をしぼることにする（木寺の研究は、上記のように、いかなる要因が地方分権改革を規定しているのかという点に関心があることを理解したうえで、そこで得られた知見を本章の関心に即して読み直す）。

本章が対象にした改革からすると、木寺の事例のうちの機関委任事務制度の廃止、交付税制度改革、第2次分権改革の3つが対象になる。木寺の結論を単純化して示すと、機関委任事務制度の廃止の事例では、「アイディア」と「主導アクター」の両方が揃って改革に突き進んだのに対して、交付税制度改革の事例では、「アイディア」も「主導アクター」も揃っていたが、「主導アクター」の「専門的執務知識」が不十分だったために改革が挫折し、第2次分権改革では、「アイディア」はあったが、それを「受け入れる『主導アクター』を設定できず、抜本的な制度改革にはつながらなかった」（木寺, 2012, pp.182-183）。これらの点が、分権改革に関する評価といえる。

今後の改革の課題としては、改革の「アイディア」と「専門的執務知識」を兼ね備えた「主導アクター」の存在が必要ということになるが、これではトートロジーになるので、木寺の枠組みから今後の改革の課題を導き出すのは無理な議論の仕方かもしれない。

■まとめ　さて、これらの識者の指摘を踏まえると、この20年間の分権改

革の評価と今後の課題としては何がいえるのだろうか。まず評価としては、第1次分権改革が大きな成果を残したことと、三位一体の改革が不十分な改革に終わってしまったという点については共通している。第2次分権改革に対する評価は識者の間で少し異なっている。今後の課題としては、各識者の指摘をもう一度羅列することになるが、西尾はこれ以上改革の戦線を拡大するのではなく、これまでの第1次と第2次分権改革で獲得した「自由度」という成果をまず自治体が十分に活用することを課題として挙げた。この点は、制度改革への働きかけより住民生活を守る「地域守権」を薦める金井の指摘とも共通する。

　もうひとつ共通している点は、これ以上に改革を進めようとする場合の政治主導の必要性についてである。西尾と大杉が指摘していることである。ただし、西尾がいうように政治主導だけで改革が進むわけではない。官僚の支えがなければならない。この点は木寺の指摘する改革を実現に導くための「専門的執務知識」の重要性とも共通点をもっている。

3　特区制度と分権改革

■**都市再生緊急整備地域**　もうひとつ別な種類の分権改革の進め方について考えてみたい。それは「特区制度」と呼ばれるもので、提案や申請のあった特定の自治体に対してのみ、他の自治体には一般的に認められていない（付与されていない）権限が特例的に認められる（付与される）しくみである。これまでにいくつかの特区制度が用いられてきた。小泉内閣下の2002年7月から指定が開始されたものに「都市再生緊急整備地域」がある。これは、都市の再生を目的としており、税制優遇と金融支援を一体的に展開するものであった。2013年7月時点で全国62地域（8037ha）が指定されている（北崎，2014，p.2）。

■**構造改革特区**　特区制度としてより有名なものは、同じく小泉内閣下で2003年4月に制度化された「構造改革特区」である。ここでは、構造改革特区に詳しい八代尚宏の説明を参考にしながら、この特区制度の特徴について整理する。第1の特徴は、構造改革特区には自治体だけでなく、企業や個人も規制の特例措置を求めて提案することができることである。提案数のうちの約4割は民間によって占められている（自治体による提案は約6割）。第2の特徴は、

特区自体の申請と認定の手続についてである。特区を申請する自治体は、上記の規制の特例措置の提案が実現したものの中から自らの自治体にとって必要な特例の項目を組み合わせて特区を申請する（申請は年に2回）。規制の特例措置提案として実現している項目でも、特区として認定されない限り、実施することはできない。第3の特徴は、特区法において特区（規制の特例措置）の社会的効果に関する政策評価を、特区設立1年以内に実施することが義務づけられている。評価の結果、特例措置による弊害が見られない場合には、全国へ適用されることになる。つまり、特区の認定を受けていない自治体でも実施できるようになる（特区の発展的解消）。

　株式会社による農地経営を禁止する規制の特例措置に関する農業特区や、濁酒製造の数量制限を緩和した濁酒特区、学校教育法と児童福祉法の特例措置として幼稚園と保育所の一体的な運営を目指した幼保一元化特区、小学校から英語で授業を行う群馬県太田市の外国語教育特区などの事例が有名である。八代の分析によれば、認定された特区は、「経済的な規制に関するものよりも、農業関係、学校教育、幼保一元化を含む生活福祉関係等、国民生活に密接に関わるものが多」い。

　また、国の各省は「『特区』で実施される規制改革を避けるために、自主的に全国的な規制改革を行う場合も多い」としている。「特区としては認められなかったものの、直ちに全国ベースの規制改革の対象」になったもの（特定機能病院の要件としての病床数の下限の規制緩和）もあり、これに関しては「実質的に同じ効果が得られた」（八代，2005，pp.239-242）。

■総合特区　次に総合特区制度は、菅直人内閣下で2011年6月に法制化された。総合特区制度には、大都市を中心に国際競争力の向上を目指した「国際戦略総合特区」と、地域資源を活用した差別化戦略で地域活性化を目指した「地域活性化総合特区」の2種類がある。2013年3月時点で前者が7件、後者が37件の指定を受けている。総合特区制度の特徴は、構造改革特区との比較による先行研究を参考にすると、①構造改革特区が金融・税制面での支援措置を伴なかったのに対して、総合特区では金融、財政、税制面での支援措置を行う。②構造改革特区では省庁が規制緩和に同意した項目を自治体に示す「メニュー

方式」が採用されたが、総合特区では特区側と省庁側が特例措置の内容について話し合う「国と地方の協議会」方式が採用された。③構造改革特区では実施主体は自治体であったが、総合特区では地域運営協議会の設置が義務づけられ地域の多様な団体のニーズやノウハウを活かす工夫が図られた。こうした制度理念の一方で、実態は規制特例や支援措置を得るための手続が煩雑で実効性が低いとの批判がある（高坂，2013．pp.70-76）。

■国家戦略特区　　最後に紹介するのが、第2次安倍内閣が成長戦略の目玉として創設した「国家戦略特区」である。国家戦略特区は、都市競争力の強化が目的であり、そのため東京圏や関西圏が主な対象になった。2014年4月には、第1弾として6つの区域（東京圏、関西圏、新潟市、兵庫県養父市、福岡市、沖縄県）が選定された。この6区域の選定に先立って、政府内に有識者で構成するワーキンググループを設置し規制改革事項を示し、その一方で、自治体や民間からの事業提案を募り、政府内での調整を経て、2013年12月に国家戦略特別区域法を制定した。そして、安倍首相を議長とする国家戦略特区諮問会議を設置し、同会議で上記の6区域が選定された。

　6区域のうちの新潟市は、農業の大規模化、農業への企業参入の拡大を図るとともに、6次産業化の推進をめざすものである。養父市は、中山間地農業の改革を目標に掲げ、耕作放棄地の再生をめざしている。

■分権との関わり　　これらの特区制度が本章の主題とする分権改革とどのような関わりをもつのかということを最後に述べたい。第1に、上記の特区制度は、国発案（トップ・ダウン型）のものと自治体発案（ボトム・アップ型）のものに分けることができる。都市再生緊急整備地域や国家戦略特区は前者に分類され、構造改革特区や総合特区は後者に分類される。分権改革の推進に役立つのは後者の自治体発案の特区制度である。第2に、国家戦略特区は、上記のようにトップ・ダウン型の規制緩和策であるが、長年にわたって改革できなかった「岩盤規制」の緩和・改革をねらっている。この点は、規制緩和のみならず分権改革の発展にも可能性をもっている。トップ・ダウン的な力によってこじ開けた岩盤規制をどう自治体自身のものとして役立てることができるのかが重要である。第3に、実はわが国では特区制度と似た取組みがこれまでにも行われてき

た。1992年に制度化された地方分権特例制度（パイロット自治体）や国の各省のモデル事業、古いものでは新産工特（新産業都市と工業整備特別地域）などの拠点開発型の地域開発手法も一定の類似性をもっている。これらのしくみが分権改革の推進にあまり貢献しなかったのは、各省の反対によって骨抜きにされたり、各省の割拠性を克服できなかったり、補助金獲得競争にとどまってしまったからである。このような過去の教訓に学び、特区制度を単に規制緩和や地域振興にとどめず、分権改革の推進にも役立つものにすることが重要である。

4　分権改革をめぐる今後の展望

　少し前の文献であるが、地方財政学者の重森曉は、R. J. ベネットの枠組みを用いて、欧米における分権化の方向性には、政府間関係（中央政府対地方政府）と政府対市場の関係の2つがあるが、わが国では前者のみを分権化と捉え、後者については規制緩和と称していると述べている（重森, 1996, p.57）。

　呼び方のちがいは別にして、わが国では分権化と規制緩和が、「国から地方へ」「官から民へ」の標語の下で専ら行政改革の目的（国の負担を減らす）のために推進されてきた。まず指摘したいことは、分権化（分権改革）を行政改革遂行の手段と捉えることを止め、地方自治の充実という本来の視点から捉えるべきであるということである。そのうえで、これまでは主として規制緩和もしくは地域振興の視点で捉えられていた特区制度についても分権改革の視点から捉え直すことが必要である。本章における分権改革の記述の中で特区制度を取り上げたことには、そのような意味が込められている。

　2014年5月30日の第4次一括法の成立で第2次分権改革に区切りが付き、分権改革は新たな段階に入ったといわれている。この新段階の分権改革の調査・審議を担っているのは、2013年4月に内閣府特命担当大臣（地方分権改革）の下に設置された「地方分権改革有識者会議」（座長：神野直彦）である。

　有識者会議における改革の進め方は、これまでとかなり異なるようである。国主導の「短期集中型改革スタイル」ではなく、「地方の発意に根差した息の長い改革スタイル」をめざし、自治体からの「提案募集方式」や「手挙げ方式」を導入した（本多, 2014, pp.9-10）。また、個別の事務をひとつずつ各省庁と

検討する従来の進め方ではなく、行政分野ごとに検討する方針を採用し、雇用対策、地域交通、農地・農村などの専門部会が設けられている。

最後に本章の冒頭で設定した点に戻って本章のまとめとする。わが国の分権改革は、少なくとも現時点までの進め方を見る限りでは、イギリスのような分離型自治（国と地方の機能の明確な分離）ではなく、融合型を前提に、その中で可能な限り国の関与を縮減し、地方の自由度を高め、さらには権限委譲を進めようとする種類の改革である。そのようなわが国の分権改革の特徴を踏まえ、また、本章で検討してきたことを含め、今後の分権改革の取り組むべき方向性や課題を列挙したい。

①西尾が指摘したようにこれまでの改革で獲得した自由度を自治体が自由に活用することがまず必要である。②有識者会議が検討している行政分野別の分権や不十分な改革に終わった三位一体の改革をいま一度進めるためには、政治主導[6]による力が必要である。③特区制度も分権の視点から捉え直し、自治体の自主性と自由度の拡大に活用すべきである。④本章では扱わなかったが、いつの間にか議論から消えた「国の出先機関の整理・統合」にもう一度取り組むべきである。

改革の一時点だけを見ると、わが国の分権改革は遅々として進まないように見えるが、この20年間に及ぶ歩みを通して、機関委任事務制度は廃止され、義務付け・枠付けの見直しもかなり進んだ。その他、必置規制の一部見直しや「国と地方の協議の場」の法制化も実現した。そう考えると、改革の実現にはやはり時間がかかるが、諦めずに取り組めば、上記の4つの課題もいつの日か必ず実現することだろう。

1) 地方自治と民主主義の間に本当に密接な関わりがあるのか否かをめぐって、かつて、ラングロッド＝パンターブリック論争が展開された（沖田，1981, pp.16-17）。
2) たとえば、曽我謙悟は、集権・分権の概念を、自治体の自律性という質的な面と、活動範囲という量的な面に分けた。そして、前者の質的な面について、自治体が単体で意思決定を行っていることを「分離」と呼び、中央政府の関与を受けながら意思決定を行っていることを「融合」と呼んだ。一方、後者の量的な面について、中央政府に多くの資源が分配されている場合を「集中」と呼び、自治体に多く分配されている場合を「分散」と呼んだ（曽我，2013, pp.227-228）。
3) 2003年に閣議決定された「骨太の方針2003」及び翌04年閣議決定の「骨太の方針2004」によって三位一体の改革の大枠が示された。それによれば、4兆円規模の補助金の廃止と、それとは引き換えに3兆円規模の国から地方への税源移譲（基幹税による）を行うというものであった。小泉首相

は廃止する補助金の選定を地方自身に求め、地方6団体は全国知事会を中心にその求めに応えた。所得税から住民税への3兆円規模の税源移譲は実現したが、補助金改革については地方の要求とは異なる結果になった（自治体は補助事業自体の廃止により自由度の拡大を要望したが、補助負担率の削減にとどまるものが多かった）。また、地方交付税と臨時財政対策特例債の大幅削減も自治体に対して大きな衝撃を与えた（西尾，2013，p.84）。
4) 民主党政権下では、地域主権改革の推進体制として地域主権戦略会議が設置された（2009年11月17日）。関係閣僚と専門家の双方で構成され、従来の専門家のみによる審議機関と閣僚のみによる機関を合体したもので、決定までのスピードアップをめざすしくみであった。
5) 地域主権改革関連3法案（第1次一括法案、協議の場法案、自治法改正法案）は、2010年3月29日に国会に提出されたが、成立は2011年4月28日であった。
6) 政治主導に関連して、とかく批判された民主党政権であるが、分権改革（地域主権改革）の取組みについては、民主党政権時代の成果を認める声がある。この点に関して、なぜ民主党政権は分権改革（地域主権改革）に成功したのかという興味深い「問い」を立てた北村亘の論文が参考になる。

■参考文献

大杉覚「分権一括法以降の分権改革の見取り図と今後の展望」『都市問題』2009年8月号
沖田哲也「地方自治の原理」沖田哲也・中邨章・竹下譲編『地方自治と都市政策』学陽書房、1981年
金井利之「分権政策と政局」『ガバナンス』第141号、2013年1月号
北崎朋希「特区制度はどのくらいの効果を上げたのか」『NRIパブリックマネジメントレビュー』第134号、2014年9月号
北村亘「『地域主権』改革」伊藤光利・宮本太郎編『民主党政権の挑戦と挫折』日本経済評論社、2014年
木寺元『地方分権改革の政治学』有斐閣、2012年
高坂晶子「『総合特区』の実効性向上に向けて」『JRIレビュー』第5巻第6号、2013年
重森曉『地方分権』丸善ライブラリー、1996年
曽我謙悟『行政学』有斐閣、2013年
西尾勝『自治・分権再考』ぎょうせい、2013年
西尾勝ほか「地方分権の二〇年を振り返って④」『地方自治』第798号、2014年5月号
本多滝夫「第2次安倍政権と地方分権改革」本多滝夫・榊原秀訓編『どこに向かう地方分権改革』自治体研究社、2014年
八代尚宏「構造改革特区の意義と今後の課題」八代尚宏編『「官製市場」改革』日本経済新聞社、2005年

第10章
戦後わが国教育委員会制度の「分離」と「統合」

1　戦後教育行政パラダイムの危機

　「教育は政治と分離されるべきである[1]」。アメリカで19世紀から20世紀への転換期以来、教育行政における信仰箇条ともいうべきパラダイムとなった、この理念は、戦後わが国の教育憲法ともいうべき教育基本法（平成18年新教育基本法が成立。以下、旧教育基本法と呼ぶ）に示された。それは、とくに同法10条の1項「教育は、不当な支配に服することなく、国民全体に対し直接責任を負って行われるべきものである」に現れた。

　こうした理念を体現したものが、昭和23年に成立した教育委員会法（昭和31年に廃止。以下、旧教育委員会法と呼ぶ）に基づく公選制教育委員会制度とされた[2]。この教育委員会制度は、政治（地方議会）や首長をトップとする一般行政の組織とは分離された構造と独立した権限を基本的にもつ。これこそアメリカで発展してきた典型的な教育行政の理念をほぼ体現した組織と権限をもっていた。アメリカ教育委員会制度はいくつかのモデルに分類されるが、その中の典型的なモデルが採用された。

　占領政策によるものとはいえ、教育関係者を中心として多くの国民に支持されていた公選制教育委員会制度は、保守政党の思惑等もあって、国民に熟知されぬまま廃止された。そこで政府及び文部省（平成13年中央省庁再編により文部科学省に名称変更。以下、旧文部省と呼ぶ）は、任命制教育委員会制度へと変えた昭和31年の「地方教育行政の組織及び運営に関する法律」（以下、旧地教行法と呼ぶ）を成立させた後、「国民全体に対し直接責任を負って」の意味は、「国民と教育との間に中間的な介在を経ないで直結されるべきことを明らかにし」て、「教育者や教育行政関係者の心構えを述べた」ものとされた[3]。

しかし、これは昭和22年旧文部当局が『教育基本法の解説』の中で10条1項を解説したものが公選制の教育委員会制度を指していたはずである[4]とするものとは、かなり異なっている。

注意しておくべきは、旧教育委員会法の公選制教育委員会制度ほどではないにしても、旧地教行法の任命制教育委員会制度が、実態がどうであれ、少なくとも「教育は政治と分離されるべきである」という理念を完全に否定してはいないことである。つまり旧地教行法に基づく任命制教育委員会制度は、その構造と機能において完全に独立性を否定した制度にはなっていない。

したがって、本章では、教育委員会制度を公選制か任命制かという「二元論」のみで問題を設定するのではなく、これをも含めて教育委員会制度が一般行政やより「上位」[5]の行政機関との関係においてどの程度独立性があるのかをその構造と基本的な権限を中心に分析していく。それゆえ、旧教育委員会法に基づく公選制教育委員会制度と、旧地教行法、改正地教行法、「新」改正地教行法に基づく任命制の独立性を比較しつつ分析する。細かな改正は多々あるが、ここで扱う改正は教育委員会制度の構造に影響を与えたものである。

これらわが国で採用されてきた公選制・任命制教育委員会制度及び総合教育会議下の教育委員会制度は、一般行政との分離から徐々にこれへの統合化が図られてきている。まさに、教育行政のパラダイムは構造的には消滅に近づいているかもしれない。現行制度の議論を展開するために、まずアメリカの多様な教育委員会を含む教育行政機関を一般行政機関との関連で分類した4つの基本モデルを説明する。細かな点は、各州・各自治体によって多様である。

2　教育行政機関（教育委員会制度）と一般行政機関との基本モデル[6]

（1）統合型

統合型モデルの目的は、権限の統一性、効率、責任の明確化、政策の調整などである。図10-1（1）にあるように、教育行政を担当する省庁部局が、構造的に、行政の最高責任者たる首長のヒエラルヒーの内部にある。したがって、首長が教育行政のすべての領域についての権限と責任を有するとされる。それゆえ、主要な教育行政の責任と権限を有する合議制の教育委員会は、行政組織

176 第10章 戦後わが国教育委員会制度の「分離」と「統合」

(1) 統合型（基本型）

(2) 修正統合型
（旧地教行法下の市町村教育委員会制度及び改正・新改正地教行法下の教育委員会制度に該当）

(3) 分離型
①公選教育委員会型
（旧教育委員会法下の教育委員会制度に該当）

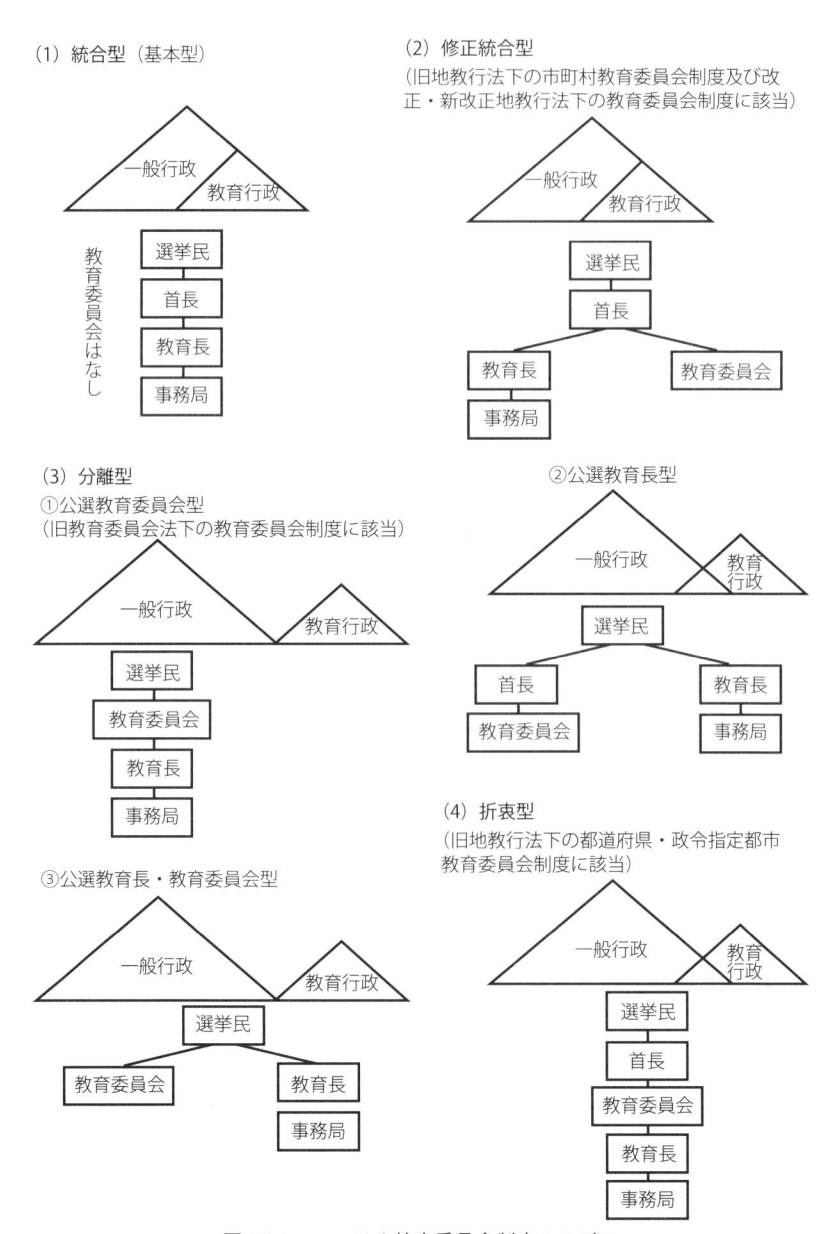

②公選教育長型

③公選教育長・教育委員会型

(4) 折衷型
（旧地教行法下の都道府県・政令指定都市教育委員会制度に該当）

図10-1　アメリカ教育委員会制度のモデル
(R.F.Campbell and T.L.Mazzoni, *State Policy Making for the Public Schools*, McCutchan, 1976.)

の原則である権限の統一性を犯すとして認めない。つまり、統合型は、行政機関である行政首長が教育行政機関の長を兼ねるとされる。そこから、教育委員会に教育行政の主たる権限と責任を委譲することは、非効率、責任の分散、及び政策調整の困難をもたらすとされる。

以上のことから、わが国教育委員会制度は、かつての公選制から現行の任命制まで、統合型の教育行政の制度ではない。あえていうなら、国レベルでいえば、文科省がこの統合型で、改正地教行法以来地方レベルの教育委員会制度は以下で説明する修正統合型である。

(2) 修正統合型

統合型の修正モデルが日米で存在する。これは、教育長及び教育委員会委員の双方を行政の最高責任者たる首長が任命する。これなら、他のモデルである分離型であれ折衷型であれ、一般に教育委員会の指揮監督は受けるとされるが実質的に教育行政全般に強い影響力をもつ専門家としての教育長（わが国の場合専門職だとはいえない）が、首長によりコントロールされやすくなる。それゆえ、基本的に統合型のモデルの特徴を保持しえることになる。これを修正統合型モデルと呼ぶことにする。

実は、このモデルは、旧地教行法（昭和31年）以来「新」改正地教行法までわが国で採用されてきた。旧地教行法では市町村・一部事務組合の教育委員会制度に、改正地教行法では、すべての教育委員会に修正統合型が実質的に採用され、「新」改正地教行法では、形式的にも（法律上も）修正統合型が採用された。

(3) 分離型（①と②と③）

分離型は、教育委員会委員ないし教育長が、あるいは双方が公選によって選出され、教育委員会制度が構造的に行政首長のヒエラルヒーからかなり分離されてしまう構造をもつ。その目的は、教育委員ないし教育長の公選による民主性の強調、教育行政の独立性の確保（議員や行政首長からの影響力の排除）、変化する環境から影響の吸収（応答性の確保）などである。

①に示したのが、アメリカ教育委員会制度の典型的モデルであり、わが国に昭和23年旧教育委員会法において採用されたものである。②は、専門家とし

ての教育長が公選によって選出される、もうひとつの分離型である。③は教育委員・教育長の双方を公選とする制度である。②と③は、わが国では議論すらされたことがない。

これら分離型モデルは、教育行政の民主化と独立性に重点が置かれている。ただ、もともと教育行政への、政治や一般行政からの影響を排除すべく意図された教育委員の公選制も、その意図とは逆に教育問題が政治化し、住民間の対立を助長させるという批判もあった。

短期的に見れば、こうした状況は政治に利用されたり、このことが住民に嫌悪される欠点も生じようが、長期的に見れば教育行政の何が政治や一般行政と関わらざるをえないか、また何が関わると住民や子供にとって問題があるかを少しずつ認識させていくことになりうる長所をもつ。だが、アメリカの大都市ではそうはいかなかった事例が珍しくない。

また、このモデルは、どちらかといえば教育行政が地域に密着した問題への迅速な対応が可能であろう。だが、教育行政と一般行政との相互依存的な問題への対応は一般に時間がかかるので、効率的な対応が難しくなる。それゆえ、応答性の確保といっても、ミクロな問題への対処が多くなろう。それでも、こうした積み重ねの経験を記録に残しておくことが、都道府県や国の（ミクロな）問題への根本的対応につなげうることにもなろう。

(4) 折衷型

本モデルは、統合型と分離型の特徴を取り入れようとしたモデルである。教育委員が首長によって選出され、教育長は教育委員会によって選出される。この場合、首長は、教育委員の任命権をもつことから、一方で首長が教育行政に影響をあたえうる制度的保障をしているが、他方で首長が制度的には教育長の選出には介入できないし、教育行政に不当な介入はしてはならないというのがその理念である。

このように、本モデルは、構造的に一般行政と教育行政との調和を図ろうとしている制度であるが、このことは当然、機能における調和を図ろうとする制度につながる。「教育行政と一般行政との調和」は、任命制教育委員会制度が採用された旧地教行法の理念のひとつであった。その理念を基本的な教育委員

会制度の構造に活かしているのは、旧地教行法の都道府県・政令指定都市教育委員会制度である。このようなモデルは、アメリカでもとくに州レベルで採用しているところが多い。

　モデル図の構造のみでは、一般行政と教育行政の調和が図られているように見える。だが、公選制教育委員会でも、実際には教育長が教育行政における決定・執行に強い影響力をもつことから、任命制教育委員会なら、さらに教育長の教育行政における決定への影響力が強くなりうる。したがって、一般行政の長たる首長が、教育委員等を通じて教育長の人事に介入さえしなければ、教育行政の独立性は相応に可能となる。このように、基本的な構造を見ると、折衷型は教育行政の独立性を完全に否定しているわけではない。しかし、必ずしもそうしたフォーマルな指揮系統が守られていない点に問題がある。

3　旧教育委員会法における教育行政の理念と構造

　わが国の教育は、戦後、教育の理念・内容・方法及び教育制度において根本的改革がなされたが、これらを支える教育行政もまた根本的改革がなされた。その中心が、アメリカの典型的教育委員会制度モデル①「分離型」の公選制導入であった。

　戦後の教育行政に積極的な方向づけは、1946年3月に出された米国教育使節団報告書（以下、使節団報告書と呼ぶ）と同年6月から配布された旧文部省の「新教育指針」によってなされた[7]。とくに使節団報告書は、教育行政組織の改革にも決定的な影響を与えた。そして、日本の教育行政の改革過程において重要な役割を果たしたのが、1946年8月に発足した教育刷新委員会であった。教育行政の組織に関する法律は、旧教育委員会法と文部省設置法（1949年5月成立）であった。これら教育行政に関する法律は、教育行政の地方分権化・民主化・独立化の3つの理念のもとに成立した。

　第1の地方分権化により、上位の教育行政機関が下位の教育行政機関に対して、指揮監督をしてはならないことになった。ここに明治以来の教育行政における徹底した中央集権主義が地方分権主義に転換した。使節団報告書に「教授計画の管理権は、現在よりももっと分散されなければならない。権限と責任の

①分離（公選教育委員会）型
（旧教育委員会法下の教育委員会制度）

一般行政　教育行政
選挙民
教育委員会
教育長
事務局

②折衷（教育委員会教育長任命）型
（旧地教行法下の都道府県教育委員会制度）

一般行政　教育行政
選挙民
首長
教育委員会
文部大臣による事前承認
教育長
事務局

③修正統合（首長任命）型
（旧地教行法下の市町村教育委員会制度）

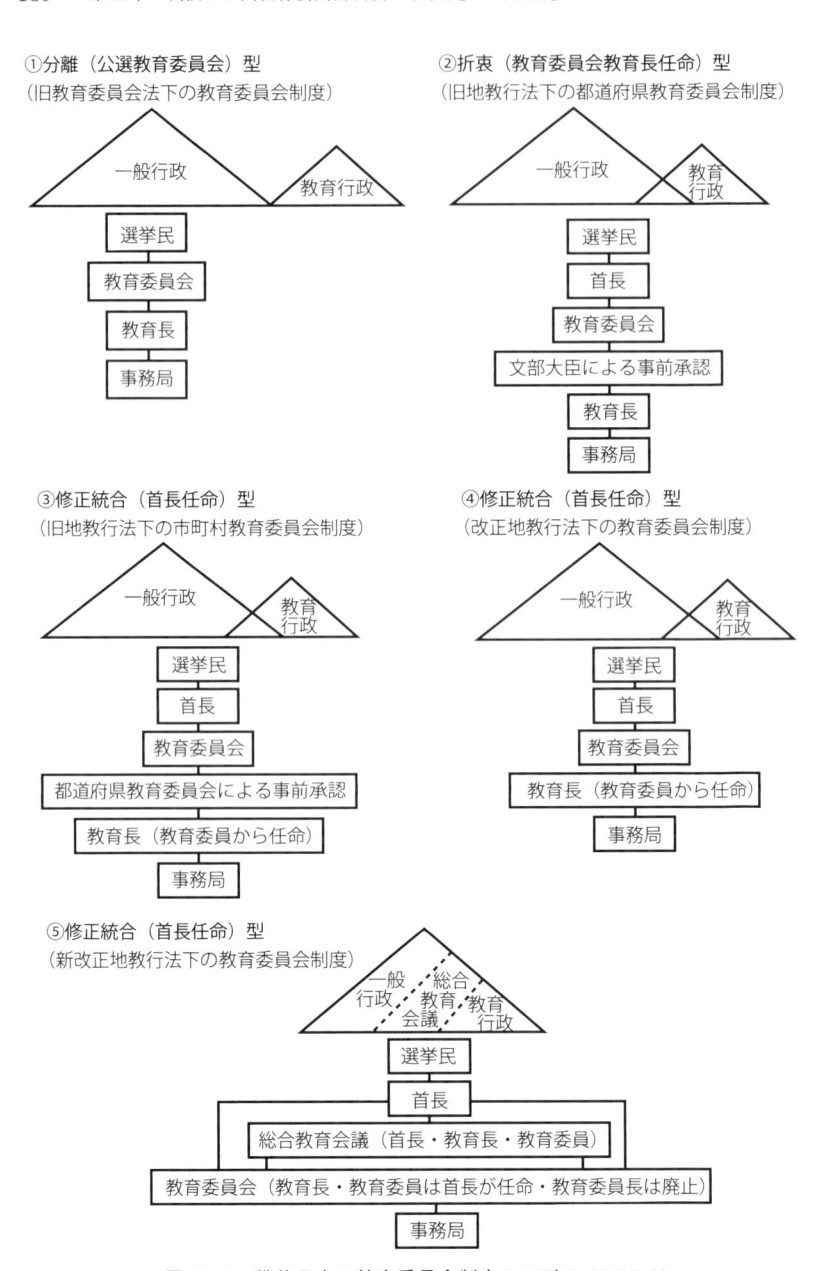

一般行政　教育行政
選挙民
首長
教育委員会
都道府県教育委員会による事前承認
教育長（教育委員から任命）
事務局

④修正統合（首長任命）型
（改正地教行法下の教育委員会制度）

一般行政　教育行政
選挙民
首長
教育委員会
教育長（教育委員から任命）
事務局

⑤修正統合（首長任命）型
（新改正地教行法下の教育委員会制度）

一般行政　総合教育会議　教育行政
選挙民
首長
総合教育会議（首長・教育長・教育委員）
教育委員会（教育長・教育委員は首長が任命・教育委員長は廃止）
事務局

図10-2　戦後日本の教育委員会制度のモデル（著者作成）

垂直線は、制度の一定の段階ではっきりと切断されていなければならない」[8]。「カリキュラム、教育方法、教材、人事に渉る」戦前からの文部省の「行政的支配を、都道府県や地方の学校行政単位に委譲することを提案する」[9] とあるように、徹底して日本に教育行政の地方分権化を勧めた。そしてほぼ教育行政の権限と責任を有するのは、都道府県・市町村教育委員会となった（旧教育委員会法4条等）。

　第2は、民主化である。教育行政組織におけるこの理念は、とくに教育委員会制度における教育委員の公選制に典型的に現れている。この公選制は、旧教育基本法の10条1項、及びこれをうけて規定された旧教育委員会法の1条の後半「公正な民意により、地方の実状に即した教育行政を行うために、教育委員会を設け」[10] によく示されている。使節団報告書には、「各都道府県には」、「一般投票による選挙で選ばれた代表市民によって構成される教育委員会、あるいは機関が設置されることを勧告する」[11] とあった。

　第3は、独立化であるが、これは、使節団報告書の「各都道府県に政治的に独立」した「教育委員会、あるいは機関が設けられるよう」に、また「この機関は、法令に従い、都道府県内の公立学校の一般的管理にあたるべきである」[12] に示されているように、構造と機能が一般行政より分離されることが勧告された。そして、実際に教育に関する権限が、教育委員会の成立により、地方公共団体やその首長から、かなり教育委員会に移り、しかも教育委員会の職員は、教育委員会によって任命されることになった（旧教育委員会法41条2項、49条5と6号）。

　以上、3つの理念が制度化され、教育行政は構造的・機能的に一般行政からほぼ独立することになった。

4　旧地教行法における教育行政の理念と構造

　政府は1955年11月15日に、自由党と民主党の保守合同の実現によって自由民主党となり、第3次鳩山内閣が成立した。1956年2月13日、自由民主党政務調査会は「教育委員会制度の改正に関する要綱」を発表した[13]。それは、第1に旧教育委員会法の教育行政の「地方分権化」に対する「国、都道府県、

市町村の一体としての教育行政制度」であり、第2に同じく「民主化」に対する「教育の政治的中立と教育行政の安定」の確保であり、第3に同じく「独立化」に対する「教育行政と一般行政との調和」であった。他の要綱の制度改革案を示しながら、3つの目標を説明する。

第1の「国、都道府県、市町村の一体としての教育行政」は、要綱の八の「地方教育行政に対する国の責任を明確にするとともに、文部省、教育委員会を通じて、その指導強化を充実すること」やその七の「都道府県（5大市を含む。のちに政令指定都市。）の教育長は、文部大臣の承認をへて、都道府県の教育委員会が任命すること」や「市町村の教育長は」、「都道府県の教育委員会の承認をへて、市町村教育委員会が任命すること」に現れていた。後者の上位の行政機関による教育長の承認は、実際に旧地教行法に取り入れられた。

このような集権化の目標は、旧教育委員会法のあまりに非能率な地方分権を是正するものであるが、教育長の事前承認制に見られるように、日本教職員組合（以下日教組と呼ぶ）に対する政治的対応の準備でもあった。

第2の「教育の政治的中立と教育行政の安定」は、まず要綱の二の「都道府県および市町村教育委員会の公選制の廃止」と、委員は「地方公共団体の長が議会の同意を得て、任命すること」に典型的に現れている。すなわち、当時、日教組出身の教育委員が都道府県教育委員会にかなり進出していたことや、委員の選挙における、日教組等の組織的活動をおさえることが、自民党政府にとって重要な課題であった。しかし、後の自民党・旧文部省対日教組の争いを見てもわかるように、本法成立により教育をめぐる主導権争いがなくなったわけではない。

旧地教行法成立前後に猛反対があったが、良かれ悪しかれ、結果として多くの国民に任命制教育委員会制度が受け入れられた。しかし、これにより教育をめぐる政治的争いが一般国民にわかりにくいところでなされていったことが、国民にとって不幸なことであった。それは、教育にとってはもちろん、文化にとってもマイナス面が多かったといえる。

第3の「教育行政と一般行政との調和」は、要綱の四の「予算条例案についての二本立制度を廃止すること。学校の施設の取得、処分、予算の編成および

執行等について、地方公共団体の長にその権限を持たせること」にとくに現れている。これも旧地教行法に取り入れられた。地方公共団体の首長による教育委員の任命もまた、この目標を一層促進することになった。

　以上のような教育委員会制度の改革目標は、旧地教行法の詳細な規定に現れている。この改革は、確かに旧教育委員会法に不備な点が多かった部分を改善したともいえるが、他方では政治的な意図によって改革されたために、教育委員会制度本来の理念が今日までほとんどの国民に理解されて来なかった。

5　改正地教行法（2000年施行）下の任命制教育委員会制度の趣旨と構造

　本制度は改正されて旧地教行法下の理念が継承されたので、改正の趣旨と構造の変化を説明する。その理念の中でも、第2の理念である「教育の政治的中立と教育行政の安定」は、改正地教行法下の趣旨として第1と第2に継承された。文科省によると、その第1の教育の政治的中立性の確保は、つまり「教育は、その内容が中立公正であることが極めて重要。個人的な価値判断や特定の党派的影響力から中立性を確保することが必要」であるとされた。中立性は重要な趣旨であるが、学校現場では一般に保守的傾向に流れやすい。その第2の継続性・安定性の確保は、つまり「特に義務教育について、学習期間を通じて一貫した方針の下、安定的に行われることが必要」であるとされた。これは極めて重要な趣旨であるが、やはり保守的傾向に流れやすい。その第3の地域住民の意向の反映は、つまり「教育は、地域住民にとって関心の高い行政分野であり、専門家のみが担うのではなく、広く地域住民の参加を踏まえて行われることが必要」であるとされた。この趣旨が、第1と第2の趣旨の保守的傾向を一部変化させる可能性をもつ。

　第3の趣旨を活かすために、その後コミュニティ・スクール（学校運営協議会）制度が取り入れられた。だが、全国的に見ると1校も採用していない県があったり、採用校がまだまだ少ない。保守的傾向も新たな取り組みも地域住民の参加による「繋がり」を蓄積していくことが重要である。

　改正後の3条は、すべての教育委員会委員は原則として5人とされている。だが、条例により、都道府県や市の教育委員会委員を6人以上とし、また町村

の教育委員会委員を3人以上とすることができる、という内容が付け加えられた。大改正された地方自治法（2000年施行。以下、改正地方自治法と呼ぶ）の分権化という理念を部分的に導入したものといえる。4条には以下の4項が加えられた。それは、「地方公共団体の長は、1項の規定による委員の任命に当たっては、委員の年齢、性別、職業等に著しい偏りが生じないように配慮するとともに、委員のうち保護者（親権を行う者及び未成年後見人をいう。）である者が含まれるように努めなければならない」である。

　旧制度への厳しい批判をしばしば受けて、1980年代半ばから旧文部省は「教育委員会の活性化」に取り組んだ。そうはいかないひとつの原因が、似たり寄ったりの委員の属性であった[14]。それゆえ、委員の属性を多様にすることで、活性化の可能性を高めようとするものであった。つまり、教育委員が高齢者、男性、教員出身者などに偏っていたのである。

■**教育委員会をめぐって**　次に教育委員会の会議であるが、13条に以下の6・7項が付け加えられた。それは、アメリカの本制度の歴史からして、もともと本制度の根幹ともいってよい「教育委員会の会議は、公開する」との文言が6項にようやく示された。第3の趣旨が取り入れられたのである。だが、その後半に「人事に関する事件その他の事件について、委員長又は委員の発議により、出席委員の3分の2以上の多数で議決したときは、これを公開しないことができる」とある。確かに、人事など部分的には非公開の側面が避けられない。

　さらに、7項に「前項ただし書の委員長又は委員の発議は、討論を行わないでその可否を決しなければならない」とある。これでは、非公開となった事件の名称すらわからない。その結果、教育委員会が事件をなぜ公開しなかったのかについて、全くわからないことになる。7項により本来、住民、教職員、あるいは生徒にとって公開すべき事柄までも、公開されなくなる恐れが十分にある。さらに、教育委員会が公開すべきかどうか迷う事件については、非公開の可能性が高くなろう。現実にも多くの市町村教育委員会の公開は最小限にとどまってきたといえる。

　「会議の公開」と並ぶ最も重要な改正は、上位の機関による教育長承認制度の廃止である。都道府県・政令指定都市教育長の文部大臣承認とそれ以外の教

育長の都道府県教育委員会の承認が廃止された。改正地方自治法では、国と地方公共団体は対等であるとされた。それまで、警察行政と教育行政は他の一般行政にくらべて、部分的に著しく中央集権化されていた。他方で、上位機関による教育長承認制度は、都道府県・市町村レベルでの教育行政の一定の分離を保障するものであった。だが、この制度の廃止によって、都道府県教育行政は、構造的に一般行政により統合されてしまった。

　ところが、改正後、文部大臣事前承認は廃止されたが、都道府県教育長・指定都市教育長も教育委員の中から選出する教育長・委員の兼任制になった。これは、1998年9月の中央教育審議会答申『今後の地方教育行政の在り方について』第2章3の「教育長の任命制廃止と適材確保方策」の中で、市町村の教育委員と兼任する教育長を見直して職務に専念できるよう（専任制を）勧告しているが、前述したように、全く逆の結果になってしまった。

　これにより、知事及び指定都市市長は、市町村長と同様に教育委員を任命する前に、教育長に任命されうる人物を教育委員に含めるか、任期の残っている教育委員のうちから教育長に就任しうる人物に内諾をとらなければならなくなった。なぜなら、教育委員は非常勤だが、教育長が常勤（専任）だからである。

■**制度構造の変容**　ただ、このような法律上の問題ではなく、その職責の重さを考えれば、非常に慎重な人選が必要であることはいうまでもない。旧文部省も知事や指定都市の市長を含む自治体の首長に、教育委員会が教育長を選出する直近の教育委員任命の際には、教育委員会が専任の教育長として任命できる人物を委員に含んでおくようにとの文部事務次官通知（1999年8月11日付）を出している。

　以上のように、教育委員会制度の構造的特徴は、まず教育長の任命に上位機関が関与できなくなり、形式的には上位機関との垂直的関係が弱まることになった。次に、自治体教育委員会が教育長に任命する人物は、事前にすべての自治体首長が教育委員として任命することになった。その結果、自治体のすべてで、教育行政の基本構造が一般行政により統合化されることになり、自治体の総合行政の側面が強化されうることになった。そして、限界はあるものの、すべての首長が教育行政に関わりやすくなる一方で、住民がその分、教育行政に

おける責任を首長に問うことを可能にした。

　旧地教行法下の基本構造は、都道府県での教育行政の分離化を残しつつ、国全体で教育行政の中央集権化・上意下達・閉鎖性の側面を強めたが、改正地教行法下では、そうした側面がある程度改善されたのは事実である。その中身をより良くしていけるのか否かは、関係者の並々ならぬ努力が不可欠である。だが、その成果もよくわからぬままに、大きな改正がなされた。

6　「新」改正地教行法 (2015年施行) 下の任命制教育委員会制度の趣旨と基本構造

（1）本制度の要点

　文科省による本制度改正の趣旨は、「地方教育行政における責任の明確化」、「迅速な危機管理体制の構築」、「首長との連携の強化」、そして「地方に対する国の関与の見直し」である。最も重要な具体的改正は、自治体首長による「総合教育会議の設置」であり、首長はこの会議のもと、教育委員会と協議し、教育の振興に関する施策の「大綱の策定」をする（1条の3）。首長が首長と教育委員会で構成されるこの会議を招集する（1条の4関係）。このように、前制度に比べて、法律により各自治体レベルで教育行政が一般行政に明確に統合されることになった。どれだけ具体的に統合されるかはまさに首長次第である。

　それでも、「新」制度は、総合教育会議での決定内容を除けば、教育長を含む教育委員会が行政委員会としての側面をほぼ従来どおり残すことになった。総合教育会議において「大綱の策定」内容が学校現場を混乱させるものでない場合、「教育条件の整備等重点的に講ずべき施策」（1条の4関係）が学校現場を長期的に見てより良きものにしていくと予測される場合、そして「緊急の場合に講ずべき措置」（1条の4関係）が適切であると予測される場合、という3つの予測ができるものであれば、学校現場が混乱することはなかろう。

　問題は、総合教育会議において首長（側）が前述した「大綱」「施策」「措置」の内容を教育重視ではなく、首長による政治の都合を優先する場合である。それゆえ、これらは相当な時間をかけて、住民の理解を得ながら作成していく必要がある。酷い内容になると、首長が代われば、新しいものを作るか、改正のためにかなりの時間が必要になるからである。

(2) 教育行政の内部関係

　前制度では教育長（教育行政執行責任者）と教育委員長（教育行政の包括的権限を有する教育委員会の会議主宰者）の個別の職位が無責任をもたらすとして、新制度では双方を一本化した新教育長を置いた（13条関係）。「教育長は、教育委員会の会務を総理し、教育委員会を代表する」（13条関係）。これにより、教育委員会内の責任者が明確になり、教育長─教育委員─教育行政事務職員の命令系統の一元化が図られた。

　そもそも教育委員会制度は、公選制であれ、任命制であれ、教育委員会が執行責任者である教育長を選出することが一般的構造である。この教育委員会─教育長の関係によって政策形成・執行のチェックとバランスが促進されるとされていた。教育委員会が教育長任命権と部分的政策決定権と執行の監督権を有し、執行に責任がある教育長─事務職員の教育行政官僚制を統制することが目論まれていた。これが旧公選制や旧任命制の都道府県・政令指定都市教育委員会制度の基本的構造であった。

　ところが、改正及び「新」改正任命制教育委員会制度では、前者では実質的に、また後者では形式的にも教育委員会が教育長を任命する権限が削除されてしまった。これによって、教育長─事務職員側の教育委員会に対する緊張感がさらに薄れてくるのではないか。

■**情報公開の必要性**　また、半世紀近い旧地教行法時代に根づいてしまった非公開による閉鎖的文化の影響も大きい。大津市立中学校のいじめ自殺事件に対応した越直美大津市長は、文部科学大臣に提出した「教育委員会制度に関する意見」の中で、教育委員がいじめ自殺事件に関する情報の提供を教育長・事務職員から受けていない問題点を指摘し、このことは全国の教育委員会に共通する問題点ではないかと指摘している。

　会議・情報の公開を前提として、非常勤とはいえ、一般に教育委員会が教育委員を兼ねない教育長を任命することで教育行政に対する委員の責任感が生まれてこよう。委員のみならず、教育長まで首長が任命する制度では、一般に教育長は首長のことを気にかけても教育委員会に対してはそうする必要がない。前制度では、法律上会議や記録の公開が促進されることになったが、既述した

ように市町村教育委員会は一般にこれらに消極的である。この十数年間制度上公開となっても、その促進はほとんど困難な状態であった。これは、単に法律を改正すれば公開が促進されるものでないことを示している。情報が公開されても、最小限度に抑制されてきたといってよい。

　この慣習あるいは文化としての閉鎖的な集団主義が開放的になるには、一般にかなりの時間が必要である。これを可能な限り早めるには、一方で住民、議員、あるいは首長が、教育行政に対して情報公開を積極的に求め、他方で教育委員会・教育長による情報公開の積極的取組みが重要になる。これらの圧力がなければ、事務局職員のみの積極的公開は、一般に官僚制の原理から困難である。

　だが、教育長が教育委員に対して、いくらか抑制的にならざるをえない改正もある。それは3つある。まず、委員の任期がこれまでどおり4年であるのに対して、教育長の任期は3年だ（5条関係）。教育長は委員よりも任期が短いことで、継続には首長及びその周辺のより良い評判を早く獲得しなければならない。それゆえ、独善的になる教育長も出てこようが、一般に教育長は良かれ悪しかれ教育委員や幹部事務職員には相応の気を使うことになろう。

　次は、大津市いじめ自殺事件の反省もあろうが、「教育委員から教育長に対し教育委員会会議の招集を求めることができる」（14条関係）とされた。これは、教育長が、「委任された事務の執行状況を教育委員会に報告する」（25条関係）ことが不十分であったり、また前述したように、なされない場合が考えられる。事例によっては、教育長や事務職員の責任問題になろう。ただし、委員の決断能力にもよる。

　（3）　水平的関係から垂直的関係へ

　ここでは、自治体における行政首長と教育行政の関係について述べる。旧地教行法から改正地教行法までは、自治体内の一般行政と教育行政の関係には、水平的分離の側面がかなり残されていた。他方で、文科省（文部省）―都道府県教育行政―市町村教育行政との関係には垂直的関係が多く存在していた。

　新改正地教行法で「首長は教育長を議会の同意を得て、直接任命・罷免を行う」とされた（4条と7条関係）。

前制度から実態として、首長が教育長を「任命」していたが、この「新」制度で形式的に（法律上）も明確になった。さらに、総合教育会議により首長の教育長に対する上意下達となる側面が明確になった。本節(1)で述べたように、以上の2つの改正で、各自治体内の一般行政と教育行政の水平的関係というより、垂直的関係の側面がこれまで以上に明確に強化されうることになった。だが、以下の条文に見られるように、垂直的関係の中で、垂直的側面がどれだけ強化されるか、水平的側面がどれだけ残されるかは首長次第である。

(4) 垂直的関係

2006年12月に公布・施行された新教育基本法（第1次安倍政権時）第3章教育行政16条1項には、「教育は、不当な支配に服することなく、この法律及び他の法律の定めるところにより行われるべきものであり、教育行政は、国と地方公共団体との適切な役割分担及び相互の協力の下、公正かつ適正に行われなければならない。」同条2項には、「国は、全国的な教育の機会均等と教育水準の維持向上を図るため、教育に関する施策を総合的に策定し、実施しなければならない。」同条3項には、「地方公共団体は、その地域における教育の振興を図るため、その実情に応じた教育に関する施策を策定し、実施しなければならない。」同条4項には、「国及び地方公共団体は、教育が円滑かつ継続的に実施されるよう、必要な財政上の措置を講じなければならない。」

同章教育振興基本計画17条1項には、「政府は、教育の振興に関する施策の総合的かつ計画的な推進を図るため、教育の振興に関する施策についての基本的な方針及び講ずべき施策その他必要な事項について、基本的な計画を定め、これを国会に報告するとともに、公表しなければならない」とある。同条2項には、「地方公共団体は、前項の計画を参酌し、その地域の実情に応じ、当該地方公共団体における教育の振興のための施策に関する基本的な計画を定めるよう努めなければならない」とある。以上のように、「新」教育基本法には、国と地方の教育に関する権限が抽象的ではあるが、かなり明確な区分と相互協力が規定されている。

「新」改正地教行法1条の総合教育会議設置は、新教育基本法16条3項と17条2項を強化したものといえよう。つまり、約8年前の新教育基本法で、旧教

育基本法10条１項（教育行政）の教育は、「国民全体に対し直接に責任を負つて行われるべきものである」と同条２項「教育行政は、この自覚のもとに、教育の目的を遂行するに必要な諸条件の整備確立を目標として行われなければならない」は、削除されてしまった。

　長年多くの研究者によって、１項が公選制教育委員会制度を想定したものであるとの解釈がなされ、２項が、外的条件の整備を指すとの解釈が行われてきたことに対する第１次安倍政権のひとつの解答であった。

7　人間と社会の自治能力の衰退

　本章は教育行政のパラダイムである「政治は教育と分離されるべきである」を制度の理念とその基本的機能を含む構造から分析したものである。だが、真の危機は本制度から育まれてきた慣習にある。それは集団重視（集団主義）教育による人間と社会の依存体質の増大である。集団重視がすべて悪いというのではない。また、わが国すべての人間と社会が依存体質になっているというのでもない。

　われわれは2000年の改正地方自治法の趣旨に常に立ち戻り、依存体質から徐々に抜け出し、われわれの意識と行動から制度を自律と自立に向けていく慣習を長い時間をかけ育んでいかねばならない。これはなぜか。悪しき依存体質の一例として多くの自治体議員の政務活動費（政務調査費）の無駄な使い方を考えてほしい。「自分以外の議員もやってるだろ。」といった危機を感じていないリーダー（議員）がリーダーとして存在し続けていることの問題こそ危機であることを。

　自治体行政が総合化の中にあっても、個別行政とはいえ、教育行政は、個人、地域、国の基盤形成活動である。集団重視の中にも個人尊重を、また個人尊重をもとにした集団重視を考察・行動していくことこそ、「政治と教育の適度な緊張を維持していく」極めて重要な側面である。

1) Frederick M. Wirt and Michael W. Kirst, *Schools in Conflict*, McCutchan Publishing Corporation, 1982, pp.2-6.
2) 鈴木英一『教育行政』（戦後日本の教育改革３）東京大学出版会、1970年、p.408。
3) 文部省初等中等教育地方課「教育委員準公選条例の問題点について」『教育委員会月報』NO.413、

第一法規出版、1985年（1月号）、pp.121-122。
4) 宗像誠也編『教育基本法』新評論、1988年、pp.266-267。教育基本法10条についての詳しい研究は、中谷彪『教育基本法と教育行政の理論』明治図書、1987年、「第一章」(pp.7-94)を参照。
5) あえてこの「上位」という言葉を使うのは、機関委任事務が廃止（2000年）される前の時代だからである。
6) 本節は、西東克介「アメリカ教育行政の独立性について(1)」『早稲田政治公法研究』第24号を参照されたい。
7) 高木太郎『教育行政概論』関書院、1956年、pp.32-33。
8) 村井実訳『アメリカ教育使節団報告書』講談社学術文庫、1979年、p.63。
9) 同上、p.67。
10) 尾形裕康監修、尾形利雄・長田三男『我国における教育委員会制度の研究』（社）民主主義研究会、1962年、pp.17-58。
11) 村井実訳、前掲書、p.68。
12) 同上、p.68。
13) 尾形裕康監修、前掲書、pp.110-113。
14) 市川昭午「市町村教育委員会の現状と課題」文部省初等中等教育局地方課『教育委員会月報』1983年3月号、第一法規出版、pp.41-42。

■参考文献

西東克介「アメリカ教育行政の独立性について（1）」『早稲田政治公法研究』第24号、「(2)」第25号、1988年、「(3)」第27号、1989年
西東克介「わが国教育行政機関の独立性について（上）——教育委員会制度を中心に——」『早稲田政治公法研究』第33号、1991年、「（下）(1)」第45号、1994年
西東克介「集団主義文化下のいじめ問題・学校組織・教育行政官僚制の関係」青森法学会『青森法政論叢』第14号、2013年、pp.121-133
文部科学省ホームページ（2014年9月1日取得、http://www.mext.go.jp/）

第11章
自治体福祉政策の展開と課題

1 公的支援サービス

　国民はだれでも健康で文化的な最低限度の生活を営む権利をもつ。国民のこの権利を実現するために、国は率先して社会福祉、社会保障、公衆衛生を向上させなければならない。日本国憲法はこのように定めている (25条)。さて、ここで国民の「健康で文化的な最低限度の生活を営む権利」を実現するために「向上させなければならない」と憲法が定めた「社会福祉」とは何か、が問題になる。この点について考えてみよう。

■**社会福祉とは何か**　日本国憲法は、社会福祉を、社会保障や公衆衛生と区別しているが、その意味内容については何も示していない。そこで、社会福祉に関する基本事項を定めている「社会福祉法」を見てみる。するとそこでは、7種の「社会福祉事業」を、それぞれに関連する7つの法律とともに、次のように挙げている (2条)。

　①母子生活支援・児童自立支援 [児童福祉法]、②身体障害者生活訓練 [身体障害者福祉法]、③生計困難者の生活の扶助 [生活保護法]、④知的障害者の更生相談 [知的障害者福祉法]、⑤養護老人ホームの経営・老人デイサービス [老人福祉法]、⑥母子家庭支援 [母子及び寡婦福祉法]、⑦婦人保護施設の経営 [売春防止法]。

　このうち、①〜⑥の法律は、「社会福祉六法」として知られる。これらを見ると、社会福祉事業の対象者には、児童、障がい者、生計困難者、高齢者、母子ら、特定の不利な条件をもつ人々が挙げられていることがわかる。

　改めていうまでもないが、人は常に政治・経済の変動の中で生きている。この変動に対して多くの人は、その人なりに適応していく努力をするが、中には

その努力にもかかわらず、適応がうまくできない人も多数いる。そうした人々の中には、いま述べたような不利な条件をもつ人がいる。

また、人は公共の福祉に反することのない限り、自らの生き方を決定し、他者との関わり合いや社会参加を通じて自己の能力を発展させていくことが憲法で保障されている。しかし、特定の不利な条件をもつ人が自己の能力を発展させるには、さまざまな形の支援や社会的条件・環境の整備が必要になることが多い。

そこで、社会福祉法は、こうした人々が正常な生活を営めるようにするため、地方自治体（以下、自治体という）などの公的な団体が、「支援」し、「訓練」し、「扶助」し、さらに「更生相談」[1]を行うことを、「社会福祉」と定めたと考えられるのである。

■**社会福祉の対象者**　一方、憲法は、「健康で文化的な最低限度の生活を営む権利」をもつのは、「すべての国民」であると定めている。ここから、社会福祉サービスの対象者となるのは、特定の不利な条件をもつ人はいうまでもなく、「生活者」としてのすべての国民がその対象者になる、という考え方が出てくる。こうした考え方は、こんにち、国民の間にも、かなり行き渡っているのではなかろうか。そして、そのきっかけになったのは、1970年頃から出てきた介護の問題であろう。この頃から高齢化社会になり、介護を必要とする高齢者が増え、家庭での介護負担が重くなり、大きな社会問題になってきた。介護問題が広がりを見せるに伴い、こんにちでは、すべての国民が社会福祉サービスの対象者と考えられるようになっているといえよう（岡村, 1988, pp.2-3）。

2　住民主導の地域福祉

■**社会福祉法**　日本の社会福祉は、2000年に社会福祉事業法（1951年制定・施行）が「社会福祉法」に改称・改正され、その内容が大きく改められたといわれる。これについて2点ほど見てみよう。

第1に、社会福祉サービスの利用者が、「多様な」福祉サービスの中から、必要に応じて利用できるサービスを自ら「選択」「決定」できるようになったことである。従来は、行政が「行政処分」として、社会福祉のサービスを決定

してきた。これを「措置制度」という。だが、この措置については、措置決定者（行政）の権力性に対して、利用者の法的地位が従属的なものになっていることや（根本, 2004, p.2）、措置費の算定基準が画一的・低水準であることから、社会福祉サービスの質の確保・向上が軽視されている、といった問題点が指摘されていた。

そこで、この「措置制度」を改め、新たに「支援費制度」を設けたのである。支援費制度とは、福祉サービスの利用者が、利用するサービスの種類ごとに支援費支給を受け、施設・指定業者に利用者負担を支払う制度である。これにより、福祉サービスの利用者は、自ら希望するサービスについて、利用したい施設・指定業者を選択し、直接、利用の申込みを行うことができるようになった。こうすることで、福祉サービスの利用者の自己選択・自己決定を前提としたノーマライゼーション（障がい者と健常者とを区別しない施策）の実現をめざしたのである。

第2は、主に介護に関わる面について、市町村を基盤とする在宅福祉サービスを法制度として位置づけたことである。在宅福祉という考え方が出てきたのは、一面では、福祉施設の収容力に限界があったことにもよるのであるが、その趣旨は、介護される人も介護する人も共に人間としての尊厳を護り、できるだけ家族・地域社会の中で介護を行おうということにある。このようなあり方を「ケア」という。これに地域住民の福祉ボランティア活動を合わせ、共に生きる地域社会を創り、福祉コミュニティの創造を目指すという方向を明確にしたのである。

このように社会福祉のあり方は、「福祉サービス利用者を中心」とする方向へと変わった。そして、そのために必要な法律改正が行われてきている。一例を挙げると、障害者自立支援法を障害者総合支援法（2006年4月施行）に改めたことがある。これにより、低所得の福祉サービス利用者の負担を一部無料とした。また、障がい者の地域生活と就労を進めるために、福祉サービスを提供する主体を市町村に一元化する、としたのである。

■福祉の地域化　ところで、社会福祉のあり方が、いま述べたように、措置制度からサービス利用者の選択・決定・契約へと改められたことについては、

「地域福祉」という考え方が社会福祉法に定められた（4条）こととと関係がある。

「地域福祉」は1970年代前半に、「福祉の地域化」という流れの中で登場してきたものである。そのめざすところは、市町村（東京都23区の特別区を含めて市町村と表記する。以下、同様）を基盤とするそれぞれの地域において、人々が安心して暮らせるよう、地域住民や公私の社会福祉関係者が互いに協力して福祉課題の解決に取り組もうということにある。こうした意図をもつ地域福祉が前面に出てきたのは、生活の場としての「地域社会」が見直され、重要視されるようになった、という背景があった。

「地域社会」とは、一定の地域に共に暮らすことによって、共通する社会的な考え方や慣習、それに帰属感情が示される共同生活の場を意味する。そもそも、地域社会を見直そうとする動きが出てきたのは半世紀も前の1960年代である。当時、急速に進む都市化・工業化によって、伝統的な地域共同体の基盤が揺らぎ、共同生活の実体が失われつつあった。そこで改めて、生活基盤としての地域社会の意味づけと再編成（再生）が求められるようになったのである。それは、いいかえれば、住民自らが都市の体質を人間生活本位に改めようということである。

■**住民参加**　ここに、住民が自治体行政の単なるサービス受益者ではなく、主体的に行政に働きかけうるのだという、住民参加がいわれるようになる契機があった。そして、この住民参加がシステム化されるにつれて、都市計画、地域開発など、行政主体の法律用語ではなく、地域づくり、まちづくり、といった住民主体のことばが広がることにもなった（土岐, 2002, pp.74-75）。地域社会を作り、発展させていくのは、住民が中心となり、民間団体、企業、行政などとの協働によるべきもの、という考え方が普及することになったのである。高齢者や障がい者、あるいは、子育てをする人々にとって暮らしやすい「まち」を実現するとして、「福祉のまちづくり」が始まったのはその象徴のひとつといえよう。

■**地域福祉計画の策定**　このように、地域社会は人間の基本的生活の場と考えられるようになった。そうなると、地域を基盤とした福祉ネットワークを機能させる体制づくりが必要になってくる。そこで、自治体には2つの役割が求

められるようになった。ひとつは、地域に潜在している住民の福祉へのエネルギーを組織化すること、もうひとつは、特色のある地域性に根ざした福祉サービスを提供することである。そのためには、地域住民の意見を福祉政策に十分に反映させることが欠かせない。社会福祉法が、「地域福祉計画」の策定を市町村に求めた（107条）のも、こうした役割を住民に身近な基礎自治体に期待したからと考えられる（大橋, 2004, p.6, p.9）。

こうして、こんにち、福祉サービス利用者とその家族が地域で自立生活が可能になるように、地域住民による「見守り」や「助け合い」も含めて、「住民主導の地域福祉」（潮谷, 2014, pp.112-113）を実践していくための環境整備が進められてきているのである。

3　社会保険と就労支援事業

■**自治体福祉サービス**　国民の生活や医療などに関わる行政事務を自治体サービスの観点から見てみると、市町村の区域をこえて財源配分を要する側面のある社会保険として、国民健康保険がある。また、財政運営だけでなく、要介護認定や利用者からの相談対応など、サービス利用を支える多くの事務をもつ社会保険として、介護保険がある。さらに、現金給付だけでなく、生活面の自立支援に欠かせない就労支援として、生活保護がある。このうち、サービス利用者への相談対応を必要とする介護保険や生活保護は、住民に身近な市町村が担うべき事務とみなされている（礒崎, 2013, pp. 23-24）。

以上のことを念頭に置いて、ここでは、国民健康保険と介護保険、そして、生活保護について、その内容と課題を見ることにしよう。

（1）　国民健康保険―医療サービス

人は一生の間にさまざまなリスク（可能性）に直面する。病気、ケガ、入院、失業、貧困、そして歳をとって介護が必要な状態になるかもしれないなど、さまざまなことが起こる可能性がある。こうしたリスクに備えて、皆でお金を出し合い助け合おうというのが「保険」である。そして、こうした「保険」制度のひとつに社会保険がある。

■**国民皆保険**　社会保険は、国や自治体など公的な機関が保険者となり、保

険に加入する国民が被保険者になって行われる保険事業である。日本では国民皆保険といって、すべての国民は社会保険に加入しなければならないことになっている。加入すると、被保険者＝国民は保険料を支払う義務が生じる。そして、被保険者＝国民に対する給付には、現金で支給される現金給付と、サービスを提供される現物給付がある。

　このような社会保険は、ひとつの保険制度ですべてをカバーすることはできないため、次の5つの分野から成り立っている。医療サービスが中心となる健康保険、年金が中心となる年金保険、介護サービスが中心となる介護保険、失業など雇用についての対応が中心となる雇用保険、仕事などでの病気やケガへの対応が中心となる労災保険、がこれである。

　ここで健康保険を見てみると、これもまた単一の健康保険で成り立っているわけではない。職業、地域、年齢などさまざまな区分に応じた複数の制度がある。たとえば、私立学校教職員、地方公務員、国家公務員には共済保険があるし、船員を対象にした船員保険もある。

　このうち、会社の健康保険に加入している人以外の、一般の地域住民を対象として、市町村が保険者となっている医療保険が、国民健康保険である。そこで、共済組合などに加入している人とその被扶養者や、生活保護を受けている世帯に属する人、後期高齢者医療制度の適用になる人（75歳以上の人）以外は、国民健康保険に加入することになる。この国民健康保険は、医療保険として、被保険者の疾病、負傷、出産（出産は病気ではないが、給付が行われる）、死亡に関して、必要な保険給付を行うことになる。被保険者数は全国で3561万人（2013年度）である。

　国民健康保険に関しては、次のような課題がいわれている。それは、シビルミニマム（都市型社会において、市民が生活していくのに最低限必要な生活基準）として、国民健康保険も、年金制度や生活保護制度のように国が保障していくべきもので、そのために、財政運営については、県単位以上の広域化が必要だとする考え方が出ていることである。

　こうした意見が出てくる背景には、高齢者医療費が増えて、市町村の給付費（歳出）が保険料（歳入）の2倍以上となっている財政赤字の問題がある。また、

高齢化が進んだ町村と産業の盛んな市では、保険料が違ってくるという地域格差の問題もある。ただ、県は自らの財政負担が大きくなる等の理由から、財政運営の広域化には反対しているのが現状である。

(2) 介護保険—地域包括ケア

■**介護の社会化**　介護保険制度は、これまでの各種の老人福祉サービスを老人医療サービスと合わせて全面的に再編成し、従来の老人福祉サービスの大部分を、社会保険のしくみを活用して提供しようとするものである。いわば、介護のすべてを個人あるいは個々の家庭にゆだねるのではなく、地域の介護保険施設や医療機関が役割分担するという「介護の社会化」である。具体的には、公的責任で、在宅介護の主要な部分を居宅介護として保険給付するものである。

その中身は、居宅訪問介護と通所利用介護からなる。「居宅訪問介護」とは、介護福祉士が利用者（要介護者＝介護される人）の介護や日常生活の世話をすることであり、「通所利用介護」とは、利用者がデイサービスなどの施設に通うことにより、身心のリフレッシュを図ることである（根本, 1993, p.183）。

どちらも家族の介護の負担を軽減し、要介護者が住み慣れた地域・住まいで、安心して自分らしい暮らしができるよう、医療と介護と生活支援を一体的に提供する介護体制をめざしたものである。このように、医療・介護・生活支援を一体的に提供する介護体制を「地域包括ケア」という。そして、この地域包括ケアには要介護者が自らの尊厳を保持し、その有する能力に応じ自立した日常生活を営むことができるよう、必要な保健医療サービス及び福祉サービスに係る給付を行う、という意味が含まれるものとされる。

保険者となるのは、住民に最も身近な行政主体が保健福祉を一元的・総合的に推進するべきである、との観点から、市町村である。保険者は、要介護認定、保険料の設定、保険給付、それに、介護保険事業計画の作成とこれに基づく介護サービス基盤の整備などの業務を担う（西尾, 2000, pp. 133-134）。要介護認定者数は全国で585万9000人（2014年5月）である。

介護保険制度は、介護保険法が2000年4月に施行されてから15年になる。2006年と2012年に制度改正が行われており、2014年6月に3回目となる改正のための法律（「地域における医療及び介護の総合的な確保を推進するための関係法律の

整備等に関する法律」）が成立している。

　このように法律改正が行われてきたのは、すでに述べたように、サービスを受ける要介護者が、可能な限り、住み慣れた地域で、その能力に応じ、自立した日常生活を営むことができるよう、地域ごとの医療・介護の連携と生活支援を包括的にケアすることができるようにするためである。

■**自治体間の連携**　ところで、「地域包括ケア」の理念・理想はそれとして、その現状については、介護保険が当初掲げた「介護の社会化」の理念や、介護を実施する市町村の責任としての地方分権に反するのではないか、ということが指摘されている。この指摘の要点は次のところにある。つまり、地域包括ケアというのであれば、在宅医療と介護の連携は欠かせないはずである。

　ところが現実は、「在宅医療」に市町村はタッチしていない。これでは「ケアを通じたまちづくり」「ケアを通じた自治」にならないのではないか、というものである。それというのも、現在はおおむね都道府県が医療を所管し、市町村が介護・福祉を所管しているが、両者の連携は必ずしも密ではないといわれているからである。そこで、都道府県と市町村の連携が欠かせないといわれる「在宅医療」については、両者の連携を促す制度改革の必要性が指摘されているところである（三原，2014，p.20，p.22）。

　（3）　生活保護—自立・就労支援

　生活保護は、無差別平等の原則、最低生活保障の原理、補足性の原理、の3つの原則に基づいて行われる公的扶助である。これをもう少し具体的に述べれば、資産や能力をすべて活用しても生活に困窮する人を対象に（補足性の原理）、国と自治体が現金や物資を支給して、最低限の生活を保障し（最低生活保障の原理）、合わせて、自分の力や他の方法で生活できるよう手助けする制度である。

　生活保護サービスは国家の責任という原則になっている。要件を満たす者は誰でも差別なく平等に給付を受けることができ（無差別平等の原則）、最低限度の生活が保障されるというものである。最低限度の生活費（公的扶助）とは、世帯員の食費・衣類などの生活費、家賃などの住宅費、義務教育に必要な教育費、病気やケガの治療のため医者にかかる医療費、自立に必要な技術や技能を身につけるための生業扶助費、それに、介護費、出産費、葬祭費である。

生活保護行政の実施主体は都道府県知事、市長、福祉事務所[2]を管理する町村長であり、どの地域であっても全国統一的な基準に基づき生活保護行政が行われている。生活保護行政には現金給付だけでなく、就労や生活面の自立支援なども含まれる。

■**雇用の安定**　この10年間で生活保護受給者数は増加している。2014年1月の時点で、受給者は全国で216万8000人である。戦後の混乱期で最多だった1951年度の204万6000人を超えている。2010年度確定値で、世帯類型別に構成比を見ると、「高齢者世帯」が半数近くを占め、次いで、「傷病者世帯」「障害者世帯」「母子世帯」と続いている。このほか、近年では働いているにもかかわらず、生活が立ち行かない人（ワーキングプア）が増え、貧困の固定化がいわれるようになっている。その背景には、企業の雇用形態が変わり、非正規社員や派遣社員が急増していることがあると見られている。この状況を改善するためには、安定した雇用制度の確立が急務とされる。

■**地域のセーフティネット**　2013年8月に生活扶助基準を中心に保護基準の削減が実施された。保護基準額は法定受託事務[3]なので、その決定に自治体の裁量はほとんど働かない。このため、生活保護受給者の支援という現場を預かる福祉事務所や自治体は、苦しい対応を余儀なくされているという（大山，2013，p.11）。

2013年10月の第185回国会で「生活保護法の一部改正案」と「生活困窮者自立支援法案」が可決・成立した（2015年4月から施行予定）。これにより福祉事務所を設置している全国の自治体が実施主体となって、官民協働による地域の支援体制の構築に向けて動き出した。具体的には、国が4分の3を費用負担する必須事業として、自立相談支援事業と居住確保給付金の支給がある。また、国が3分の2を負担する任意事業として、一定期間、宿泊場所や衣食の提供を行う事務がある。

生活保護は本来、「生活保護」に至る前に行う救済支援であるから、任意事業についても必須事業と同様に国庫負担割合は3分の2ではなく、4分の3にすべきであるとの意見も強い。そうでないと自治体は、自らの財政負担を少なくするために、国庫負担割合の多い必須事業を優先し、結果として生活困窮者

支援に消極的になることが懸念されるからである。

　また、実施主体である自治体の担当職員の確保や、支援能力の強化が十分に果たせないことも懸念されている。生活困窮者問題を解決していくためには、セーフティネットの網を自治体・地域に広く張り、生活保護に至らない段階で防止し、生活再建につながる方向へ進めていくことが必要であることは、多くの専門家が述べるところである。

4　東京・世田谷区の福祉政策

■**大都市行政**　前節で、国民健康保険、介護保険、生活保護について述べたが、この節では一例として、東京・世田谷区の社会福祉について、その政策目標と課題を見ることにしよう。

　世田谷区は、地方自治法によって、法人格を有する特別地方公共団体（特別区）であるとされている。特別区は、特別区の区域が全体として大都市を形成している実体から、特別区相互の間、及び、都と特別区との間の調整を図ることによって大都市行政の総合的運営を確保する点で、一般の府県や市と異なる特殊性がある（俵，1975，p.413）。2000年4月には、特別区制度改革により、「基礎的な地方公共団体」に位置づけられ、清掃事業をはじめとする区民に身近な事務が東京都から特別区へ移譲された。これは、「身近な行政は身近な基礎自治体へ」という地方分権の趣旨に沿うものである。

■**ユニバーサルデザイン（UD）**　その世田谷区は「公平な社会」「区民参加」とともに、2007年にユニバーサルデザイン推進条例を制定し、「ユニバーサルデザイン（UD）のまちづくり」を区政の目標にかかげている。ユニバーサルデザインとは、年齢、性別、能力、等にかかわらず、どこでも、だれでも、自由に利用しやすいように生活環境を整えようという考え方をいう。こんにちでは、高齢者や障がい者に対する物理的、制度的、文化的、意識的バリア（障壁）を取り除くバリアフリーは普及している。これに対して、ユニバーサルデザインはバリアフリーの考え方をさらに進め、最初からバリアを作らないという視点と心でまちづくりを進めようとするものである（潮谷，2014，pp.105-106）。

■**潮谷義子熊本県政の実績**　このユニバーサルデザインを日本で初めて本格

的に政策として展開した潮谷義子熊本県知事（2000-08年在任）の実績に触れておこう。潮谷知事は、日本で2人目、民間出身としては初めての女性知事として知られる。もともと福祉の専門家でもある潮谷知事は、ユニバーサルデザインを県政の中心理念に置いた。この理念を基に、3000人余が激論を戦わせた住民討論集会を開くなどして、福祉、環境、農業、財政、女性問題などの政策を着実に実行・実現し、終始、県民の高い支持率（47都道府県知事の第7位）と評価を得た（根本，2013, pp.329-330）。

　潮谷知事は、日本語で「～と共に」という意味に当たるデンマーク語の「オーサー」の理念を取り入れ、国の施策を活用しながら、ボランティアや地域の人たち「と共に」（オーサー）、熊本市の「健軍くらしささえ愛工房」、通称"おーさぁ"を立ち上げるなどして（潮谷，2014, pp.124-125）、地域福祉・地域再生の実をあげたのである。「県民参加」を推し進めた潮谷知事のユニバーサルデザインは、「新しい地域福祉」「熊本型福祉」として、国内はもとより、海外からも見学者が訪れるなど、その評価は高い。潮谷県政のこうした先駆的な実績を想うとき、世田谷区のユニバーサルデザインがどのような展開を見せ、実績を上げうるか、誠に興味深いものがある。

■健康・福祉政策　再び、世田谷区に戻ると、人口は約86万人（2013年）で、23ある特別区の中では最も多い。この10年間で高齢者（65歳以上）人口が6ポイントほど上昇し、単身世帯が増えている。そのため、安心な暮らしを支える「つながり」の構築が求められている。このことは、区民の区政に対する要望で最も多いのが、「社会福祉の充実」となっていることからもうかがえる。

　そこで、区は、重点政策に「健康・福祉」を置き、①見守り・地域支えあいの推進、②高齢者・障がい者の権利擁護の取組み、③介護予防の総合的な推進、④在宅生活を支える保健福祉サービスの整備、⑤総合的な生活困窮者への支援、⑥福祉人材の確保及び育成、をめざしている。こうした政策を進めるうえで課題となっているのは、ひとつは、高齢者、障がい者、母（父）子、生活困窮者、に対する相談支援を充実させることである。そして、もうひとつは、保健・医療・福祉を連携した「地域包括ケアシステム」を推進することである。

　他方、介護と障がいと子育ての問題が同時発生し、複合化しているケースが

増えているという。こうした問題には、法令に沿った速やかな行政対応が不可欠である。そのために、住民に身近な行政拠点である「出張所」「まちづくりセンター」などで気軽に相談できるようにすること、そして、スピード感をもって具体的な支援を進めることのできる行政体制を作ること、が喫緊の課題となっている。

5　自治体の福祉財政

さて、社会福祉政策を実施するうえで肝心なのが、自治体の財政状況である。財政は、福祉政策を進める前提であるとともに、制約条件でもある。表11-1は、世田谷区における国民健康保険事業、介護保険事業、生活保護費、に関わる予算の推移を一覧にしたものである。これらの事業の重要度が増していることは、予算額が年ごとに増えていることからもわかる。

表11-1　世田谷区の予算の状況

●当初予算の推移　(単位：千円)

	2006年度	2007年度	2012年度	2013年度	2014年度
一般会計	214,818,876	226,434,976	242,741,185	242,328,938	257,982,418
うち生活保護法に基づく保護費	12,984,751	12,574,018	19,498,952	20,729,305	20,991,178
国民健康保険事業会計	67,567,487	77,387,205	79,921,495	78,763,331	82,038,273
介護保険事業関係	37,270,180	38,788,406	50,485,631	52,499,208	56,080,712

注）国民健康保険事業会計と介護保険事業会計は特別会計である。2008～2011年度については省略してある。
(世田谷区政策経営部財政課)

■**社会福祉費**　世田谷区が財政運営の基本としているのが、「区民の要望に応えること」と「健全な財政基盤の維持」である。2012年度の決算では、民生費（社会福祉費）の歳出額は998億で、普通（一般）会計2348億に占める割合は42％である。これに次ぐ職員費の歳出額の普通（一般）会計に占める割合が、民生費の2分の1以下の19％なので、歳出の中で民生費（社会福祉費）の占める割合の大きいことが理解できよう。

国民健康保険事業では、世田谷区の被保険者数は23万1000人（2012年度）であり、保険料（歳入）は243億、保険給付費（歳出）は500億である。給付費が保険料の2倍を超えている（世田谷区政策経営部財政課, 平成25年, p.15)。被保険者

数は直近の5年間を見てみると、年々減少している。それにもかかわらず、給付費が増加しているのは、医療費が年々高くなっているためである（筆者の、世田谷区財政課への取材による）。

　以上のことを念頭に置いて、世田谷区における国民健康保険について見てみると、被保険者の平均年齢は50歳前後となっている。民間企業の健康保険組合の被保険者の平均年齢が34〜35歳であることと比べるとかなり高い。その理由は、他の自治体についてもいえることであるが、企業を退職した60歳以上の人が、いわゆる「最後のセーフティネット」である国民健康保険に加入することになるからである。そこで、加入者は、退職した人や高齢者が多くなる。そして、そのため必然的に、保険料（歳入）は増えないことになる。また、被保険者に高齢者が多いことで医療費がかかるため、保険者（区）の支払い（歳出）は当然、増えることになる。

　つまり、医療費の場合、負担の割合は被保険者の自己負担が3割、国の負担が32％（定率）、都の負担が8％（定率）であり、残りの3割を保険者（区）が負担することになる。しかし、国と都の負担は定率（医療費がいくら増えても、費用の負担率は変わらない）なので、医療費が嵩めば、嵩んだ分については保険者（区）の負担が増えることになる。

　また、保険者（区）は高額医療費の支給を行わなければならない。これは、高額な医療費がかかった場合、一定限度以上は被保険者が支払わなくてもよいことになっており、保険者（区）がこれを負担することになっているからである。このほか、出産一時金42万円、死亡時の7万円は、被保険者からの申請によって、保険者（区）が負担する。

■**介護保険と生活保護の財政状況**　次に介護保険と生活保護の財政状況についても、要点のみであるが、挙げておこう。

　介護保険の世田谷区内の要介護（要支援）認定者数は、要支援1〜2と要介護1〜5を合わせて、3万5000人（2014年5月）である。6年前の要介護（要支援）認定者数は2万7000人（2008年5月）だったから、増加していることがわかる。被保険者数は、65歳以上が対象となる第1号被保険者数が16万8000人で、40歳以上65歳未満の第2号被保険者を加えると、全体では46万9000人（2013年

度）である。

　歳入である保険料は111億（収納率95%）で、このほかに国庫支出金（108億）、都支出金（76億）が加わる。他方、歳出の保健給付費は473億である。給付費（歳出）が保険料（歳入）の4倍を超えている。なお、保険給付は直近の5年間で9ポイントほど増えている。

　生活保護については、世田谷区内の保護費の受給者数は1万120人（2013年8月）である。区の給付費（歳出）は、2008年度が132億4000万で、2012年度は199億5000万となっており、4年間で3割ほど、増えている。保護費の財源はその約4分の3が国庫補助金であることから、国民全体で生活保護を支えていることになる。なお、2012年度の世田谷区の生活保護費が民生費に占める割合は20%となっており、これは児童福祉費（35.5%）に次ぐものである（世田谷区財政課，平成25年，p.19）。

　以上のように、国民健康保険、介護保険、生活保護の事業は、いずれも保険者（区）の費用負担が重くなる傾向にある。ただ、そうはいっても世田谷区は人口規模が大きく、行財政能力が比較的、高い都市自治体である。そこで、とくに、介護保険や生活保護のように、現金給付だけではなく、住民生活を総合的にサポートするためにきめ細かい相談サービス対応が必要になる事務については、住民に最も身近な自治体である世田谷区が担うにふさわしい事務と考えられているのである。

■**自治体相談サービス**　一方、世田谷区から目を転じて、国全体の4割を占めている人口5万人から20万人未満の自治体を見ると、財政上の制約から介護保険のサービスを行うことの難しさや福祉人材の確保が容易でないことがいわれている。そこで、福祉財源の確保を含め、社会福祉を自治体が自己完結的に担うにはスケールメリットとリスク分散の面から、20～30万人の人口規模が必要になるとの見方が有力である（根本，1985，p.29）。また、市町村相互の連携・協力（水平的補完という）や、都道府県による広域的事務（垂直的補完という）が必須であるという考え方も広く見られるところである（礒崎，2013，pp.21-24）。

　このうち、後者の広域的事務に関しては、市町村と都道府県の協議による事務の委託（地方自治法252条の14以下）という手法や、都道府県条例に基づいて、

市町村事務を都道府県が処理するしくみ（地方自治法252条の17の2以下）を作る方法を挙げる識者もいる（兼子, 2014, p.11）。ただ介護保険や生活保護は、前述したように相談サービス対応が必要になることから、これらの事務を担うのはあくまでも基礎自治体である市町村がふさわしい、というのが多くの人たちのほぼ共通した考え方といえよう。

ところで、国民健康保険や介護保険のように、給付費（歳出）が保険料（歳入）を超えていることや、生活保護の給付費が年々、増えているといった面を捉えて、社会福祉を進めることは出費だけが多くなり国の経済にとってマイナスになる、といった言い分がこれまであった。だが、福祉は経済を強め、家族を支えている、という新たな研究成果がいま、現れている。その内容を、本章の締めくくりとして、次に紹介しよう。

6 社会福祉への投資

日本では、社会福祉を厚くすると経済成長の足を引っ張るという議論があったし、いまもある。社会福祉と経済成長は相容れないもののように思われてきた面があった。政府も、そして、国民さえも社会福祉を「費用」だと思い込み、「福祉は無駄遣い」という考え方さえ広がるようにもなった。しかし、社会福祉をネガティヴ（消極的）に捉える発想からは、健全な国家社会を構築することはできないという考え方が、近年ようやく現れてきた（藤本, 2007, pp.115-118）。それは、旧来のハコモノ（施設の建設）中心の公共事業投資から、医療・介護充実のための公共投資に転換するべきとする考え方である（渡邉, 2012, p.179）。

■**社会福祉は公共投資**　実際、社会福祉は負担ではなく、医療・介護充実のための「公共投資」という捉え方ができる。特別養護老人ホームの入居待ちが全国で何十万人もいるという。また、介護士を必要とする老老介護の問題への取組みが、強く求められている。雇用の問題についても、増大する非正規雇用者、派遣切りにあった若者がネットカフェ難民と化し、深刻な雇用不安が日本中に広がっている。さらに生活保護を受ける母子世帯に支給されていた「母子加算」を打ち切るなど、政府は社会福祉費を抑制し続けている。

厚生労働省所管の医療経済研究機構が医療、介護、社会福祉の各分野に投資した場合の経済効果を試算している。それによると、1億円の投入で4億4000万円前後の生産誘発効果が生じるとしている。旧来の土木を中心とする公共事業の効果（約4億1500万円）よりも大きい数字である。同様に雇用を誘発する効果では、同じく1億円の投入で、介護で26人、社会福祉で20人の雇用が見込まれ、公共事業（10人）よりも多いという結果がでている（渡邉, 2012, p.180）。福祉の生産誘発効果と雇用拡大効果の乗数効果[4]は、公共事業以上に大きいことが論証されているのである（渡辺・宮本, 2009, pp.331-332）。

　社会福祉は経済成長と相容れるものであり、社会福祉こそ最良の投資であること、したがって、国民の医療・介護・福祉を守るためにも、日本経済を活性化するためにも、社会福祉の分野で必要な投資を惜しむべきではない、という意見（渡邉, 2012, pp.177-180）は傾聴に値する。発想の転換が必要になっているといえよう。

1) 医師やケースワーカーなどが、専門的立場から、自立支援に関する相談に応じ、指導を行うこと。
2) 社会福祉を所管する自治体専門機関（事務所）をいう。おおむね人口10万人に1カ所の割合で設置されている。
3) 法定受託事務は自治事務と同様、自治体の事務であるが、国において適正な処理を確保する必要があるものとして法律、または、政令で定めた事務をいう。国の権力的関与が認められた事務。生活保護は、国政選挙、戸籍事務とともに、第1号法定受託事務である。
4) 政府が支出や投資を増やすことで、国民所得を何倍にも乗数（掛け算）的に増やすことができる効果のこと。

■参考・引用文献

礒崎初仁「多様化する市町村と都道府県」『ガバナンス』2013年2月号、ぎょうせい
大橋謙策「新しい社会福祉システムとしての地域福祉――地域福祉計画策定の必要性と意義」『都市問題』第95巻第7号、東京市政調査会、2004年
大山典宏「地方自治体の現場での取組み」『都市問題』第104巻第5号、後藤・安田記念東京都市研究所（旧・東京市政調査会）、2013年
岡村重夫「社会福祉の概念」仲村優一他編『現代社会福祉事典』（改訂新版）、社会福祉法人・全国社会福祉協議会、1988年
兼子仁「基礎自治体の広域連携について――地域自治を拡充する方策」『自治研究』第90巻第1号、第一法規出版、2014年
潮谷義子「第5章・ケアとユニバーサルデザイン――ユニバーサルデザインで地域共生社会を目指す――」大橋謙作編著『ケアとコミュニティ-福祉・地域・まちづくり』講座ケ

ア・第2巻、ミネルヴァ書房、2014年
『世田谷区の財政状況―平成24年度決算―』世田谷区政策経営部財政課編集、平成25年11月発行
俵静夫『地方自治法』法律学全集8、（3版1刷・改訂）、有斐閣、1975年
『統計書・世田谷区　平成25年　総合編』世田谷区研修調査室統計担当編集・発行、平成26年3月発行
土岐寛『海外の都市政策事情』ぎょうせい、1987年
土岐寛『地方自治とまちづくり』敬文堂、2002年
西尾勝『行政の活動』有斐閣、2000年
根本俊雄「行政的再編と都市合併」『都市問題』第76巻第11号、東京市政調査会、1985年
根本俊雄「デイサービス事業」ぎょうせい総合研究所編『まちづくり用語・用例カタカナ実用事典』ぎょうせい、1993年
根本俊雄『都市行政と市民自治』敬文堂、2004年
根本俊雄「第9章・潮谷義子熊本県知事――共助・公開・多様性――」濱賀祐子編『日本の女性政治家と政治指導』講座　臨床政治学・第3巻、志學社、2013年
尾藤廣喜「生活保護制度改革のあり方」『都市問題』第104巻第5号、後藤・安田記念東京都市研究所（旧・東京市政調査会）、2013年
藤本一美『ネブラスカ州の一院制議会』現代臨床政治学シリーズ・4、東信堂、2007年
村松岐夫『地方自治』現代政治学叢書15、（第6刷）、東京大学出版会、1994年
三原岳「地域包括ケアを支える住民自治～市町村の主体的な関与、政策決定の分権化が必要」『ガバナンス』2014年9月号、ぎょうせい
渡邉恒雄『反ポピュリズム論』新潮社、2012年
渡辺恒雄・宮本太郎「「社会保障」こそ最良の投資だ」『文藝春秋』2009年8月号

索　引

ア　行

アイディアの政治　167
アカウンタビリティ　64, 65, 67, 68, 70
新しい行政学　21
アルンシュタイン　84
委員会　32
意見公募手続　71
一部事務組合　117
イッシュー・ネットワーク　96
委任　136
依法主義　48
医療経済研究機構　207
ウェーバー　44
ＮＰＭ（新行政管理論）　22
オストロム，エリノア　92
オンブズマン　67, 69, 80

カ　行

改革派市長　141
改革派首長　137, 139~141, 143, 144, 147, 151, 154
改革派知事　141, 143
会議の公開　184
外局　29
介護保険事業　198
改正地教行法　175
科学的管理法　14
閣議の議事録　76
革新市長　140, 153
家産的官僚制　45
合併特例債　105
合併特例法（新法）　103
合併特例法（旧法）　103
岩盤規制　170
官僚制　44
官僚制優位論　51
議会基本条例　147, 149, 153
　　　形式的意味での――　151
　　　実質的意味での――　151

議会不要論　148, 152
機関委任事務　160
機関委任事務制度　159, 162, 163, 167, 172
機構　36
義務付け・枠付けの見直し　162~164, 172
客観性担保評価　79
旧教育委員会法　174, 189~90
旧地教行法　174
教育刷新委員会　179
教育長承認制度の廃止　184
行政改革大綱　104
行政学のハイヌーン　15
行政管理論　15
行政事業レビュー　79, 80
行政責任　65, 66
行政的分権　159
行政手続　67, 69, 70, 74
行政統制　65, 66, 77
行政評価　77
行政倫理　67, 68
ギルバートの類型化　66
近代的官僚制　45
国と地方の協議の場　162, 172
国の出先機関　172
国の出先機関改革　162
熊本型福祉　202
グールドナー　48
訓練された無能力　47
経済財政諮問会議　40, 161
現代組織理論　18
広域連合　117
公共データ　75
公共投資　206
攻守交替システム　36
公選教育委員会型　176
公選教育長型　176
公選教育長・教育委員会型　176
公選制教育委員会制度　174
構造改革　107
構造改革特区　168, 170

公文書管理　　75, 76
公文書のライフサイクル　　76
公務員制度改革大綱　　58
合理的選択論　　96
国土のグランドデザイン 2050　　135
国民健康保険　　196
個人情報　　80
個人情報保護　　68, 69
国家行政組織法　　30, 32
国家公務員制度改革基本法　　59
国家公務員制度改革推進本部　　60
国家公務員法　　55
国家戦略特区　　170
コープロダクション（coproduction）　　91
コミュニティ・スクール
　　（学校運営協議会）制度　　183
雇用拡大効果　　207
コラボレーション（Collaboration）　　94

サ 行

財政健全化団体　　115
財政再建団体　　115
財政再生化基準　　115
財政再生団体　　115
サラモン（Lester M. Salamon）　　89
参加の古典的理論　　82
参加の段階
　　（A Lader of Citizen Participation）　　84
参加民主主義　　83
三位一体改革　　106
三位一体の改革　　159~161, 163, 165, 166, 168
ジェネラリスト　　54
支援費制度　　194
塩谷義子熊本県知事　　202
事業仕分け　　79, 80
自治事務　　160, 162, 163
自治体議会改革フォーラム　　147
自治体財政健全化法　　115
市町村建設計画　　113
実質的意味での改革　　151
指定都市の量産体制　　125
シビル・ミニマム　　153
　　――の思想　　141
事務の委託　　205

事務配分特例方式　　108
社会福祉法　　192
社会保険　　196
修正統合型　　177
集中改革プラン　　111
州庁設置案　　119
住民参加　　195
住民主導　　196
シュタインの行政学　　25
首長優位　　139, 145
首都圏庁　　119
首都特別区　　119
障害者総合支援法　　194
情報公開　　67, 69, 72, 80
情報公開制度　　71
ジョンソン，チャーマーズ　　51
「新」改正地教行法　　175
新教育基本法　　189
人事院　　112
新制度論　　96
新設合併　　104
新地方行革指針　　111
垂直的補完　　205
水平的補完　　205
スクラップ・アンド・ビルド　　36
スペシャリスト　　54
生活保護行政　　200
税源移譲　　160~1
政策コミュニティ　　28, 29, 96
政策評価　　77~80
生産誘発効果　　207
政治行政分断論　　13
政治行政融合論　　17
政治主導　　163, 164, 166, 168, 172
政治的分権　　159
正統性　　137, 143, 152
正統優位論　　51
政府への信頼　　67, 70
セクショナリズム　　27, 28
折衷型　　178
戦後教育行政パラダイム　　174
全国町村会　　109
早期健全化基準　　115
総合教育会議　　175

索引　*211*

総合特区　169, 170
措置制度　194

タ 行

第 1 次分権改革　156, 159, 160, 163, 164, 166, 168
第 1 次臨時行政調査会　56, 57
大綱・施策・措置　186
第三者政府論　93
大臣庁　33, 39
大都市圏州　126
大都市地域特別区設置法　128
第 2 次分権改革　159, 162, 163, 167, 168
ダウンズ　49
タウンミーティング　82
闘う知事会　143
ダレンヴィ　49
段階補正（係数）　105
地域主権改革　162, 164
地域政党　143, 154
地域福祉計画　196
地域包括ケア　198
地方交付税　161, 163
　　　──の算定替え　105
地方交付税特別会計　104
地方公務員法　55
地方財政再建促進特別措置法　115
地方財政白書　113
「地方制」案　119
地方制度調査会　106, 119~122, 127, 129, 132, 134
地方中枢拠点都市　132
地方分権一括法　146
地方分権化　179
地方分権改革推進委員会　162
地方分権改革推進会議　160, 161, 166
地方分権改革推進法　162
地方分権改革有識者会議　171
地方分権推進委員会　160, 162
地方分権推進決議　156
地方分権特例制度（パイロット自治体）　171
地方 6 団体　162, 164
中位投票者の定理
　　（median voter theorem）　86

中央省庁　29, 39, 41
中央省庁再編　58
中核市・特例市　131
中心市　132
中心市宣言　117
庁　33
辻清明　50
定員　36
定住自立圏　117, 132
　　　──形成協定　117
　　　──形成方針　117
適正規模　116
電子政府　73
ドイツ官房学　23
統合型　175
道州制　117
道州制推進基本法案　121
トクヴィル　157
特定非営利活動促進法　87
特定秘密保護法　75, 80
特別地方公共団体（特別区）　201
独立化　181
独立行政法人　39, 42
都市再生　104
都市再生緊急整備地域　168, 170
都道府県条例　205

ナ 行

内閣官房　30, 38, 40
内閣提出法案　34
内閣府　31, 38
内部団体移行方式　108
内部部局　29, 32
二元代表制　137, 151~153
西尾勝　163
西尾私案　107
二重行政　127
ニスカネン　49
日本創生会議　132
人間関係論　16
任命制教育委員会制度　175
ネットワーキング　97
ネットワーク型ガバナンス
　　（Networked Governance）　96

212　索　引

ネットワーク・ストラクチャー　97

ハ　行

パーキンソン　48
パブリック・コメント手続　70, 71
ピーター　49
必置規制の緩和　160
必置規制の見直し　172
PDS サイクル　77
PDCA サイクル　77
フェデラリスト（連邦派）　11
福祉国家化　158
福祉のまちづくり　195
ブライス，ジェイムズ　157
フリードリッヒ＝ファイナー論争　66
分割政府　138, 153
分離型　177
米国教育使節団報告書　179
閉鎖型任用制　54
平成の大合併　103
ペイトマン，キャロル　83
ベネット，R. J.　171
編入（編入合併）　104
法定受託事務　160, 162, 163, 200
補助金　161

POSDCRB　15
ホーソン工場の実験　16
ボランタリーの失敗理論　93
ポリセントリック・ガバナンス　92

マ　行

マシーン・ポリティクス　12
マートン，ロバート　47
ミル，J. S.　157
民主化　181
民生費（社会福祉費）　203
村松岐夫　51
命令系統の一元化　187
メリット・システム　13
目標の転移　47

ヤ・ラ　行

ユニバーサルデザイン（UD）　201
予算　35
与野党（相乗り）　141, 144
ライン・アンド・スタッフ　15
ラスキ　158
リパブリカン（州主権派）　11
猟官制（スポイルズ・システム）　12
レファレンダム　82

● 執筆者・担当一覧　　　　　　　　　　　　　　　　（＊編者　執筆順）

土岐　　寛＊	（大東文化大学名誉教授）	7 章
砂金　祐年	（常磐大学コミュニティ振興学部准教授）	1 章
鈴木　　潔	（専修大学法学部准教授）	2 章
古坂　正人	（立教大学社会学部非常勤講師）	3 章
鹿谷　雄一	（ノースアジア大学法学部専任講師）	4 章
平石　正美	（国士舘大学政経学部教授）	5 章
立石　芳夫	（三重短期大学法経科教授）	6 章
斎藤　友之	（埼玉大学経済学部教授）	8 章
石見　　豊	（国士舘大学政経学部教授）	9 章
西東　克介	（弘前学院大学社会福祉学部教授）	10 章
根本　俊雄	（専修大学法学部非常勤講師）	11 章

行政と地方自治の現在

2015 年 4 月 20 日　初版第 1 刷発行

編著者　土　岐　　　寛

発行者　木　村　哲　也

印刷　シナノ印刷／製本　川島製本

発行所　株式会社 北 樹 出 版

URL:http://www.hokuju.jp
〒153-0061　東京都目黒区中目黒 1-2-6　電話(03)3715-1525(代表)

Ⓒ Hiroshi Toki, 2015, Printed in Japan

ISBN 978-4-7793-0452-1
(乱丁・落丁の場合はお取り替えします)